买入即涨

股市四大形态交易法

韦铭锋 | 著

中国财富出版社有限公司

图书在版编目（CIP）数据

买入即涨：股市四大形态交易法 / 韦铭锋著. —北京：中国财富出版社有限公司，2021. 5

ISBN 978-7-5047-7394-4

Ⅰ. ①买…　Ⅱ. ①韦…　Ⅲ. ①股票交易—基本知识　Ⅳ. ①F830. 91

中国版本图书馆 CIP 数据核字（2021）第 054395 号

策划编辑　郑晓雯　　**责任编辑**　张红燕　郭　莹

责任印制　尚立业　　**责任校对**　卓闪闪　　**责任发行**　董　倩

出版发行	中国财富出版社有限公司		
社　址	北京市丰台区南四环西路188号5区20楼	**邮政编码**	100070
电　话	010-52227588 转 2098（发行部）		010-52227588 转 321（总编室）
	010-52227588 转 100（读者服务部）		010-52227588 转 305（质检部）
网　址	http: //www. cfpress. com. cn	**排　版**	宝蕾元
经　销	新华书店	**印　刷**	宝蕾元仁浩（天津）印刷有限公司
书　号	ISBN 978-7-5047-7394-4 / F · 3279		
开　本	710mm × 1000mm　1/16	**版　次**	2021 年 6 月第 1 版
印　张	13	**印　次**	2021 年 6 月第 1 次印刷
字　数	186 千字	**定　价**	59.80 元

目录 CONTENTS

第一章

基础指标

一、什么是均线

均线又叫移动平均线（Moving Average），简称为 MA。

它是采用统计学中的“移动平均”原理，将一段时期内股票的价格平均值连成一条曲线，以此来显示股票价格的历史波动情况，进而反映股价未来发展趋势的一种技术分析方法。该指标是由美国著名的投资专家 Joseph E. Granville（葛兰碧，又译为格兰威尔）于 20 世纪中期所提出来的，目的是帮助交易者确认现有趋势，判断即将出现的趋势，发现即将反转的趋势。

均线指标的计算方法是将最近 N 个交易日的股票收盘价格之和除以 N，这个数值会随着股票价格的不断变化而变化，因此移动平均线常用来观察股票价格的变动趋势。

以 5 日均线（简称 5MA）为例。假设最近 10 个交易日的股票收盘价分别为：10.01 元、10.12 元、10.13 元、10.25 元、10.11 元、10.00 元、9.98 元、9.90 元、10.17 元、10.27 元。

第 5 天的股票收盘价为 10.11 元（见图 1–1），这一天的 5 日均值是指

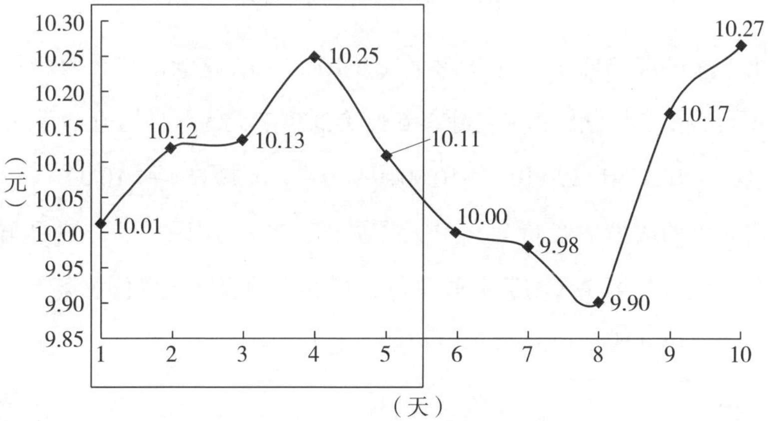

图 1–1 均线指标模拟计算（第一次 5 日均线）

当天的股票收盘价和之前 4 天的股票收盘价相加再除以 5，即

$$(10.01+10.12+10.13+10.25+10.11) \div 5 = 10.124 \approx 10.12$$

所以 10.12 元就是第 5 天的 5 日均值。

第 6 天的股票收盘价为 10.00 元（见图 1–2），这一天的股票收盘价和其之前 4 天的股票收盘价相加再除以 5，所得到的数值便是第 6 天的 5 日均值，即

$$(10.12+10.13+10.25+10.11+10.00) \div 5 = 10.122 \approx 10.12$$

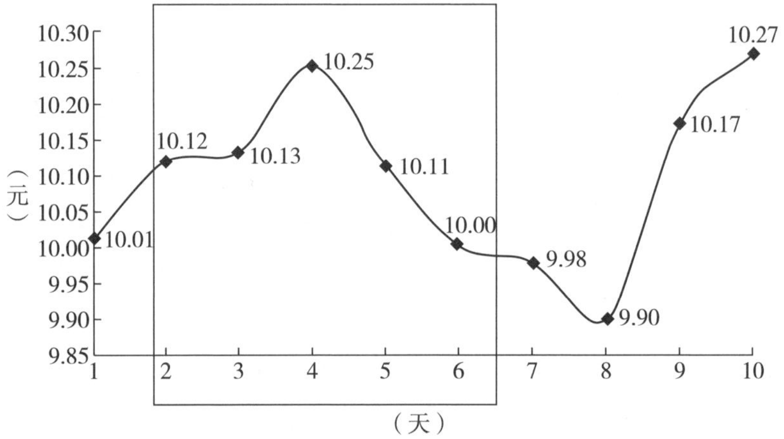

图 1–2 均线指标模拟计算（第二次 5 日均线）

第 7 天的股票收盘价为 9.98 元（见图 1–3），这天的股票收盘价和它之前 4 天的股票收盘价相加再除以 5 便得到第 7 天的 5 日均值，即

$$(10.13+10.25+10.11+10.00+9.98) \div 5 = 10.094 \approx 10.09$$

第 8 天的股票收盘价为 9.90 元（见图 1–4），用同样的方法将第 8 天的股票收盘价、第 7 天的股票收盘价、第 6 天的股票收盘价、第 5 天的股票收盘价、第 4 天的股票收盘价相加，总和再除以 5，就是第 8 天的 5 日均值，即

$$(10.25+10.11+10.00+9.98+9.90) \div 5 = 10.048 \approx 10.05$$

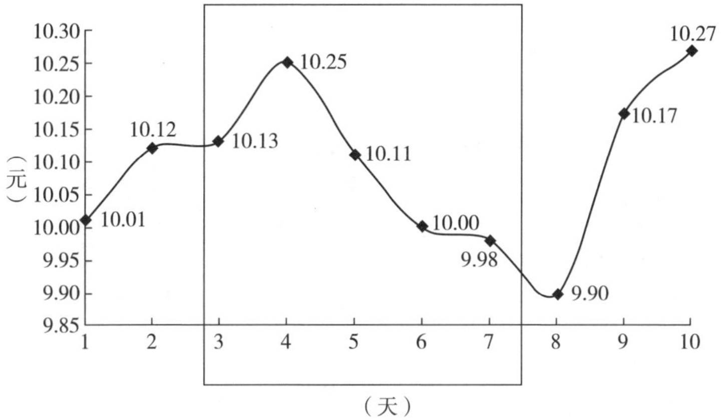

图 1–3　均线指标模拟计算（第三次 5 日均线）

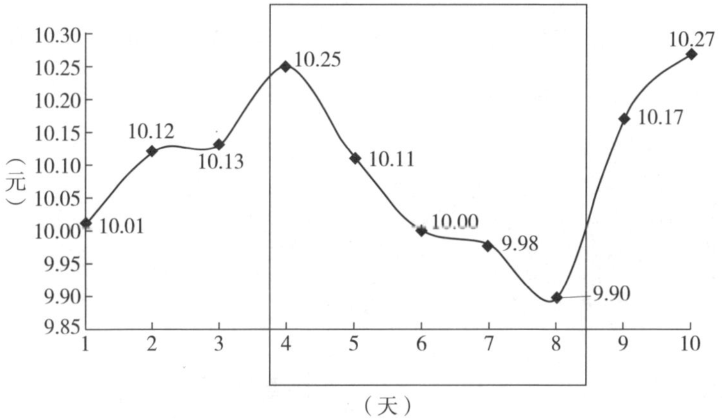

图 1–4　均线指标模拟计算（第四次 5 日均线）

第 9 天的股票收盘价为 10.17 元（见图 1–5），用同样的方法将第 9 天的股票收盘价、第 8 天的股票收盘价、第 7 天的股票收盘价、第 6 天的股票收盘价、第 5 天的股票收盘价相加，总和再除以 5，就是第 9 天的 5 日均值，即

$$(10.11+10.00+9.98+9.90+10.17)\div 5=10.032\approx 10.03$$

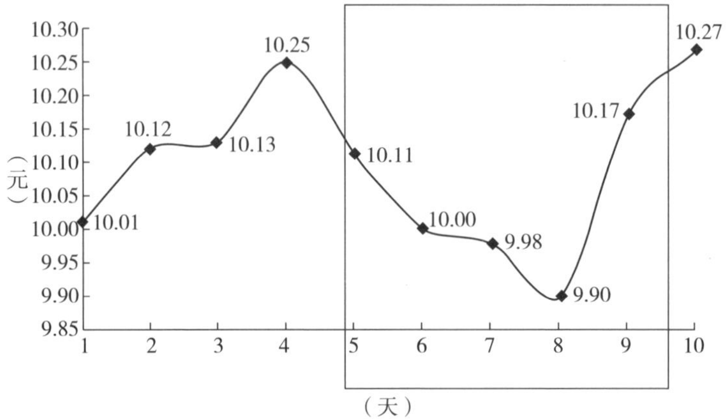

图 1-5　均线指标模拟计算（第五次 5 日均线）

第 10 天的股票收盘价为 10.27 元（见图 1-6），这一天的股票收盘价和其之前 4 天的股票收盘价相加再除以 5，得出第 10 天的 5 日均值，即

$$(10.00+9.98+9.90+10.17+10.27) \div 5 = 10.064 \approx 10.06$$

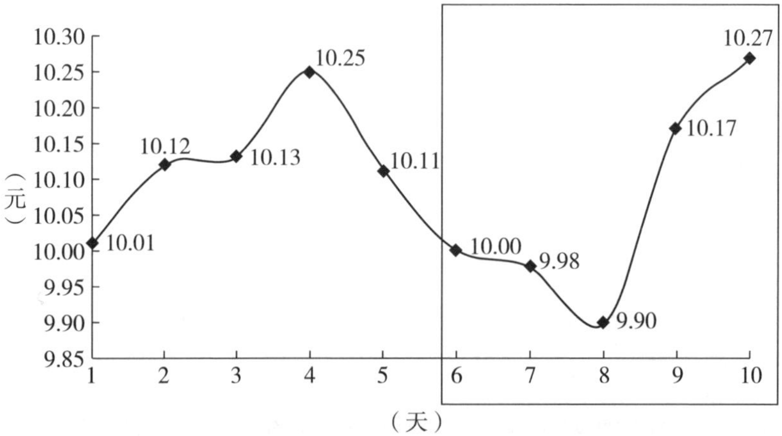

图 1-6　均线指标模拟计算（第六次 5 日均线）

将这几天的 5 日均值画在走势图上，就形成一条波动起伏的曲线，这条线就称为均线。5 日均值所走出的曲线便是 5 日均线，*N* 日均值走出的曲线便是 *N* 日均线。

图 1-7 显示了每日股票收盘价的走势及该走势的 5 日均线走势。不同的均线有不同的含义与用途，有的人喜欢用 3 日均线，有的人喜欢用 5 日、10 日均线，也有的喜欢用 20 日、60 日均线，甚至有人擅长于 120 日、250 日或更多天数的均线。

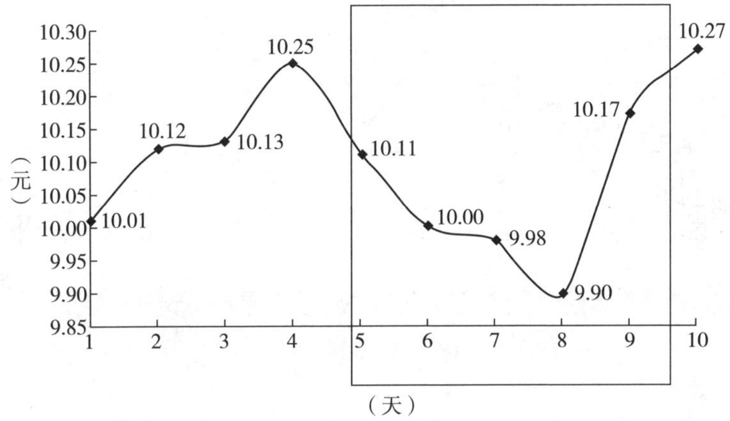

图 1-7　移动均线

二、均线的参数含义

均线的参数是指参与计算的天数。如 5 日均线参与计算的天数是 5，20 日均线参与计算的天数是 20，所以 N 日均线的参数就是 N。

常用的参数有 5、10、20、60、120、250 等，由于参与计算的范围不同，所以每个参数的均线含义也各有不同。

下面分别举例说明。

一星期共有 5 个交易日，故 5 日均线又被称为“周均线”（见图 1-8）。

5 日均线所体现的是最近 5 个交易日的平均股票收盘价，因此它的波动会比较大、比较敏感，适合短线投资者使用。

所谓短线投资者，是指不关注股价的长期走势，只看准短期能获利的

图 1-8　5 日均线

股票的投资者。中线和长线投资者则跟他们不同，中线和长线投资者更看重中长期股价的走势，而不在意股价的短期波动。

10 日均线（见图 1-9）所体现的是最近 10 个交易日的平均股票收盘价，因此它的波动也较大、也较敏感，通常是短线投资者必用的参考线之一。相较于 5 日均线，10 日均线的稳定性更高些。

一个月大约有 20 个交易日，故 20 日均线又被称为“月均线”（见图 1-10）。

20 日均线所体现的是最近 20 个交易日的平均股票收盘价，因此它的波动没有 10 日均线大，也没有 10 日均线敏感，但它比 10 日均线稳定性高些，通常是中短线投资者使用的参考线之一。

一个季度有 3 个月，所以 60 日均线（见图 1-11）又被称为“季均线”。

60 日均线所体现的是最近 60 个交易日的平均股票收盘价，因为参与

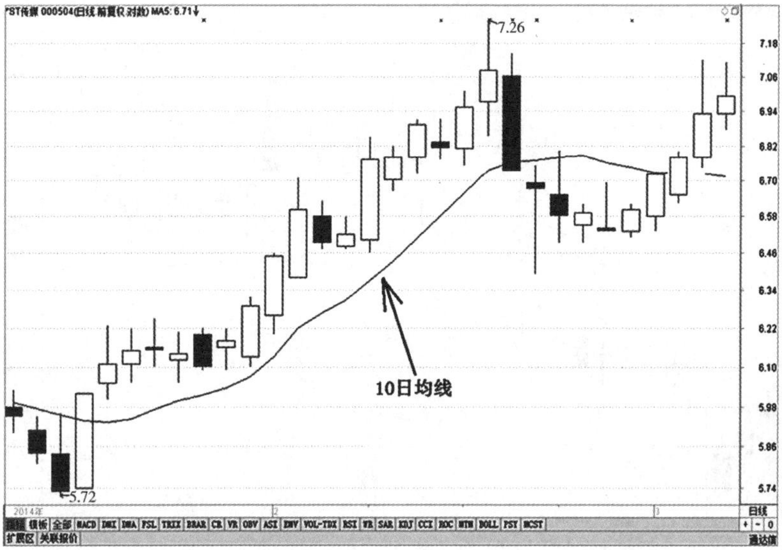

图 1-9　10 日均线

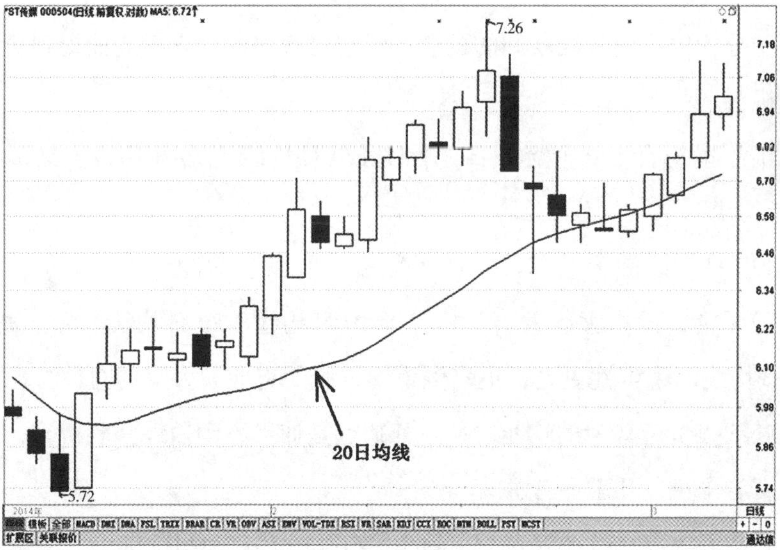

图 1-10　20 日均线

计算的天数较多，所以它的波动不大、不够敏感，通常是中线或长线投资者参考的均线之一。相较于 10 日均线、20 日均线，60 日均线稳定性更高，

图 1-11 60 日均线

多用于寻找中线或长线获利的机会。但它也有缺点，它不能捕捉到短线获利的机会。

半年里约有 120 个交易日，所以 120 日均线（见图 1-12）又被称为“半年均线”。

120 日均线因为参与计算的天数多，所以它的波动小、不敏感，曲线比较平滑，没有大起大落。相较于 10 日均线、20 日均线、60 日均线，120 日均线的稳定性更高，更多侧重于长线的走向、大势的总体方向，通常是长线投资者参考的均线之一。其缺点是捕捉不到短线获利机会，对短线投资者来说，几乎没有意义。

1 年里约有 250 个交易日，所以 250 日均线（见图 1-13）又被称为“年均线”。

250 日均线因为参与计算的天数非常多，所以它的波动十分缓慢，稳定性非常高，通常是长线投资者参考的均线。250 日均线是用于区分大势

图 1–12 120 日均线

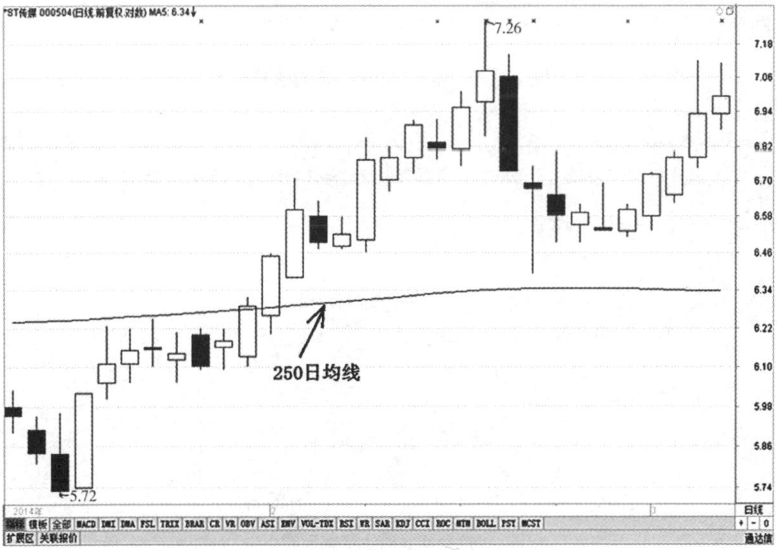

图 1–13 250 日均线

走向的主要参考线，如果股价在其上不断上涨，则是牛市行情；如果股价在其下不断下跌，则是熊市行情。因此 250 日均线又被称为“牛熊分界线”。

下面我们来看一下 5 日、10 日、20 日、60 日、120 日、250 日均线在股价走势图上的表现（见图 1–14 与图 1–15）。

图 1–14　各均线在牛市中的展示

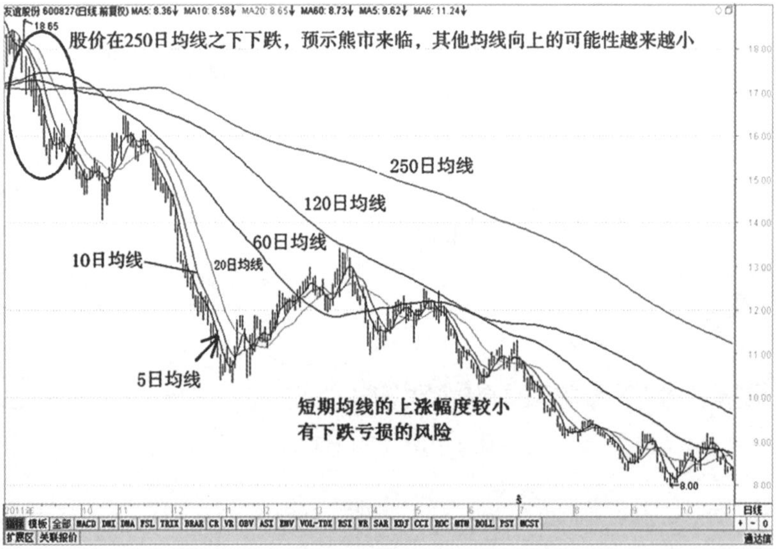

图 1–15　各均线在熊市中的展示

股价在 250 日均线之上不断上涨，这就意味着牛市的开始，这一点很重要，只有股价在 250 日均线之上，其他中期、短期均线上涨的概率才会随之增高。如果股价在 250 日均线之下，并不断下跌，那么其他中期、短期均线上涨的概率就变低了，这时就不适合持股或买入操作，而适合持币或卖出操作，以避免未来较大的下跌风险。

短期均线的走势预示了这只股票近期的趋势走向，中期均线的走势预示的是中期股票的趋势走向，长期均线的走势预示了这只股票长期的趋势走向。

三、均线的特点

1. 趋势性

5 日均线的走势反映的是最近 5 天股票收盘价的平均走向，所以它可以用来描述最近 5 天的股价趋势。如果是连续上涨的行情，短期均线也会持续地向上行走，形成一条较明显的上升趋势线（见图 1–16）。5 日均线

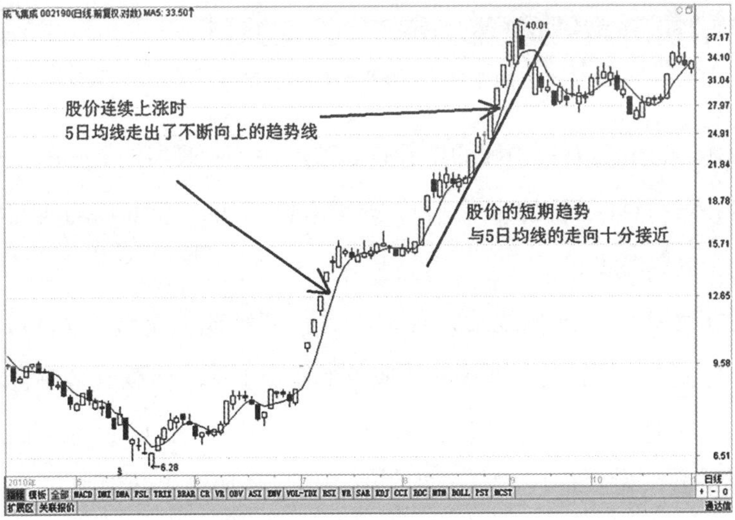

图 1–16　5 日均线的趋势性

预示短期股价的趋势走向，对股价波动比较敏感，能较好地贴近股价，但不能用它来判断该股票的中长期趋势。

10 日均线的走势较平缓，反映了股价的短期趋势。虽然没有 5 日均线那样敏感，但它在连续上涨行情中的作用较 5 日均线更大些，它能捕捉到较大、较久的上涨行情（见图 1–17）。

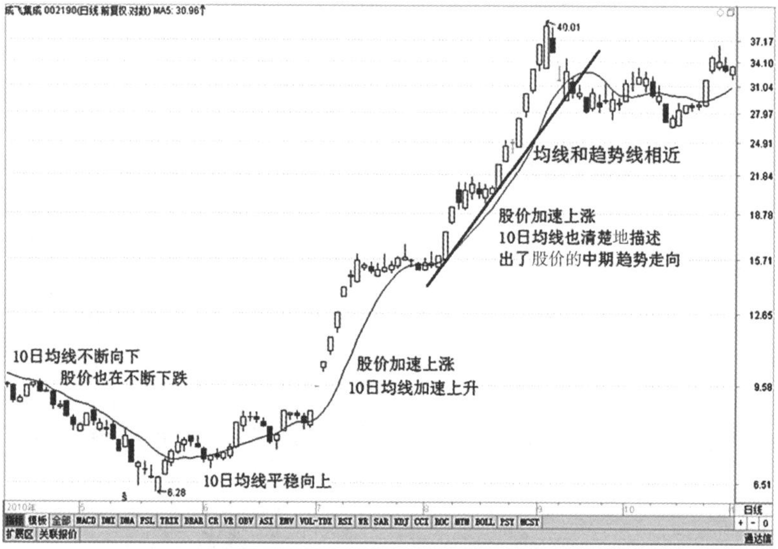

图 1–17　10 日均线的趋势性

图 1–18 中的 20 日均线的走势较好地反映了股票中期上涨的行情，能捕捉到一段持续时间较长而且股价波动幅度较大的行情。该均线近似一条倾斜向上的趋势线。

看了几条中短期均线后，再来看看长期均线的走势。图 1–19 中的 250 日均线虽然没有及时地反映出股价的剧烈上涨，但股价是在它之上上涨的，这本身就为其他中短期均线提供了安全保障，以此为基础，中短期均线上涨的概率增加了。因此，中、短、长期均线共同促成了这波暴涨行情。

图 1-18 20 日均线的趋势性

图 1-19 250 日均线的趋势性

2. 稳定性

均线具有稳定性，是因为它的计算公式是算术平均，所以在偶尔的高价或低价出现时，它不会出现过于明显的变化，除非这些高价或低价连续出现。

均线不会因为少数几天的大幅变动而改变原有的趋势，这就说明均线有很好的容错性和稳定性（见图 1–20）。这也是为什么很多投资者都喜欢使用均线这个技术指标的原因。

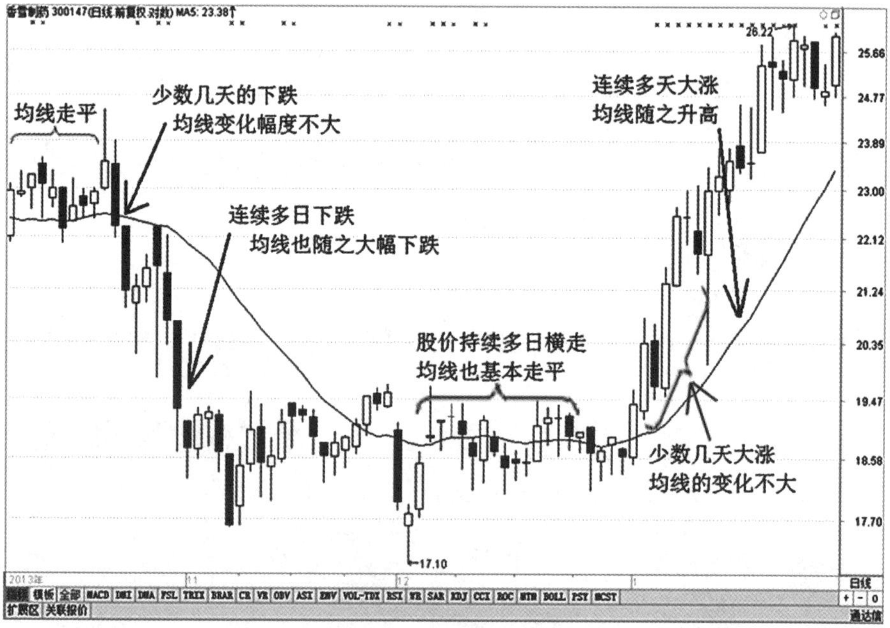

图 1–20　均线的稳定性

3. 滞后性

均线具有很好的稳定性，但有时这也是均线的缺点，比如在面对突发情况的时候，稳定性就使其不能及时地反映这些状况。

图 1–21、图 1–22、图 1–23 分别显示了 5 日、10 日、20 日均线的滞后性，这跟均线的算法有关。参与计算均值的天数越少，每天股票收

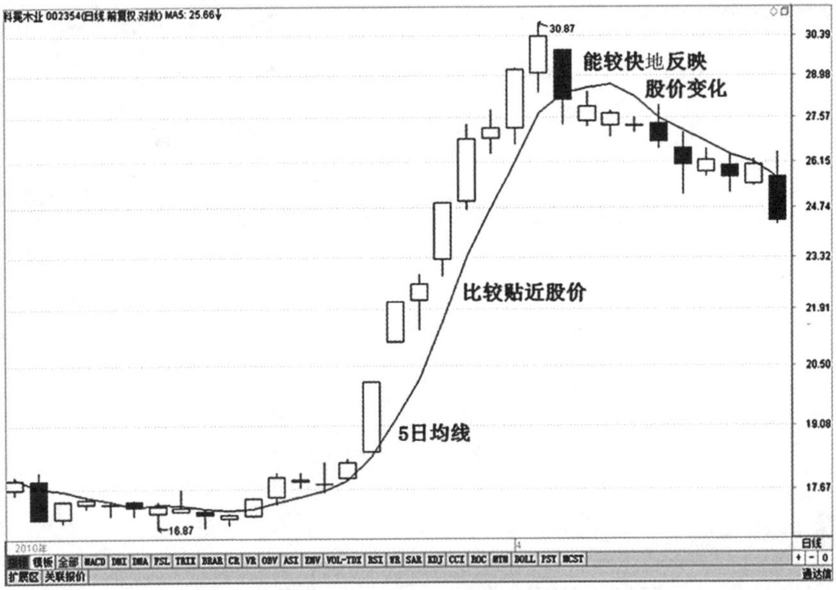

图 1-21　5 日均线的滞后性

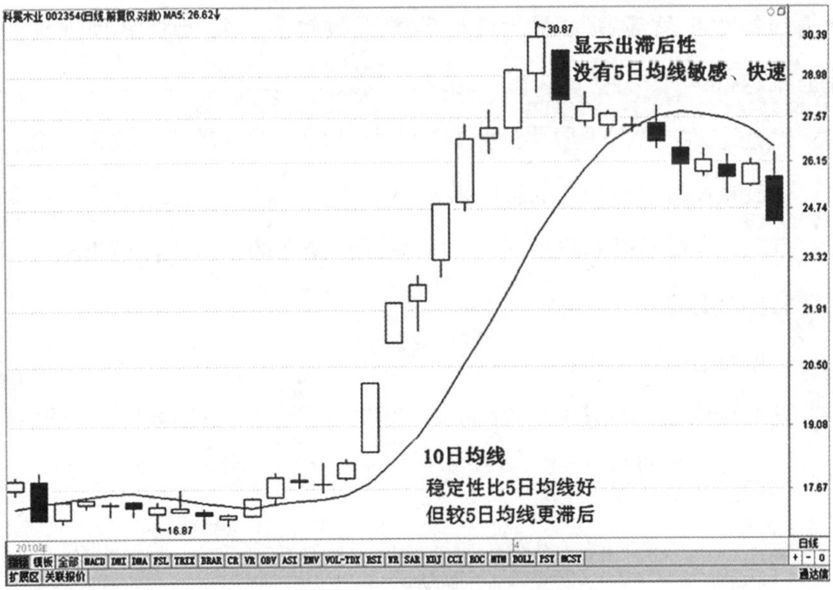

图 1-22　10 日均线的滞后性

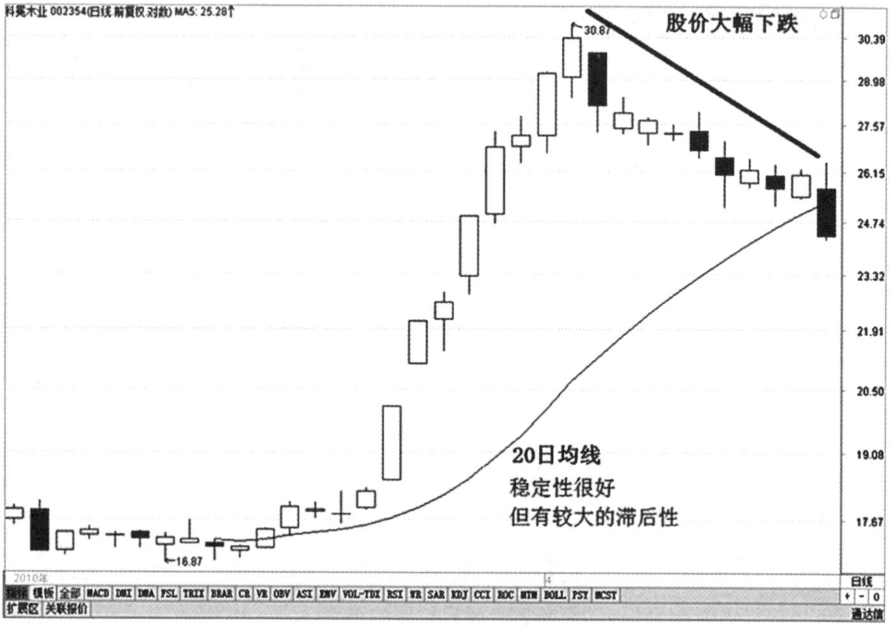

图 1–23　20 日均线的滞后性

盘价的权重也就越高；而计算均值的天数越多，每天股票收盘价的权重也就越低。

权重越高，第二天股票的收盘价对均线的影响就越大；权重越低，第二天股票的收盘价对均线的影响就越小。

稳定性和滞后性是同时存在的，是无法调和的矛盾。任何指标都不可能是十全十美的。

4. 助涨性

股价在均线仍向上的时候回调，但接近或触及该均线时，反而转头向上，这就说明股价得到了该均线的支撑，没有再继续下跌（见图 1–24、图 1–25）。

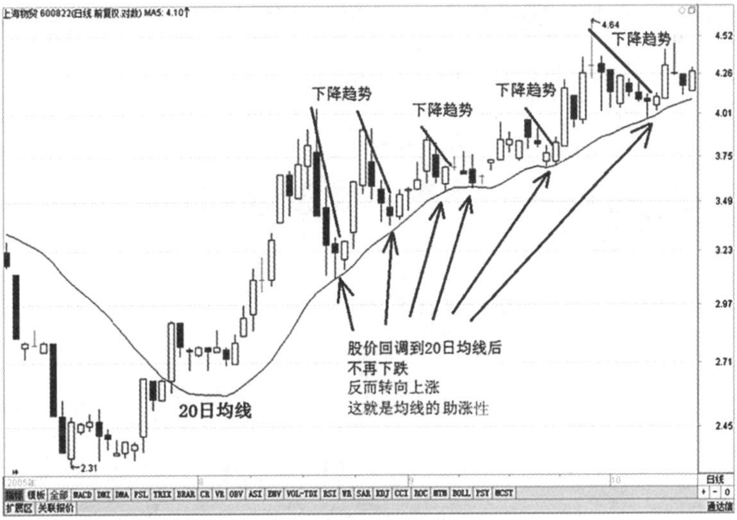

图 1–24　均线的助涨性（1）

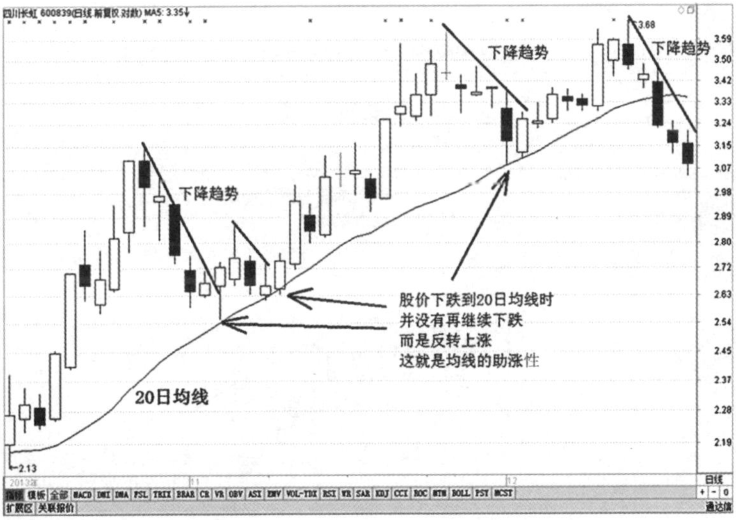

图 1–25　均线的助涨性（2）

5. 助跌性

当然，均线既然有助涨性，必然也就同时具有助跌性。股价在均线向下的时候反弹，但触及该均线时，并没有继续上涨，反而在接下来的几个交易日连续下跌，这就说明股价受到了该均线的压制，没有能力再往上涨，随后不断下跌（见图 1–26、图 1–27）。

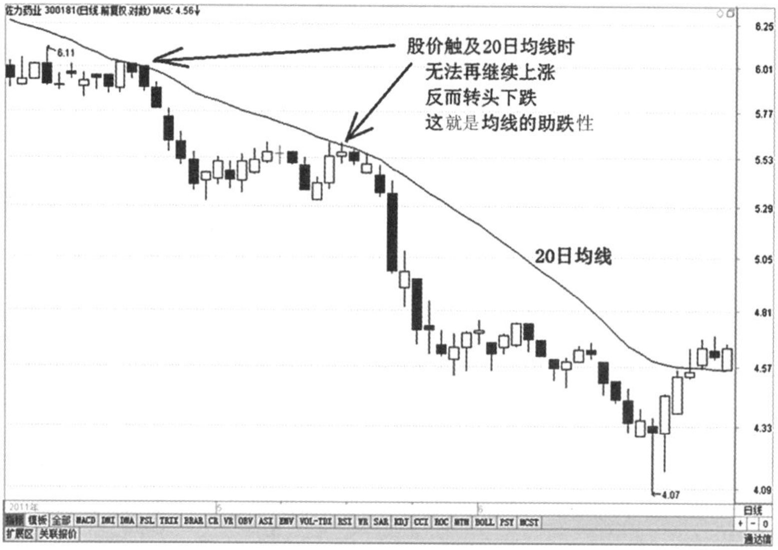

图 1–26 均线的助跌性（1）

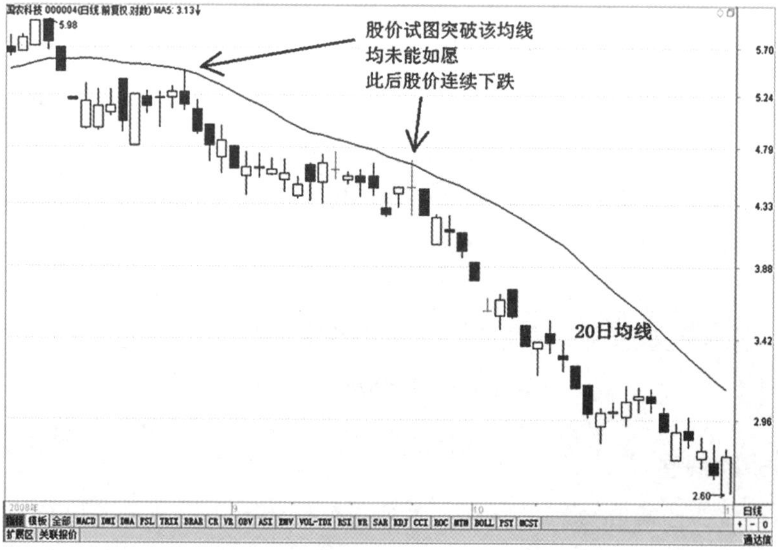

图 1–27 均线的助跌性（2）

四、多头、空头排列

多头排列：短期、中期、长期均线从上到下依次排列的均线形态（见图 1-28）。多头排列为强势上升趋势，操作思维以多头买入为主。

图 1-28　均线的多头排列

空头排列：短期、中期、长期均线从下到上依次排列的均线形态（见图 1-29）。空头排列为强势下跌趋势，操作思维以空头卖出为主。

均线多头排列分为两种，一种是短期趋势的多头排列，另一种是长期趋势的多头排列。短期趋势的多头排列是指 5 日、10 日、20 日均线不断上涨，并且 5 日均线在 10 日均线之上，且 10 日均线又在 20 日均线之上。它预示了短线投资者纷纷看好股价将要上涨，不断地买入股票，促使行情不断走高，增加短线获利的机会。

长期趋势的多头排列是指 60 日、120 日、250 日均线不断上升，且 60

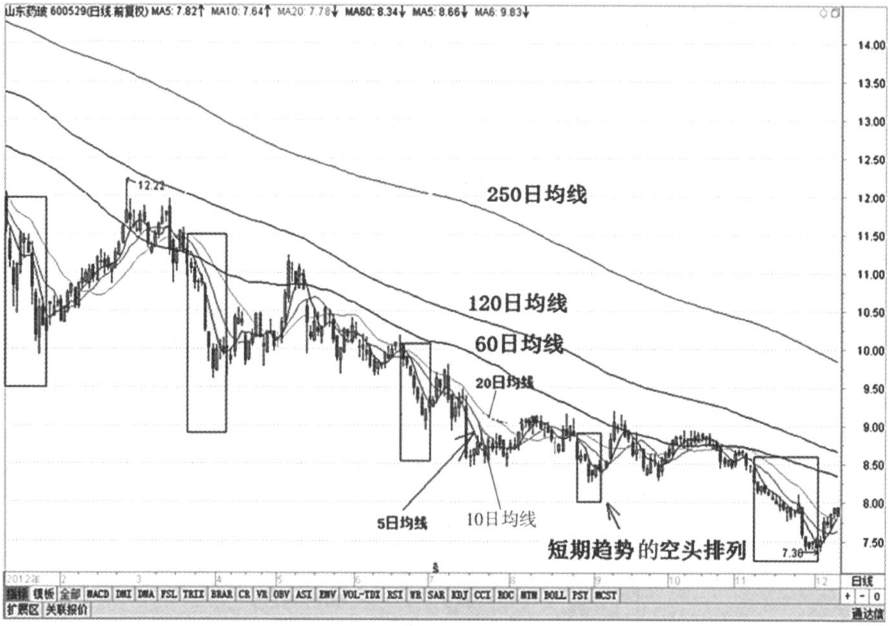

图 1-29　均线的空头排列

日均线在 120 日均线之上，120 日均线又在 250 日均线之上。它预示了中长线投资者已入驻或股票基本面得到好转，投资者都看好后市，长线获利的机会也相应增加。

均线空头排列也分为短期和长期空头排列两种类型。短期趋势的空头排列是指 5 日、10 日、20 日均线不断下跌，并且 5 日均线在 10 日均线之下，且 10 日均线在 20 日均线之下。它预示了短线投资者纷纷不看好这只股票而相继低价卖出手中的股票，促使行情不断走低。

长期趋势的空头排列是指 60 日、120 日、250 日均线不断下跌，且 60 日均线在 120 日均线之下，120 日均线又在 250 日均线之下。它代表了长期下跌的巨大风险，提示中长期的投资者已经出局，股票已经失去上涨的动力，促使中小投资者相继低价卖出手中的股票，所以这种均线形态预示着后市不容乐观。

五、金叉、死叉

在多头、空头排列之间，均线之间还会出现一种相互交叉的形态。均线金叉是指天数多的均线转头向上，天数少的均线也转头向上并且突破天数多的均线。图 1-30、图 1-31 分别是 5 日均线向上突破了 10 日均线，60 日均线向上突破了 120 日均线。

均线的金叉意味着成本的不断抬高。如 5 日均线向上突破 10 日均线，意味着最近 5 天的平均成本要比最近 10 天的平均成本高，显示出一波短期的购买浪潮已经开始，随之而来的是股价的持续上升。

未来如果确实走好的话，均线将具有很好的支撑作用。

均线死叉是指天数多的均线转头向下，天数少的均线也向下并且跌破了天数多的均线。图 1-32、图 1-33 分别是 5 日均线向下跌破了 10 日均

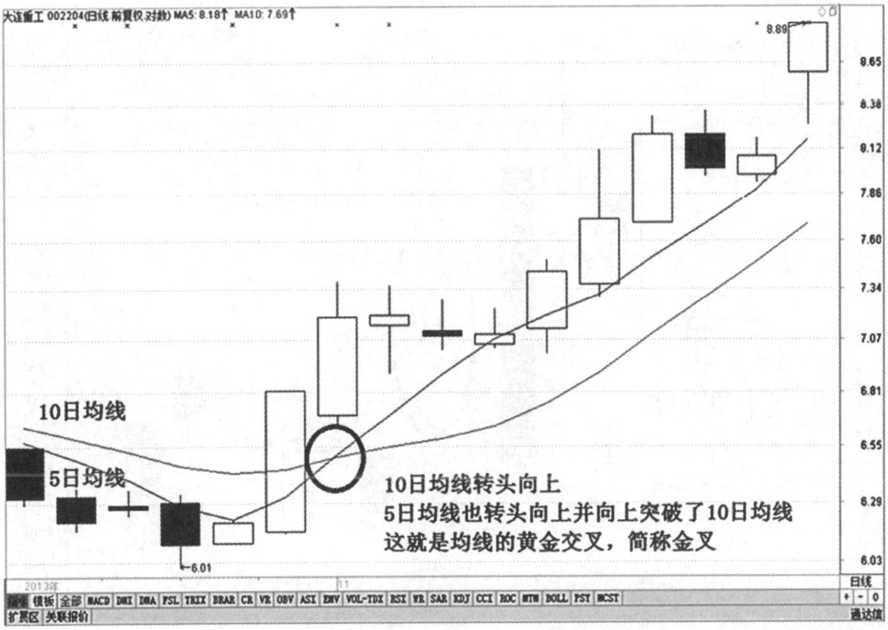

图 1-30　5 日均线与 10 日均线的金叉

图 1-31　60 日均线与 120 日均线的金叉

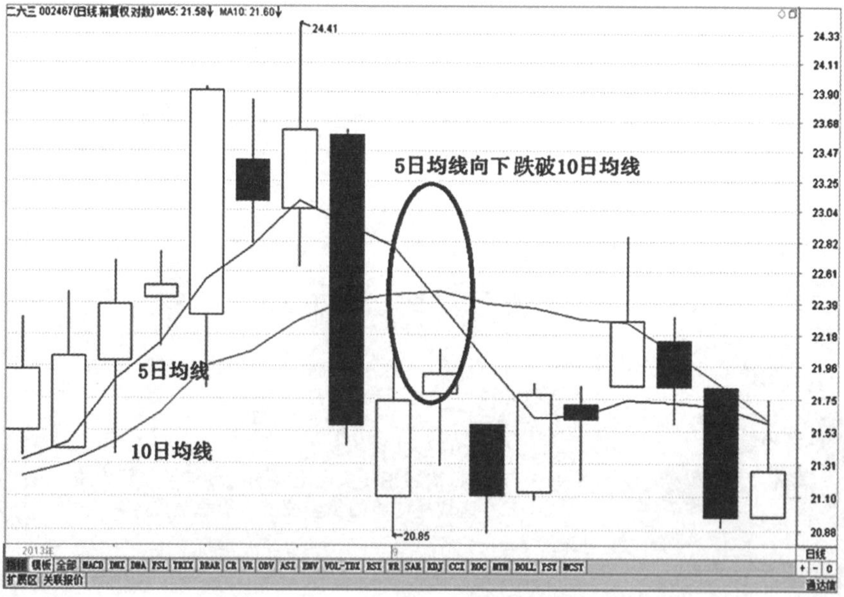

图 1-32　5 日均线与 10 日均线的死叉

图 1-33　60 日均线与 120 日均线的死叉

线，60 日均线向下跌破了 120 日均线。

均线的死叉预示着持有者纷纷卖出手中的股票，不惜赔本也要卖。如 5 日均线向下跌破 10 日均线，意味着最近 5 天的平均成本要比最近 10 天的平均成本低，显示出一波短期的抛售浪潮已经开始，随之而来的是股价的持续下跌。

如果未来行情确实走低的话，表示这条均线具有很大的压制股价上升的作用。

六、银山谷、金山谷

股价下跌经过一段时间的整理后，短期均线由下往上穿过中期均线和长期均线，中期均线由下往上穿过长期均线，从而形成了一个尖头朝上的不规则三角形。尖头朝上的不规则三角形的出现，表明多方已积累了相当大的上攻能量，这是一个比较典型的买进信号，所以人们形象地称为银山谷。银山谷是股价见底信号，是激进型投资者的买进点。

出现银山谷之后，经过一段时间上涨后，股价又回落下来，然后股价重新上涨，短期均线由下向上穿过中期均线和长期均线，中期均线由下向上穿过长期均线，再次形成一个尖头向上的不规则三角形，如果这个三角形所处的位置与银山谷的位置相近或高于银山谷，那么这个三角形叫金山谷。金山谷可作为稳健型投资者的买进点，并且金山谷和银山谷相隔时间越长，所处的位置越高，日后股价上升的潜力越大。

图 1–34 中，5 日均线分别向上穿过 10 日、20 日均线，形成点 1 和点 2，随后 10 日均线也向上穿过了 20 日均线，形成点 3，1、2、3 点所围成的一个尖头向上的不规则三角形就被称为山谷形态。

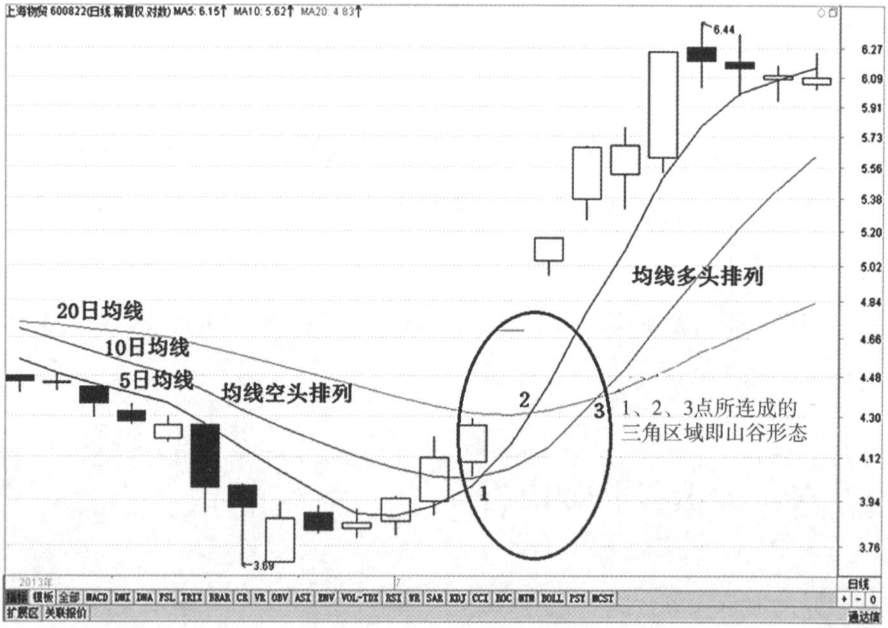

图 1–34 山谷形态

股价在均线空头排列后首次出现的均线山谷形态，又称为银山谷，如之后股价上涨一段时间后又下跌回调，然后出现一个相近或相对更高的山谷形态，这时的山谷形态被称为金山谷（见图 1–35）。

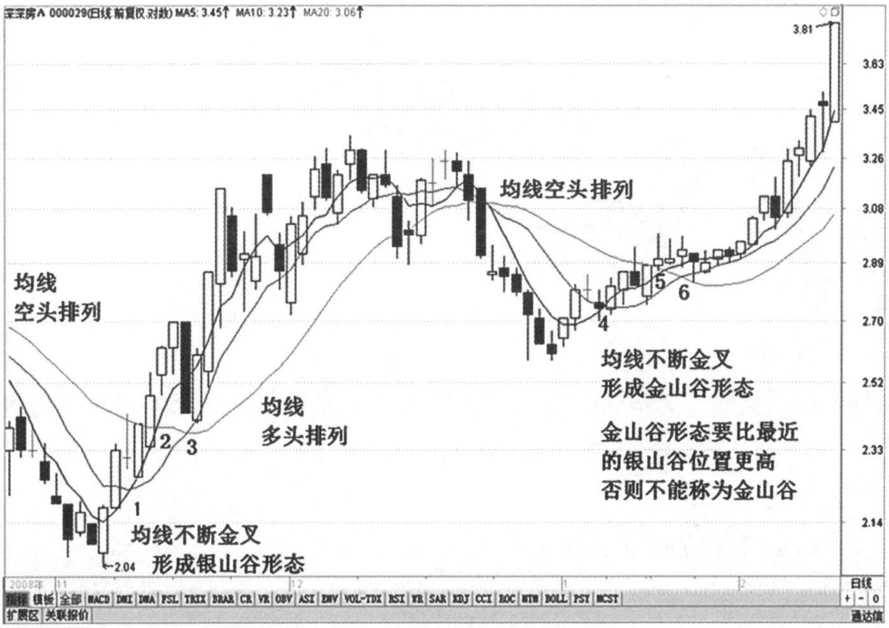

图 1–35　银山谷与金山谷（1）

图 1–35 中，点 1、2、3 形成的山谷形态称为银山谷。点 4、5、6 也形成了山谷形态，较之前点 1、2、3 形成的银山谷的位置更高，代表更好的买入机会已经到来。

银山谷虽然能以低的价格买入，但趋势是否真的会反转向上还不好判断，如果其后股价继续上涨，代表多头力量在加大，再回调时又跌得不多，表现出多头开始强于空头的态势。所以，第二次出现的较高位置的山谷形态才是较稳妥的买入点。图 1–36 中，两次金山谷形态之后的股价都随之大涨。

图 1-36 银山谷与金山谷（2）

七、粘合和发散

均线粘合形态多出现在价格上下浮动不大、横盘震荡持续时间较长的行情中，代表行情窄幅震荡，未来是延续原有趋势还是反转趋势要视后续走势而定（见图 1-37）。

均线粘合形态是指各条均线间的间隔距离越来越小，而均线发散形态是指各条均线间的间隔距离越来越大（见图 1-38）。

均线粘合，代表行情越来越趋向于窄幅震荡，获利空间较小，持续时间较长。

均线发散，代表行情越来越趋向于单边市，如果是单边上涨行情的话，那未来获利的空间就大；但如果股价已处于较高的位置，这种均线发散反而不利于投资者买入。

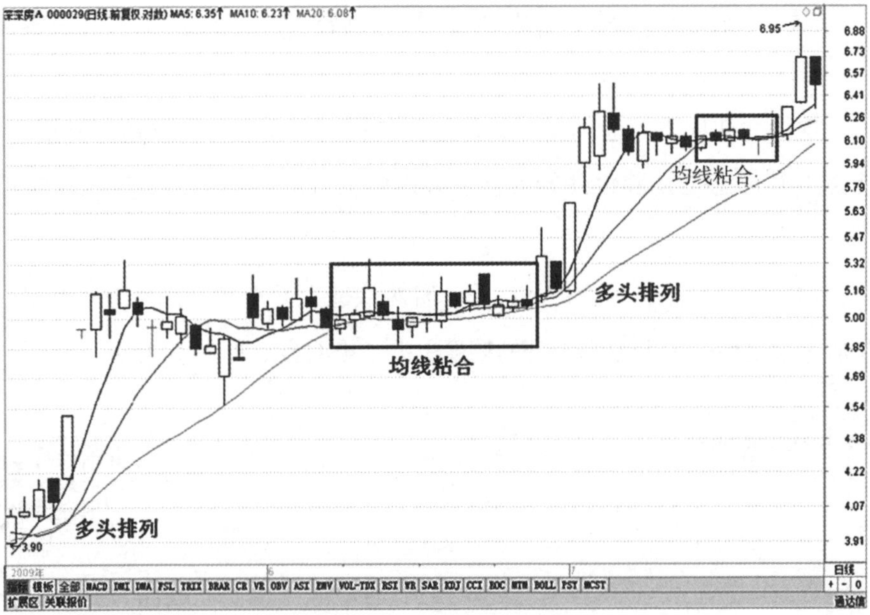

图 1-37　均线粘合形态

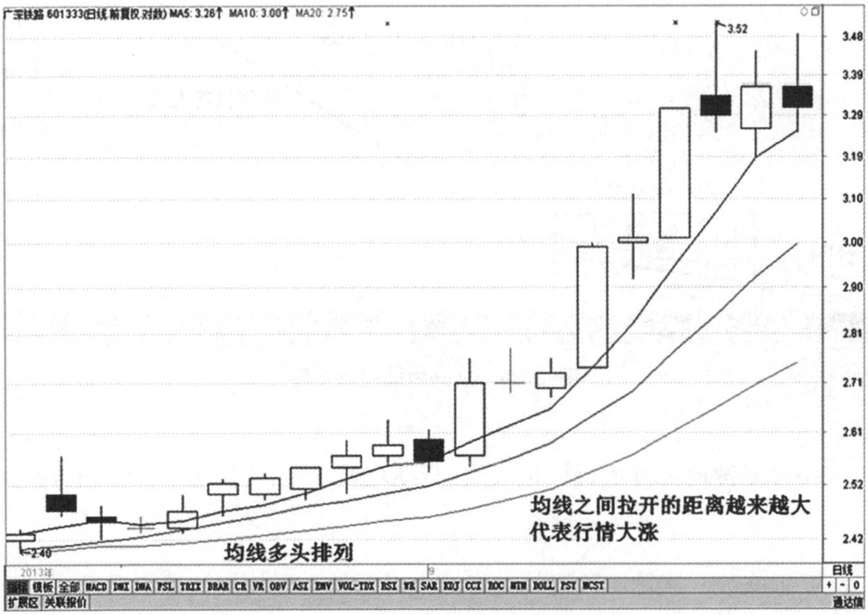

图 1-38　均线发散形态

八、慢速上升、快速上升，慢速下降、快速下降

均线大体向上，但幅度不大，这样的均线形态就称为慢速上升形态。慢速上升形态是指股价开始缓慢上升，但上升幅度不大，是个较稳定的上升形态。

均线大幅向上，这样的均线形态称为快速上升形态。快速上升形态是指股价较之前的上升形态上升的幅度更大、更明显（见图 1–39）。

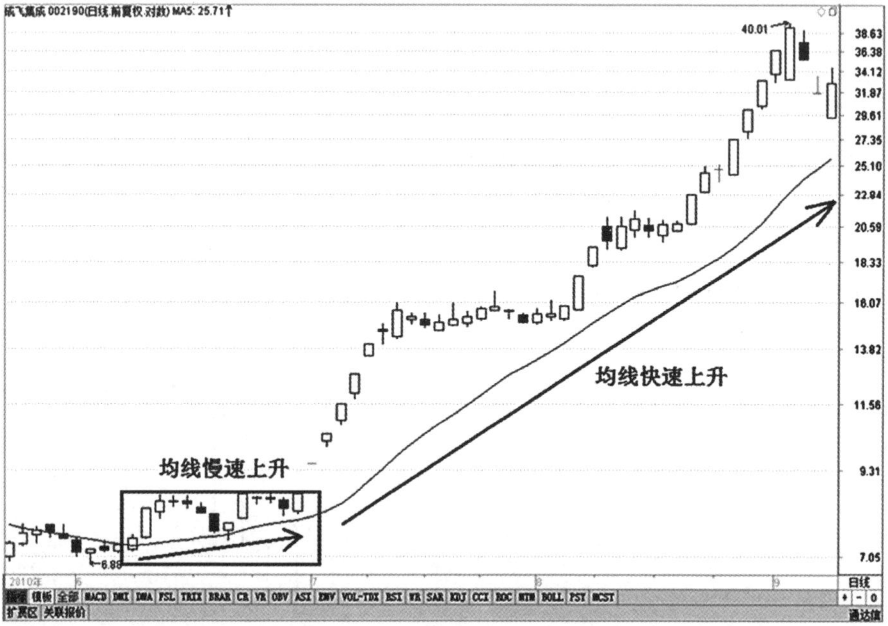

图 1–39 上升中的相对快慢

不管是慢速上升形态还是快速上升形态，都同时含有多头排列、空头排列、金叉、死叉等均线形态。

一般来说，起涨阶段以均线慢速上升开始，以均线快速上升结束，然后转为均线慢速下降和快速下降，才能开始新一轮的上涨（见图 1–40）。

图 1–40　涨跌速度的快慢变化 1

始跌段是以均线慢速下降开始，以均线快速下降结束为结尾，然后转为均线慢速上升和快速上升（见图 1–41）。

快慢是相对的，再分高位和低位的话，就更复杂了。

高位出现均线慢速上升：这表示多头行情即将到头，不宜看多看涨，宜卖出手中的股票，持币为好。

高位出现均线快速上升：这表示多头行情即将到头，这波看上去很给力的大涨并不是很好的买入机会，而是带有风险的，所谓“飞得越高，跌得越惨”。

高位出现均线慢速下降：预示着上涨乏力，多头力度减小，适合卖出，避免出现大的亏损。

高位出现均线快速下降：表示大多数投资者纷纷亏本卖出手中的股票，也意味着卖出是唯一的选择。

图 1–41 涨跌速度的快慢变化 2

低位出现均线慢速上升：这表示趋势开始有反转向上的苗头，多头开始缓慢进场，但是否真的反转还要视后市走势方能确认，这只是个初步信号。

低位出现均线快速上升：这表示多头行情已经开始，适合买入操作。

低位出现均线慢速下降：预示着空头力度在逐渐减小，适合持续关注，暂时不宜买入。

低位出现均线快速下降：显示空头发力下砸，如果力度够大的话，这有可能是一个很好的进场买入的机会；但同时也蕴藏着较大的风险，所以还是等到均线出现上升时再做打算比较稳妥。

均线指标的基础知识已经讲解完了，下面我们将在基础指标这一章加入成交额的讲解。

九、什么是成交额

什么是成交额呢？假设我们去买一本书，书的价格是 50 元，如果一直没有人买则成交额为 0，有一个人买则成交额为 50 元，有十个人买则成交额为 500 元，有一百个人买则成交额为 5000 元……

所以一本书是否好卖，看成交额就可以知道了。

股价也一样，在一定周期内统计的成交额等于该周期内的成交额指标数值。

下面说说成交额指标怎么调出并显示出来。

首先打开某只股票的走势图界面，我们可以看到主图走势及其均线指标以及下方显示的成交量指标数据（见图 1–42）。

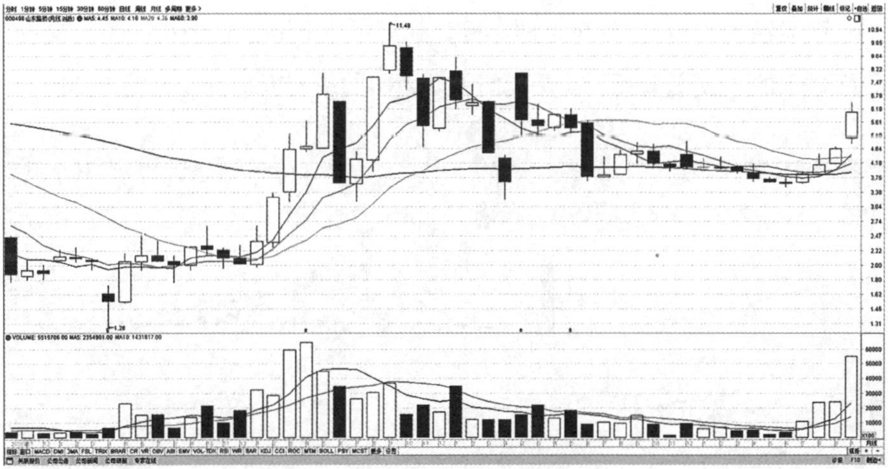

图 1–42　股票的走势图界面

不过我们不使用成交量指标，因为成交量的数据经常有人为因素的干扰。例如股票增发等（见图 1–43）。

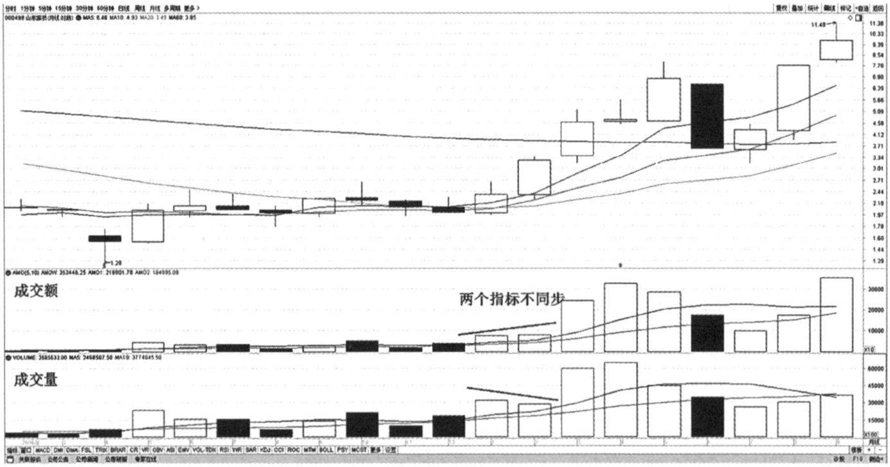

图 1–43　成交量和成交额指标经常不同步

我们关心的不是公司怎么增发股票，那和钱关系不大，我们关心的是钱本身，是交易金额本身，所以我们重视成交额这个指标。

键盘输入“amo”后按下回车键，我们可以看到软件弹出一个小窗口，里面显示的“成交金额”就是我们需要使用的成交额指标（见图 1–44）。

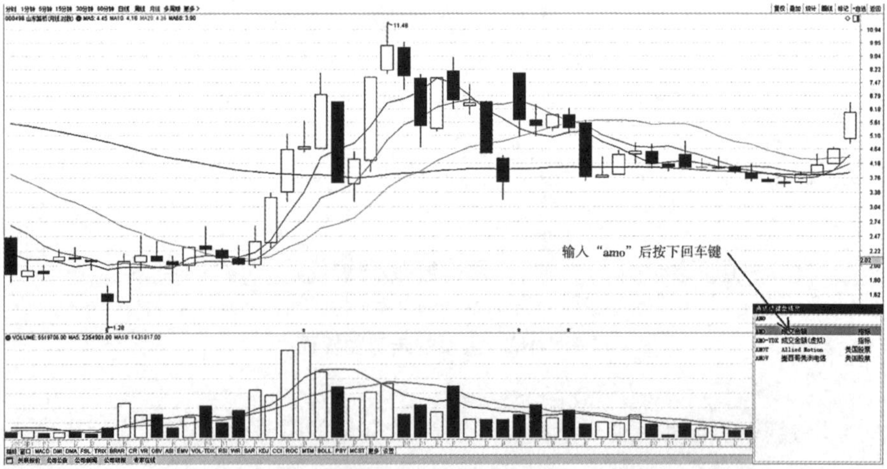

图 1–44　键盘输入“amo”后按下回车键

回车或用鼠标双击后就可以在软件里看到成交额指标数据了（见图 1–45）。

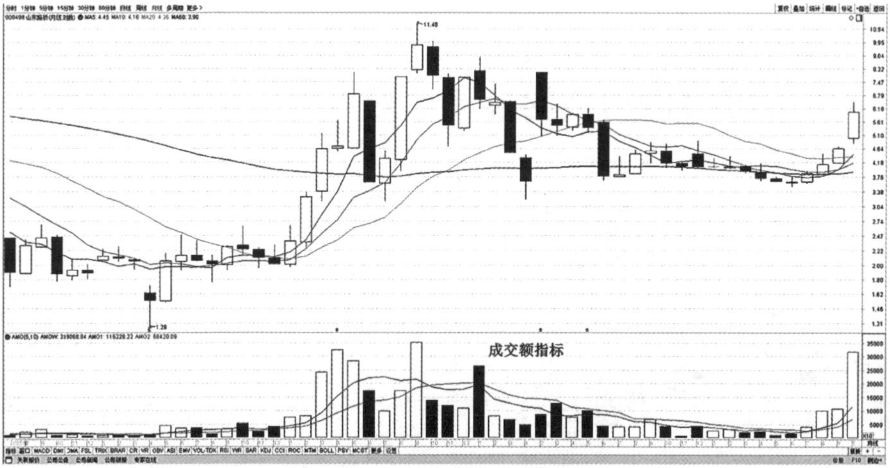

图 1–45　股票走势与成交额指标

股价有移动平均计算法及其指标，同样地，成交额或成交量也有自己的均线指标（见图 1–46）。

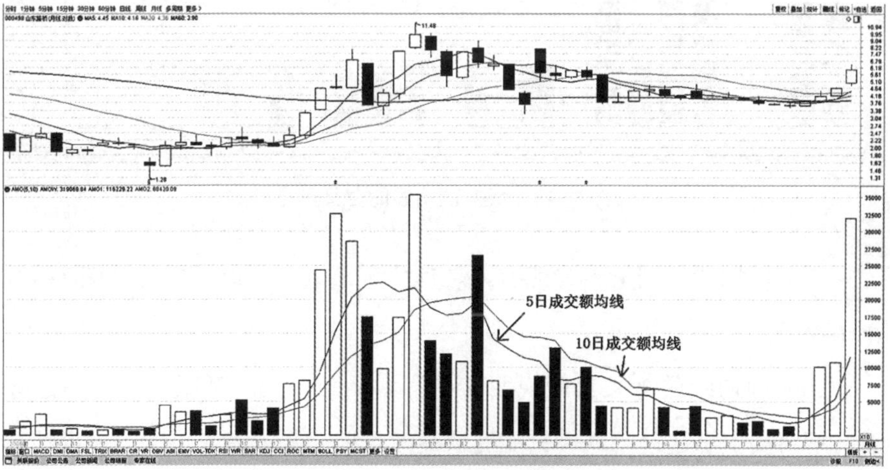

图 1–46　股票走势与成交额均线

成交额均线的各种原理和特性与均线指标相同或近似。具体的特性可以参考均线指标的各种特性。

下面简单说说成交额均线的金叉与死叉。

十、成交额均线的金叉、死叉

当成交额均线出现金叉时，说明该股票短期的平均成交额超过了更长期的平均成交额，说明近期该股票的成交开始活跃了（见图 1–47）。

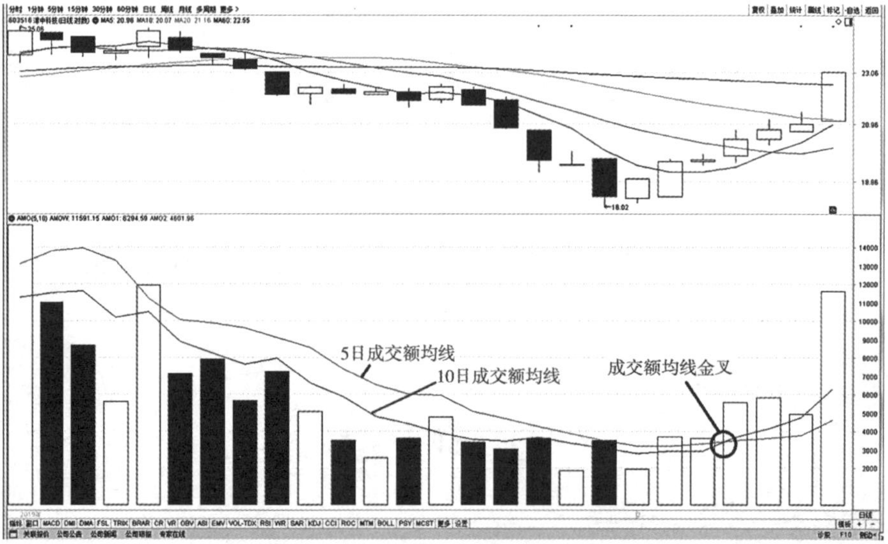

图 1–47 成交额均线的金叉形态

成交额均线之间的金叉能有力地催生上涨或者下跌行情（见图 1–48、图 1–49）。

成交额均线的金叉只能说明交易开始活跃，交易活跃本身并不意味着行情将要上涨还是下跌，只能提示继续目前趋势或者有可能出现反转行情。因为交易活跃本身就加快了股价本身变化的进度。就像在高速路上狂

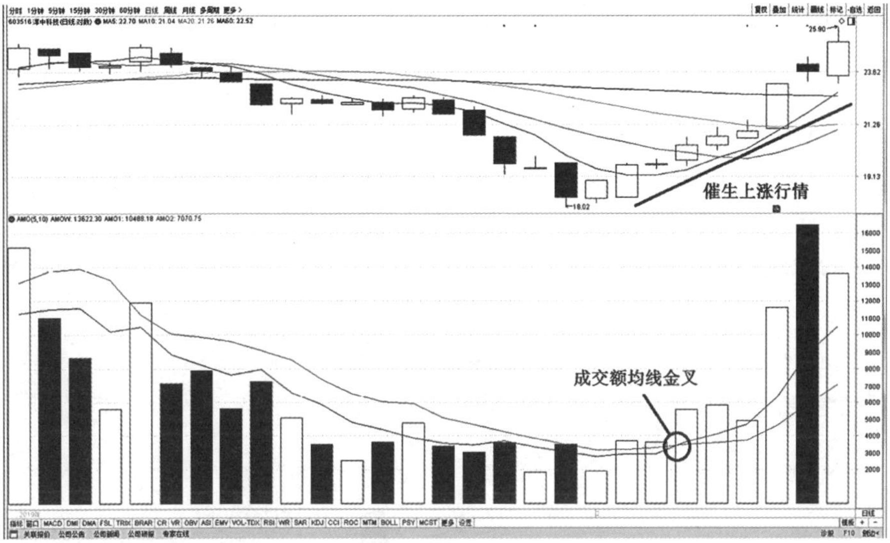

图 1-48　成交额均线金叉后催生上涨

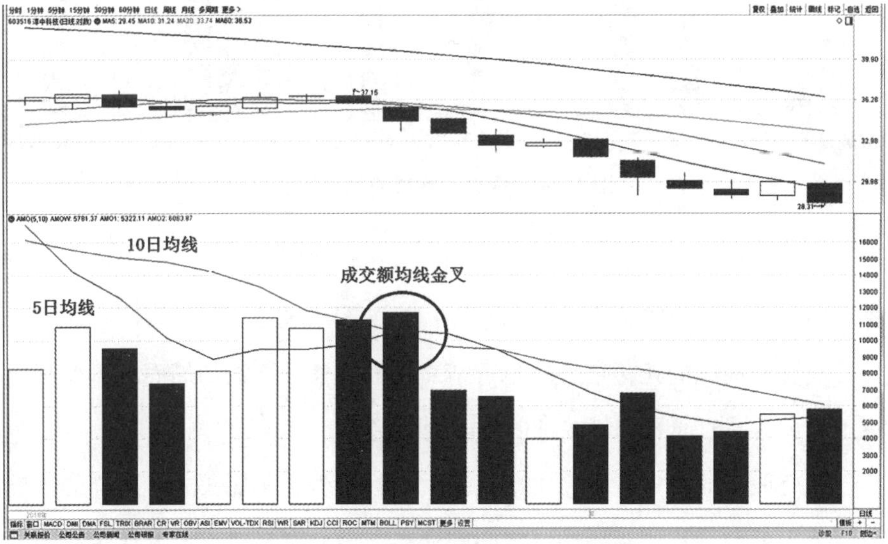

图 1-49　成交额均线金叉后反催下跌

奔，成交活跃意味着加快车速，这样可能导致两个结果：一是持续飞奔，二是发生车祸。

持续飞奔就相当于延续原有趋势。不管之前是上升还是下降趋势。

发生车祸相当于趋势发生反转，即投资者们俗称的变盘。

当成交额均线出现死叉形态时，说明该股票的短期平均成交额少于更长期的平均成交额，这个情况说明近期该股票的成交开始冷淡（见图 1–50）。

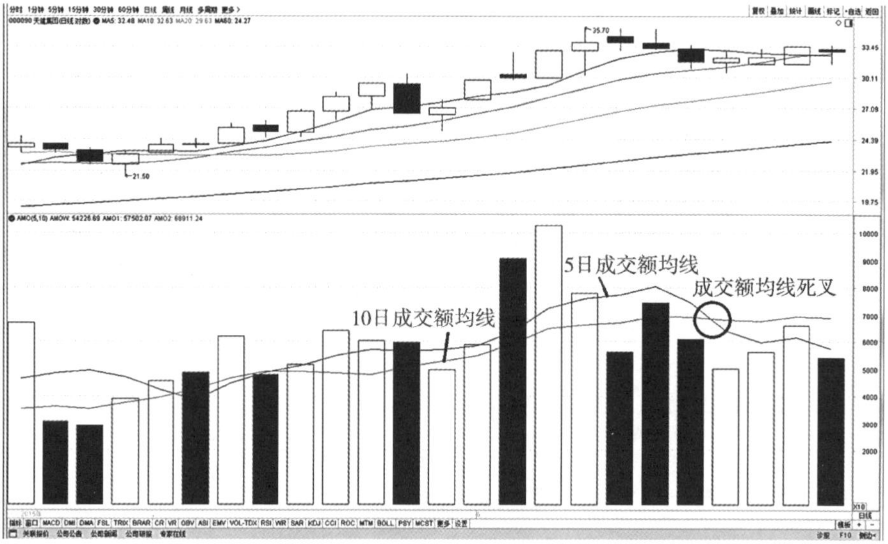

图 1–50　成交额均线的死叉形态

成交额均线之间的死叉意味着行情继续维持原有的趋势或者维持原有趋势的概率比反转变盘的要大（见图 1–51、图 1–52）。

成交额均线的死叉带来的是行情交易的冷清，冷清的局面下，变盘的难度加大，同时原有趋势本身也有放缓的趋势。

持有股票的投资者不愿卖出、持币的投资者也不愿买入，这样的情况持续下去就会导致成交额均线之间的死叉，最后就在股价上形成缓慢的上涨或者下跌行情。

现在我们讲解完了暴跌形态所要使用的相关指标了，下面开始讲解具体的暴跌形态及其实战案例。

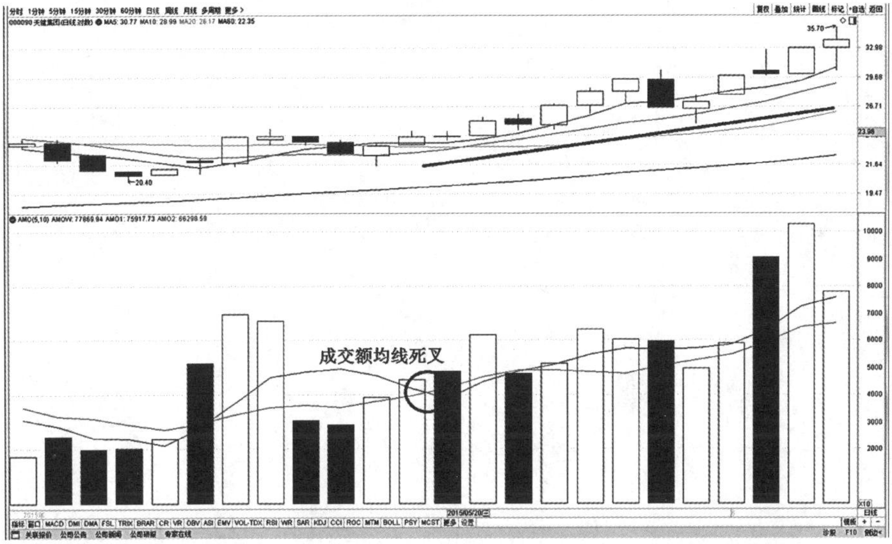

图 1–51　成交额均线死叉后出现变盘的概率降低，延续之前的上升趋势

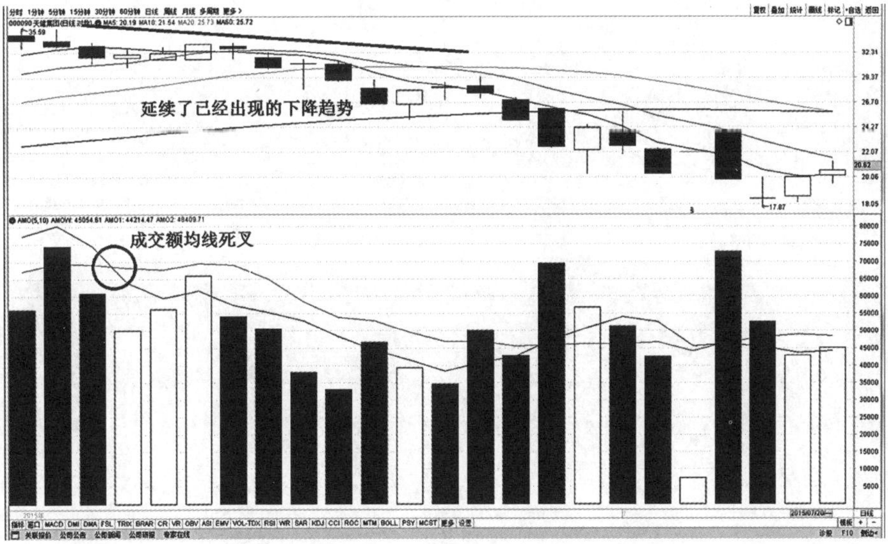

图 1–52　成交额均线死叉后出现变盘的概率降低，延续之前的下降趋势

第二章

暴跌形态一：

均线多头排列并被深度跌破

一、均线多头排列并被深度跌破的暴跌形态（季线）

均线多头排列并被深度跌破的暴跌形态需要之前股价的均线呈现多头排列形态，意味着之前投资者已经习惯了之前的上涨行情。突然间在某一个季度的 K 线出现暴跌，并且暴跌的幅度必须超过 50%，这就让很多投资者感到恐慌，随之开始疯狂卖出手中的股票！不过，之后股价再次大幅下跌此大阴 K 线实体的 2/3 时，就是一个很好的买入时机（见图 2–1）。

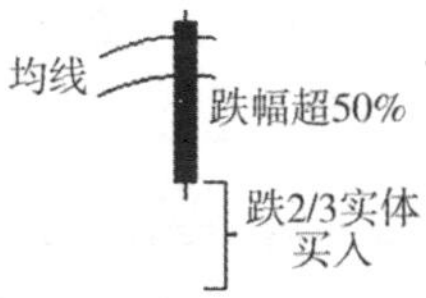

图 2–1　均线多头排列并被深度跌破的暴跌形态

不管最后是主力机构的洗盘还是其他什么原因，这个时候本身就是捡便宜的最佳时机。

卖出条件比较自由，这里我们使用周线的股价跌破 10 周均线为卖出条件。或者，股价在高位并与成交额形成顶背离时卖出。

下面开始解说与这个形态相关的交易案例。

二、案例 1：山东地矿（000409）盈利 174%

我们先来观察一只股票的前期走势，个股山东地矿（000409）之前一直处于明显而漫长的下降趋势中，而之后股价开始反转向上，转而进入比较陡的上升趋势中。涨势吸引了不少投资者的眼球，导致后期股价连续爬升（见图 2–2）。

图 2-2 山东地矿（000409）的前期走势

2008 年第二季度的季中，山东地矿（000409）股价一度下跌，暴跌的幅度接近 48%，已经非常接近 50% 的跌幅。可是我们依然不能认为这个跌幅是可靠的，而到了第二季度的季末，也就是 2008 年 6 月 30 日左右，股价又回升了，涨上去了，实际季 K 线只下跌了 28% 而已（见图 2-3）。

我们依然需要等待暴跌形态的出现，而不能急于求成。只有忍耐并等待合适的时机，并及时把握住稍纵即逝的时机才能立于不败之地。

2008 年 9 月 26 日，股价在这个季度下跌了 53.77%（见图 2-4、图 2-5）。这么大的跌幅已经让众多的投资者感到恐慌了，恐慌了的持股者多数已经出清了手中的股票，这给后市上涨埋下了很好的基础，并且这个形态已经符合均线多头排列并被深度跌破的暴跌形态。或许这将是一次难得的买入机会。

后期只要股价再下跌并且超过本次大阴 K 线的 2/3，我们就可以买入该股了。我们可以在股票软件上利用画图工具做出一条预警线（见图 2-6）。

图 2–3　山东地矿（000409）曾一度下跌接近 50%

图 2–4　山东地矿（000409）此前均线呈多头排列之势

接下来要做的就是等待股价继续下跌了，直到符合买入要求的形态出现。否则仍将持币观望。

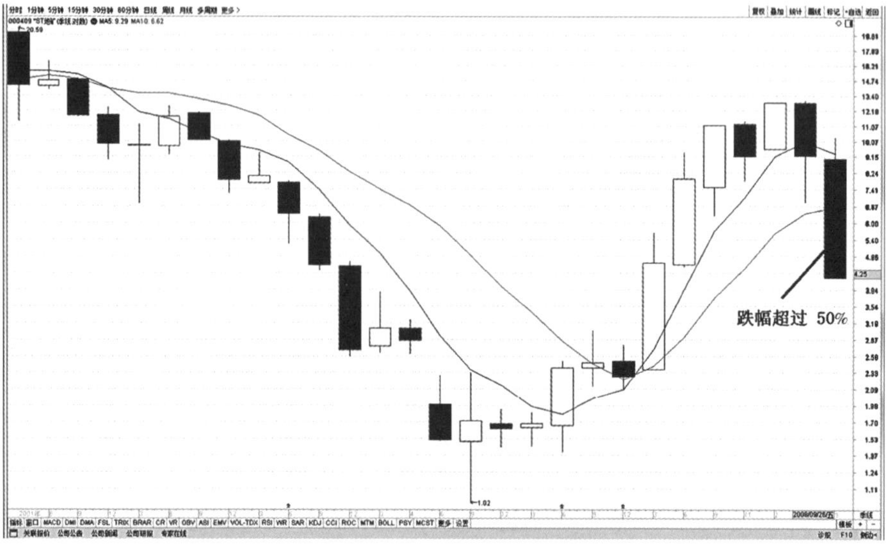

图 2-5 山东地矿（000409）股价跌幅超过 50%

图 2-6 预警线

只要股价跌破预警线，我们就可以买入该股了。如果把握不好买入的具体时间点的话，最好选择季末最后一个交易日（见图 2-7）。

图 2-7　山东地矿（000409）预警线被跌破，季末买入

这样做的好处是可以在相对固定的时间做买卖操作，方便时间不充裕的投资者进行股票交易操作。

接着我们把季线周期图调到周线周期图，这样我们可以时时刻刻关注每一周的交易走势情况（见图 2-8）。

当然，如果你是中长线投资者，也可以只关注月线或者季线。我们可以根据自己的实际情况或喜好选择，并没有定死的规定。买入后约一个月时间，账面已经出现了 36% 的盈利。

既然账面有了盈利，而且目前行情又没有出现可靠的卖出信号或形态，所以继续持股待涨（见图 2-9）。

到了 2009 年 3 月 13 日，股价开始回调到了 10 周均线之上，并且很有可能跌破该均线（见图 2-10）。

如果后续走势真的跌破了这条均线，那就提示我们该卖出手中的这只股票了，并且卖出时和买入时一样，不能迟疑，不能贪。

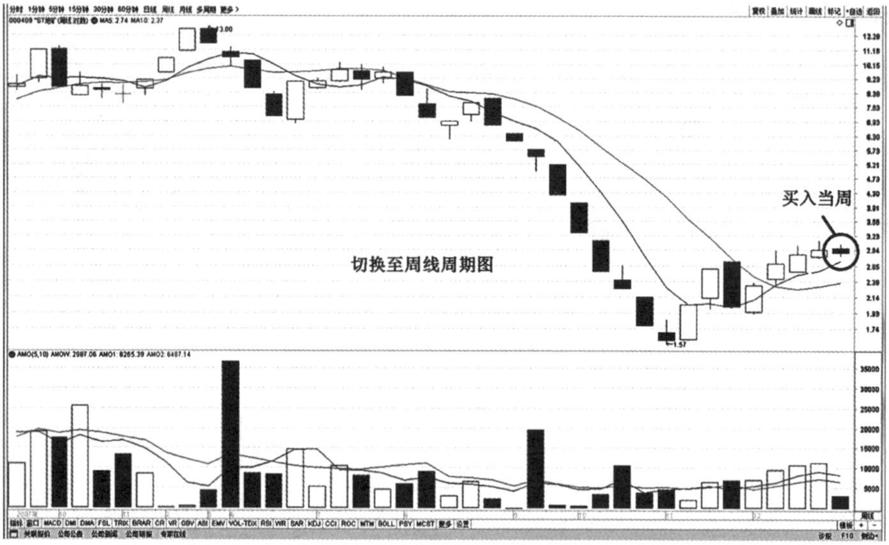

图 2-8 山东地矿（000409）切换至周线周期图

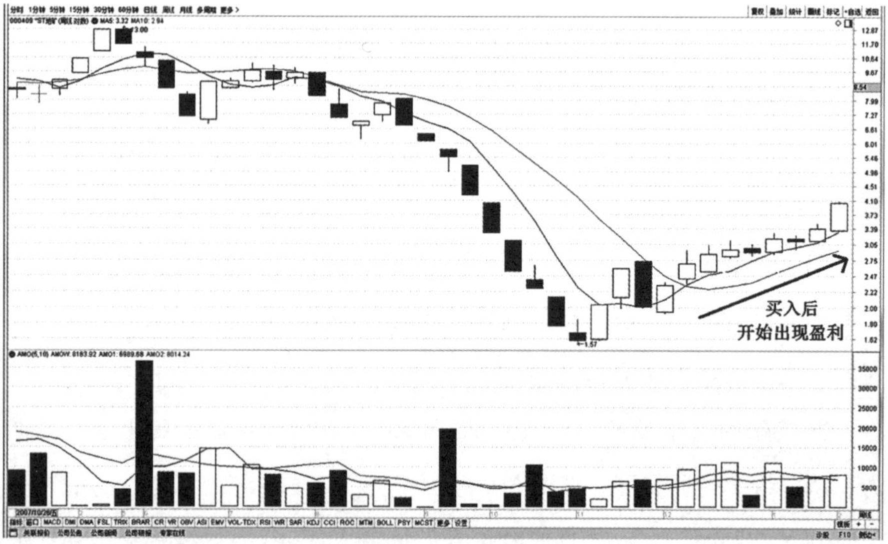

图 2-9 买入山东地矿（000409）后股价开始上涨

2009 年 6 月 12 日，股价虽然一直在上涨，可是我们观察到图中下部的成交额指标没有跟着股价不断增加，反而是不断缩减，形成了成交额顶

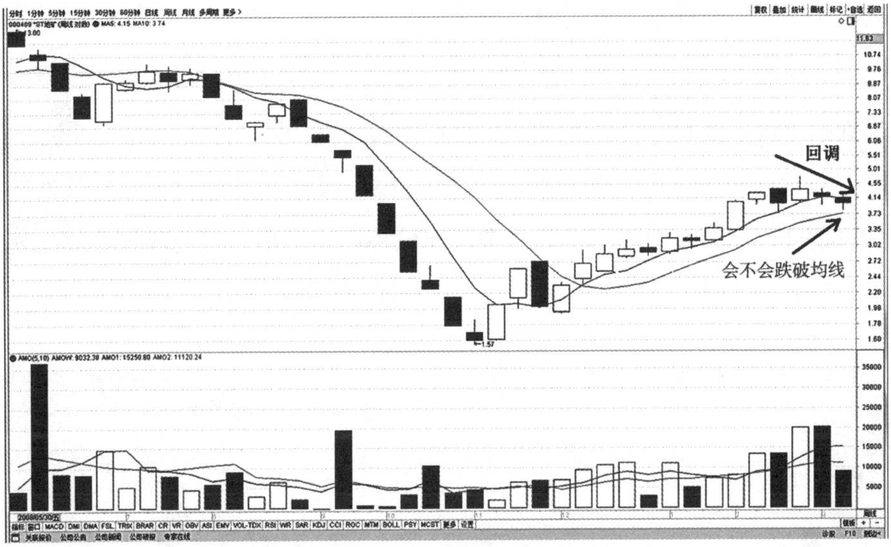

图 2-10　山东地矿（000409）回调还是跌破

背离（见图 2-11）。

另外，当周的周 K 线出现了一个较长的上影线，所以我们决定在本周

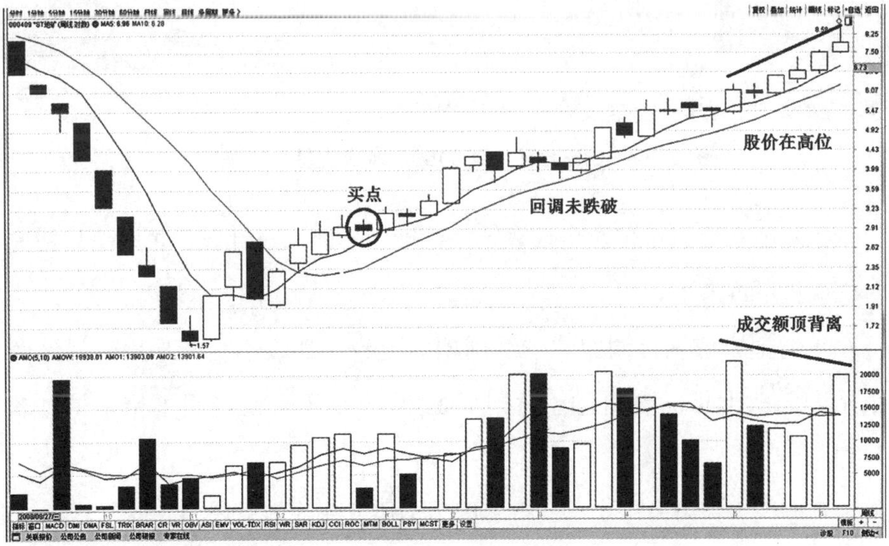

图 2-11　山东地矿（000409）高位股价与成交额顶背离，卖出

周末最后一个交易日卖出该股。

如果是老投资者可以在该周期间找合适的价位卖出，对于时间有限的投资者来说，选择在一个固定时间交易比较方便。

当然，我们也可以等到股价跌破10周均线再卖出，或是等待其他的卖出条件。因为当时急于使用现金，所以提前在价格与成交额顶背离时卖出（见图2-12）。

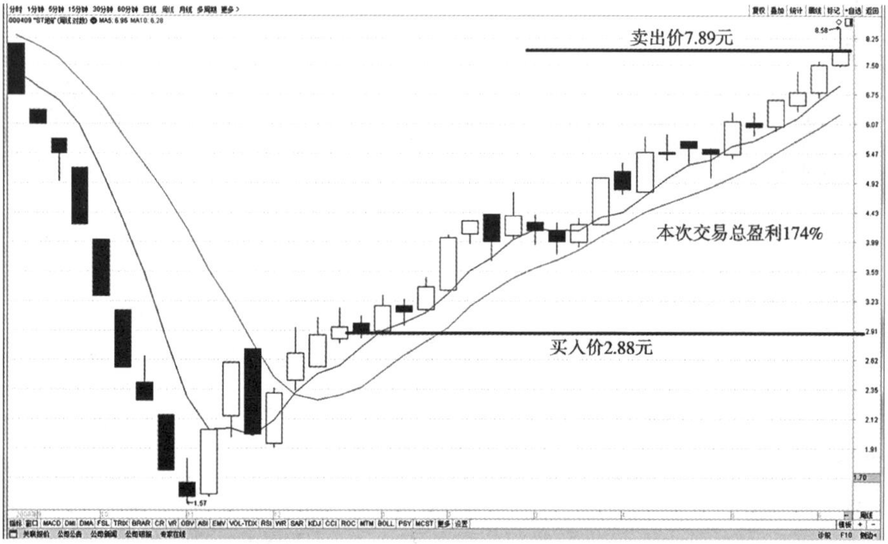

图2-12 山东地矿（000409）本次交易盈利174%

实际上在什么价位卖出没有统一标准，不能太过计较，否则一旦错失时机就机不再来了。

我们把股票软件调回到季线周期图上看，那么本次交易用时累计两个季度，即半年，盈利已经达到了174%，是不是已经很不错了（见图2-13）。

不能因为久就急于卖出，也不能因为快就恋战不离场。

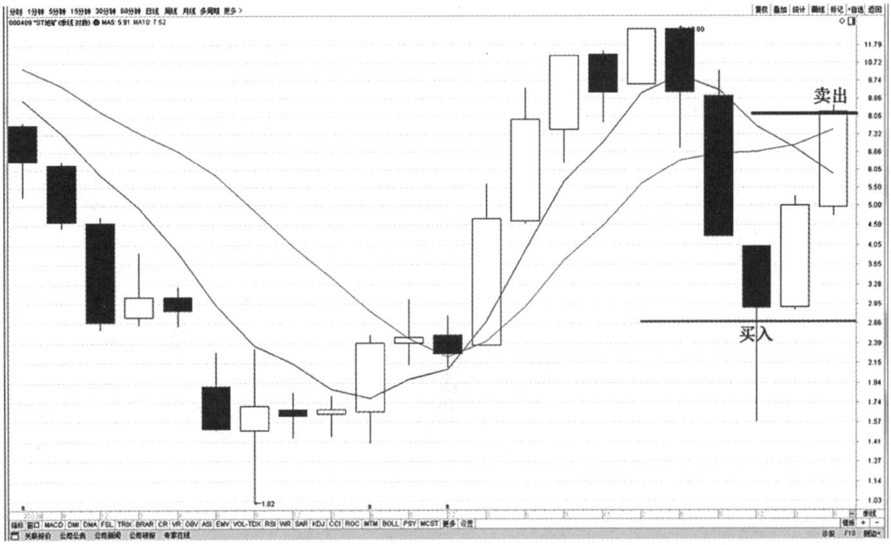

图 2-13 山东地矿（000409）季线周期图上的走势

三、案例 2：中洲控股（000042）盈利 322%

看完第一个案例后，接下来我们看看个股中洲控股（000042）这个案例。这只股票之前也是处于明显而漫长的下降趋势中，之后开始反转向上，而且还是个比较陡的上升趋势（见图 2-14）。

股价刚好在高位出现了较长的上影线，会不会在未来一两个季度出现回调或者大幅度的下跌呢？

持续观察一个季度后，股价开始回调或者说是下跌，并且一度下跌了 36%，还跌破了 5 季均线（见图 2-15）。

虽然这样但还是没有形成可靠的买入形态，还得继续追踪观察。

2008 年第一季度，股价依然在高位徘徊，形成旗形形状。股价后期如果跌破这个区间的下沿则可能开启暴跌模式，否则我们还需要等待时机或

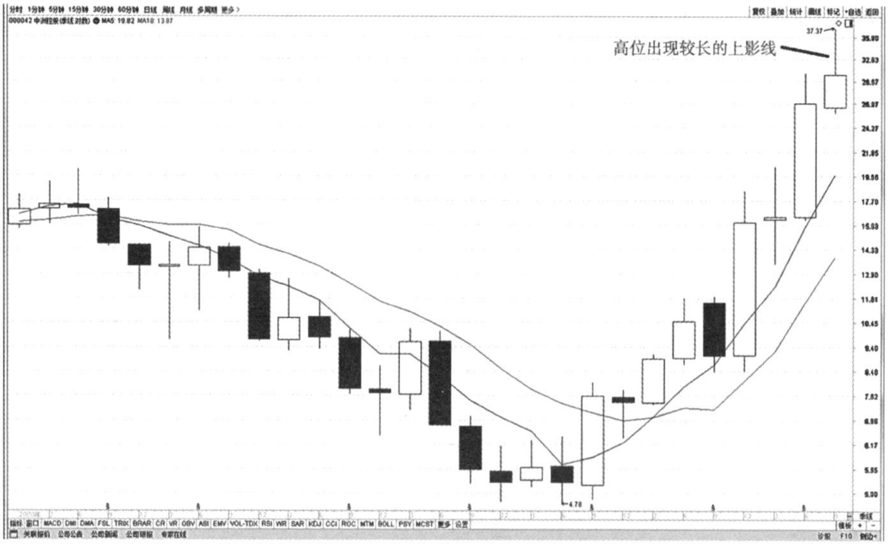

图 2-14 中洲控股（000042）前期走势

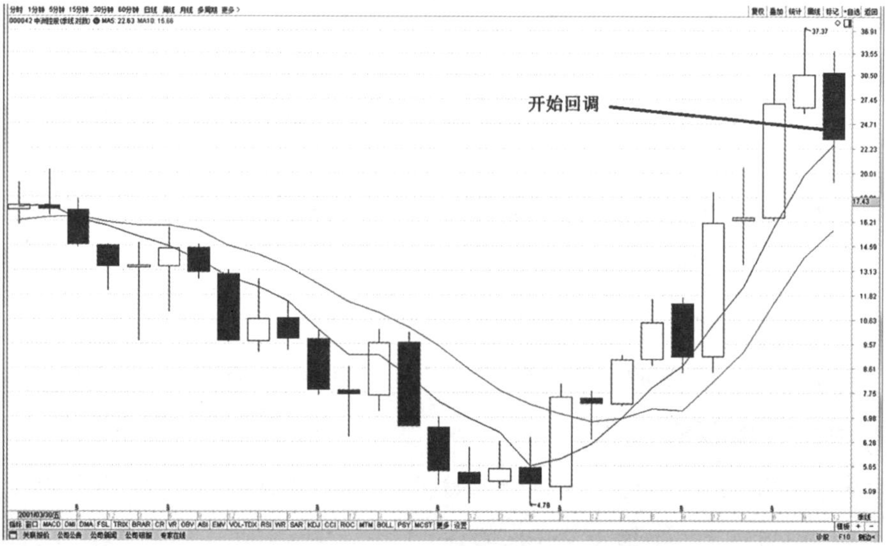

图 2-15 中洲控股（000042）开始回调

者换别的标的继续跟踪（见图 2-16）。

紧接着的下一个季度里，股价以暴跌的形势跌破了此前两个季度形成

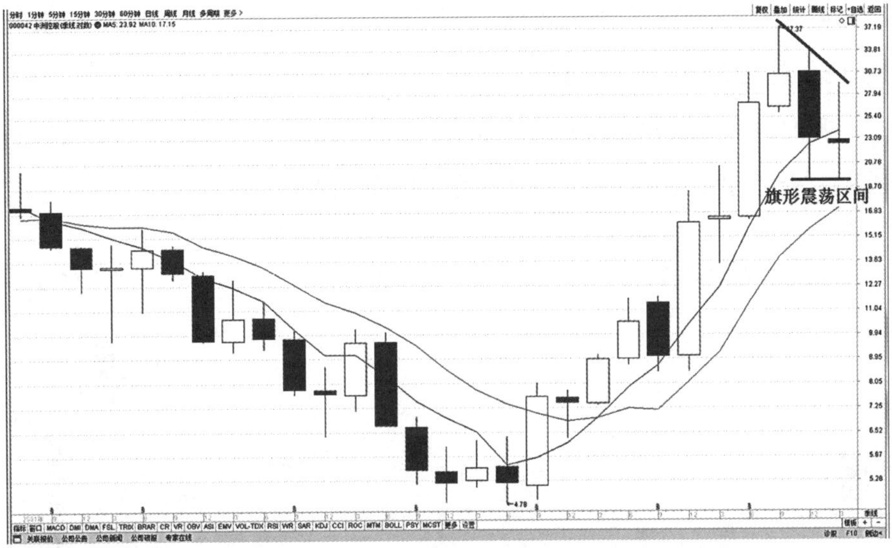

图 2-16　中洲控股（000042）高位震荡

的旗形形态的区间下沿，暴跌出现了，随之带来的是恐慌性抛售。

本次股价下跌的幅度超过了 50%（见图 2-17）。

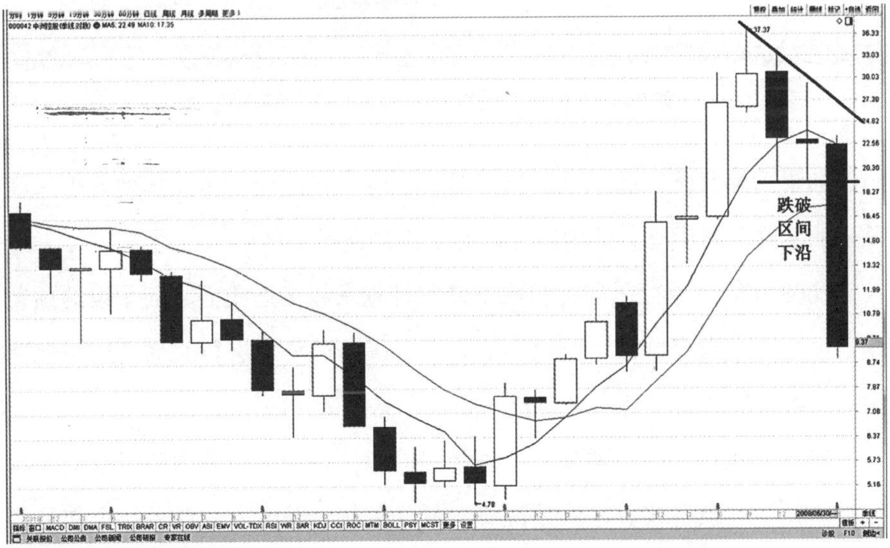

图 2-17　中洲控股（000042）跌破了区间下沿，暴跌出现了

后期，如果这只股票的股价能继续下跌，并且超过这个大阴 K 线实体的 2/3，就是绝佳的买入时机。

我们将本季度的大阴 K 线实体大致分为三份，然后取其中 2/3 的长度放到本季度的收盘价之后作为预警线（见图 2–18）。

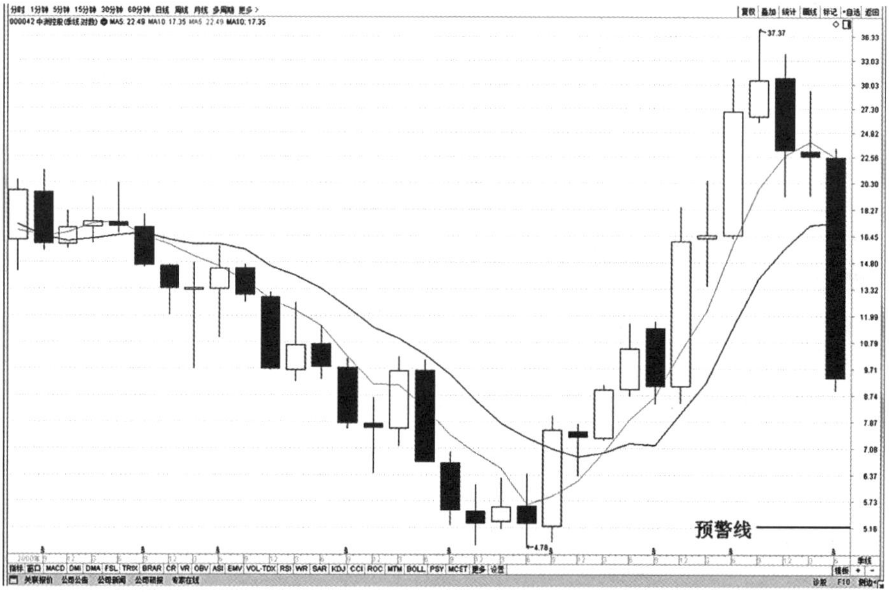

图 2–18　画出中洲控股（000042）的预警线

如果后期股价跌破了这个预警线，就可以确认均线多头排列并被深度跌破的暴跌形态成立，然后就可以对该股票进行交易。

2008 年第三季度，股价再次下跌并且越来越接近我们之前预设的预警线。可是毕竟没有跌破，所以不能急于求成而过早地进行交易，应该保持耐心，继续等待，等待最佳时机的到来（见图 2–19）。

2008 年的最后一个季度，中洲控股的股价在这三个月内已经跌破了我们之前预设的预警线。也就是说我们可以在这个季度末的最后一个交易日买入该股了，买入价格为 5.85 元（见图 2–20）。

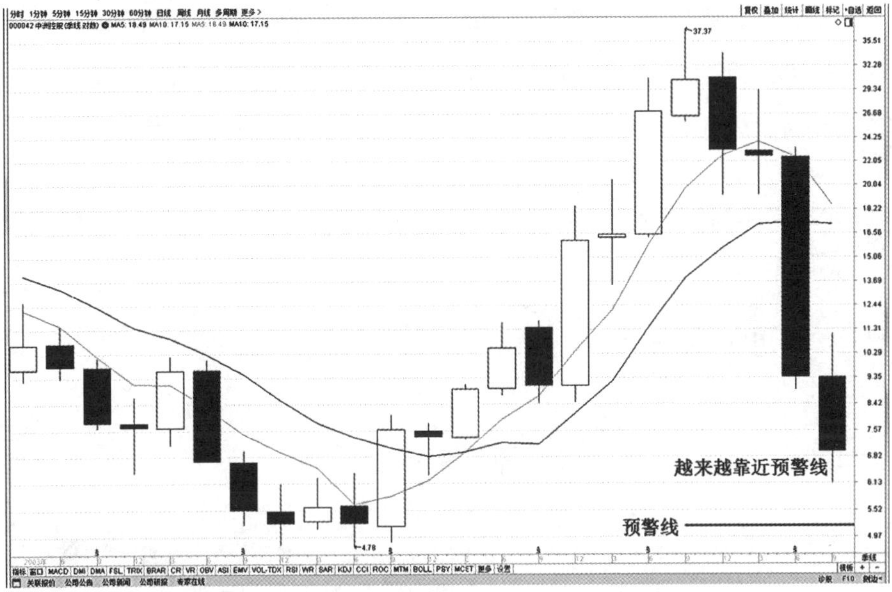

图 2-19　耐心等待中洲控股（000042）股价跌破预警线

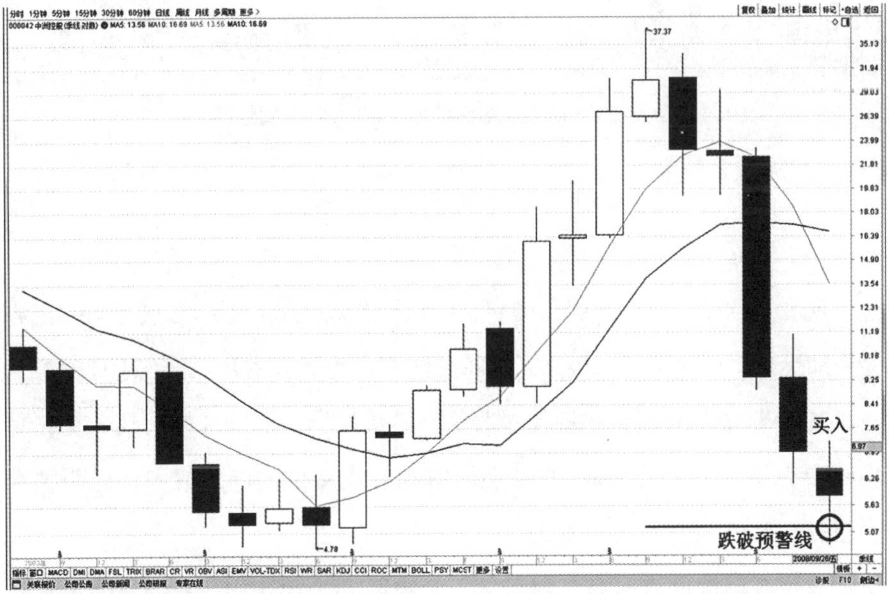

图 2-20　中洲控股（000042）股价跌破预警线，买入机会出现

接下来，我们进入周线图去跟踪该股后续股价的走势。我们的买点在10周均线之下，说明我们的买入价格相对于最近10个星期的交易价格来说是相对比较低的，也就是，相对做到了买在低点（见图2–21）。

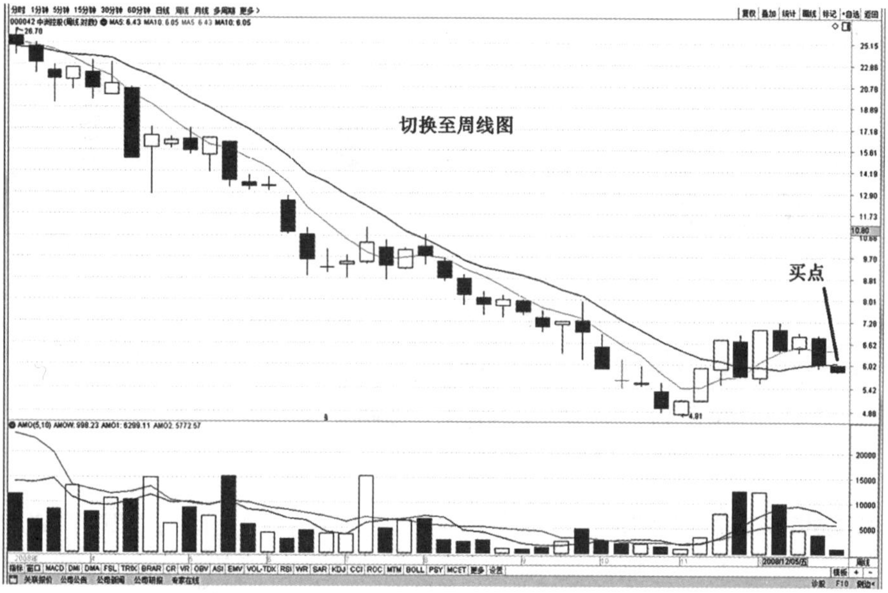

图2–21　切换至中洲控股（000042）周线图

到了2009年1月23日，该股股价已经出现了小幅上涨，并出现了账面盈利。

就看近期高点能否被股价突破，如果被有效突破则意味着接下来的走势会更加迅猛，涨得更快、更高，那将意味着走势进入主升段了（见图2–22）。

2009年2月6日，中洲控股股价在本周发力上涨，涨幅达到35%，平均每个交易日上涨约7%。并且还能看到有成交额的同步放大，说明主升段已经开始启动了（见图2–23）。

对于主升浪能涨多高，涨多久，是没有办法预知的，我们只能跟着趋势走，在可靠的卖出信号出现前坚持持股。

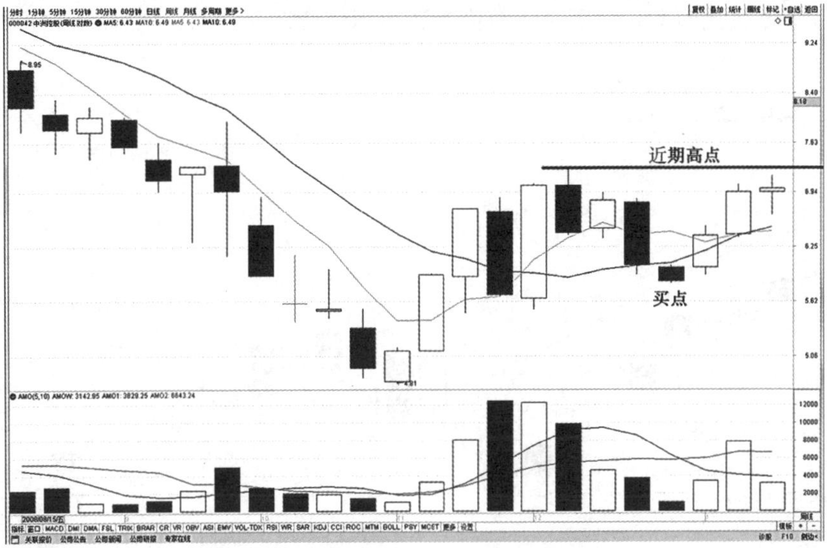

图 2-22　中洲控股（000042）小有盈利

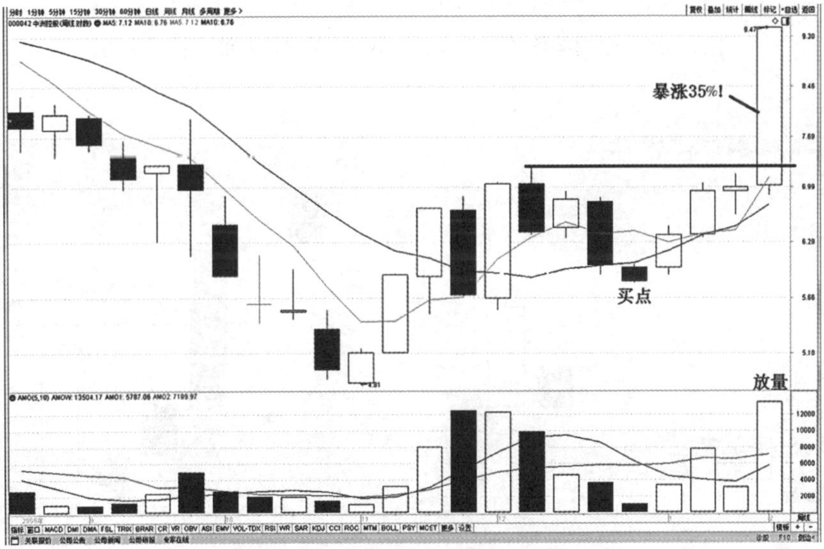

图 2-23　中洲控股（000042）再赚 35%

2 月 13 日，本周股价出现了前所未有的巨额成交。可是，与此不匹配的是股价并没有更大幅度地上涨。这时要是股价处在高位的话，就是卖出信号了。不过当时股价位置还不算高，还可以继续持有（见图 2–24、图 2–25）。

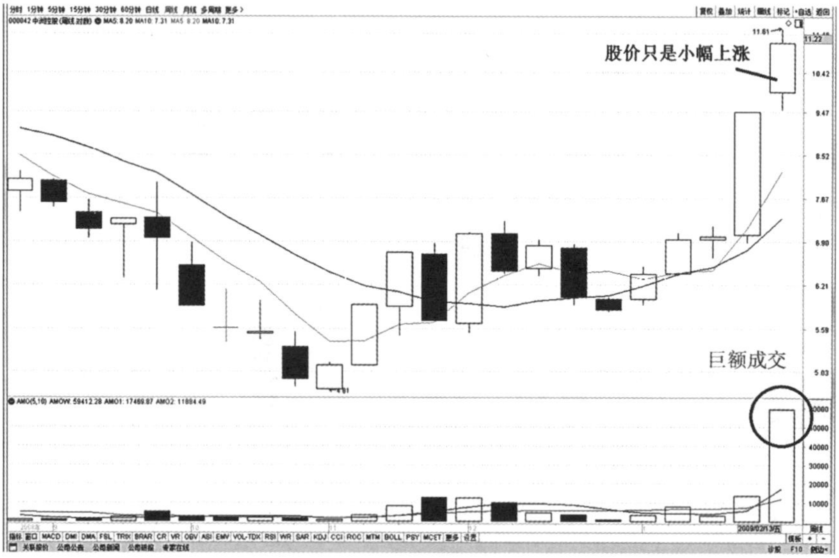

图 2–24　中洲控股（000042）的巨额成交并未催生股价大涨

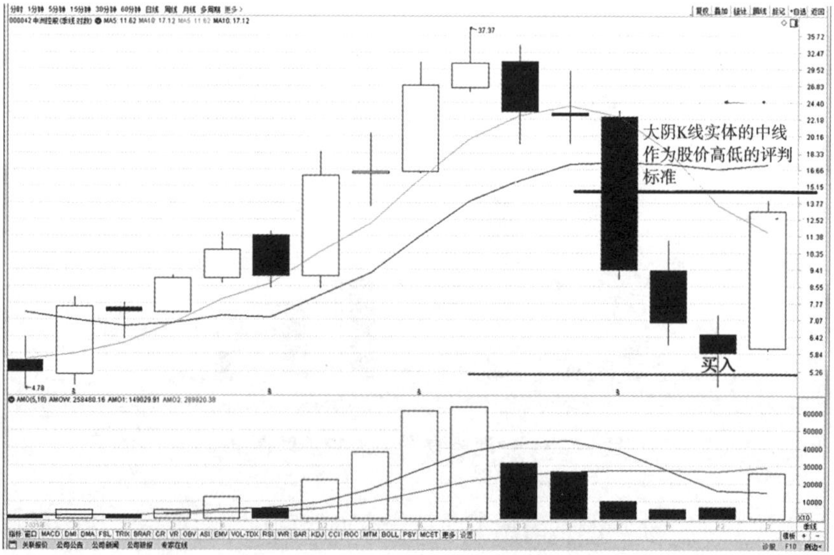

图 2–25　中洲控股（000042）季线图上，股价没有突破大阴 K 线实体的中线

此时股价距离买入点已经拉开了很长的距离，我们的账面盈利已经达到了 70%。

由于本周放量过多而涨幅不大，可能未来会进入盘整或震荡阶段。

之后的三个月时间里，股价震荡上行。同时，成交额与股价的表现不同步（见图 2–26）。鉴于股价还不算高位，我们依然认为股价处于震荡调整阶段，继续持股。

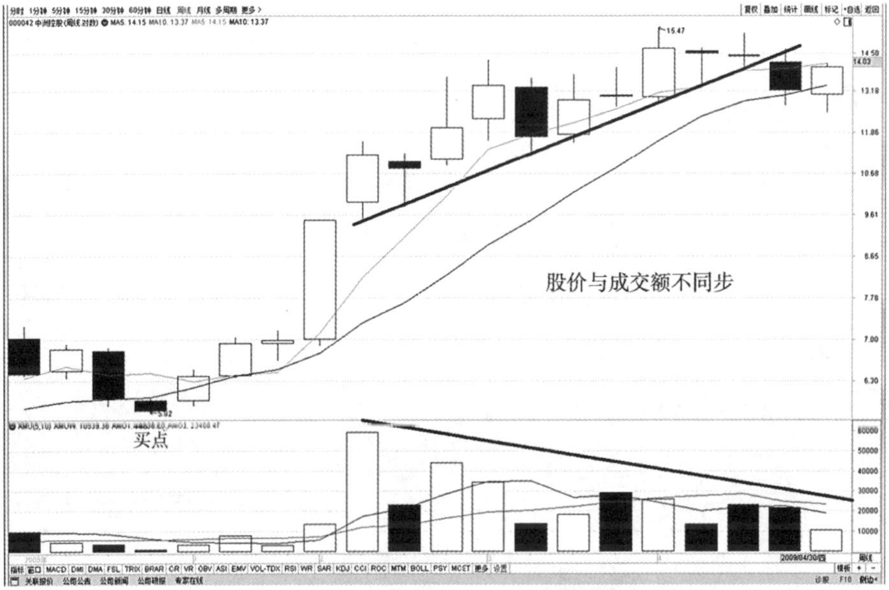

图 2–26　中洲控股（000042）股价与成交额不同步

当然，如果你急于用钱，这个时候是比较好的卖出点位。这套暴跌形态的卖出点很自由，投资者可以根据自身的情况灵活选择。

2009 年 6 月 5 日，中洲控股股价再创新高！此时我们的账面盈利已经达到了 219%。随后股价开始回调，先后跌破了 5 周均线和 10 周均线，好在跌破 10 周均线后很快就反涨回来了，周末最后一个交易日的股价依然处在 10 周均线之上。这个情况下，可以继续保持持股待涨的姿态（见图 2–27）。

图 2-27 中洲控股（000042）股价再创新高

7 月 3 日，股价再度创出新高，此时我们的账面盈利为 292%。在股价暴涨的同时，成交额再度放大（见图 2-28）。

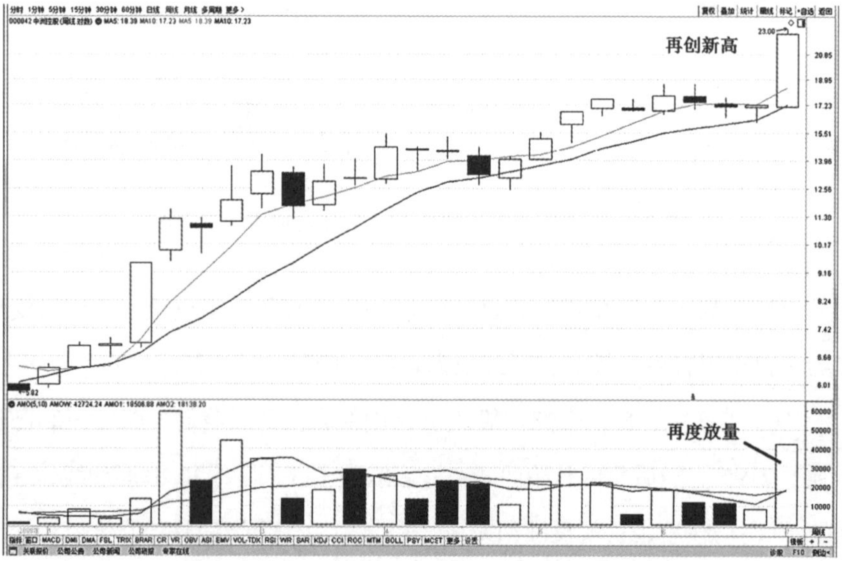

图 2-28 中洲控股（000042）股价继续创出新高，成交额再度放大

期待股价涨得更快、更高的同时，也要随时留意是否出现了反转形态或卖出信号。

此时我们留意到股价已经超过季线图上那个大阴 K 线实体的中线了，如果后期走势中我们在周线图上观察到股价跌破 10 周均线或者股价与成交额出现背离，就是很好的卖出点位（见图 2–29）。

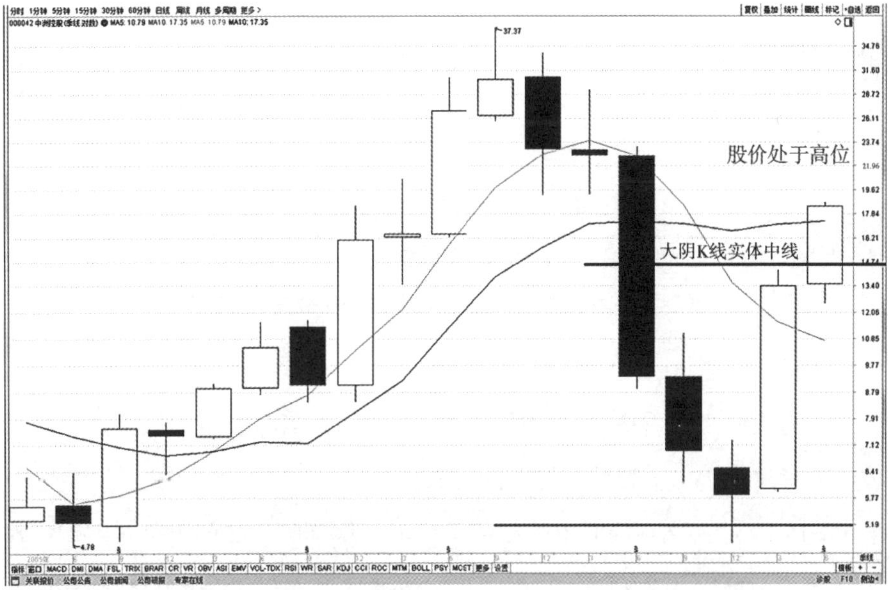

图 2–29　中洲控股（000042）季线图上股价已处于高位

7 月 10 日这个周的最后一个交易日，股票收盘价格处于新高，我们的账面盈利有 327% 了。

股价已经超过大阴 K 线的实体中线了，而且本周在成交额指标上看，虽然股价一直在创新高，可是成交额的放大并没有让股价的涨幅拉大太多。股价创出新高，但是涨幅却比上一周要小，谨慎的投资者可以考虑在未来几周内卖出该股或者等待该股股价跌破 10 周均线后卖出，也可以观察其他技术指标的卖出形态或信号（见图 2–30）。

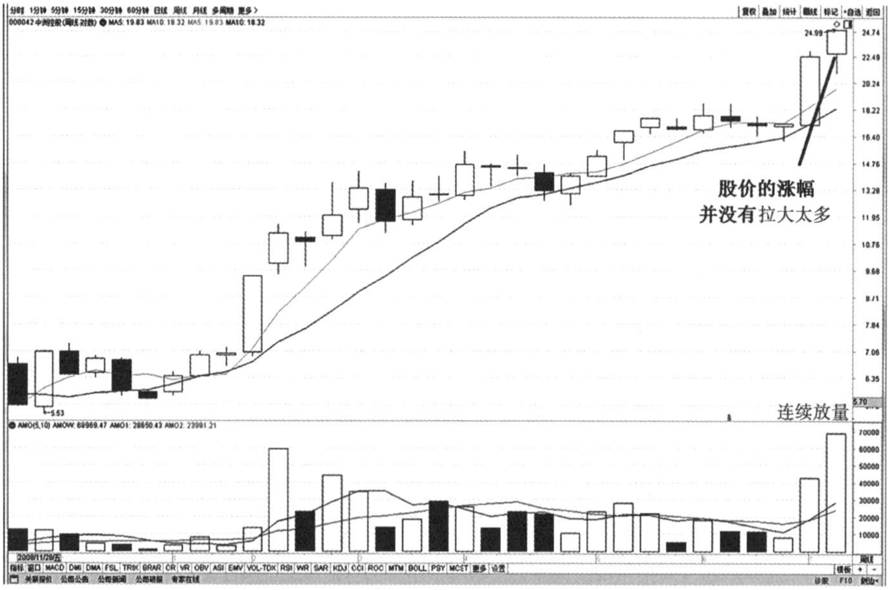

图 2–30 中洲控股（000042）成交额放量创出新高

因为我们当时看中了别的股票，所以我们在当时决定如果出现股价与成交额背离就卖出，哪怕是轻微的背离。

7 月 17 日，这一周股价的震荡结束了，尽管股价又创出了新高。尽管我们在盘中最大的盈利是 348%，我们依然选择在周末最后一个交易日卖出了该股。因为在股价创出新高的同时，成交额没有跟着增加，而相对于上一周，该股的成交额反而减少了，这个属于轻微的背离形态。尽管是轻微的，鉴于我们已经有了新的投资目标，所以我们选择了卖出该股（见图 2–31）。

我们的买入价格是 5.84 元，卖出价格是 24.65 元，本次交易盈利 322%（见图 2–32）。

然后我们又用这笔钱做了另一只具有类似暴跌形态的股票。

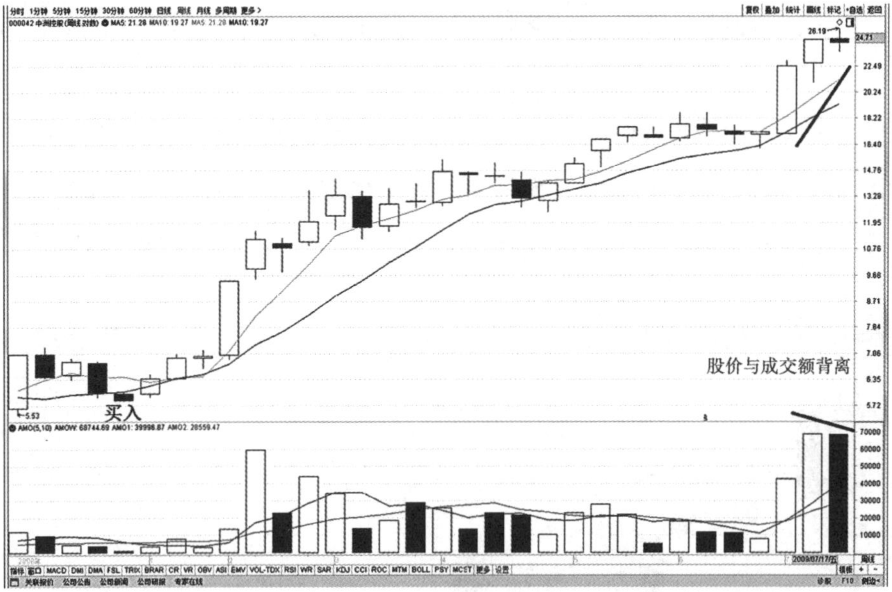

图 2-31　中洲控股（000042）股价创出新高，股价与成交额轻微背离

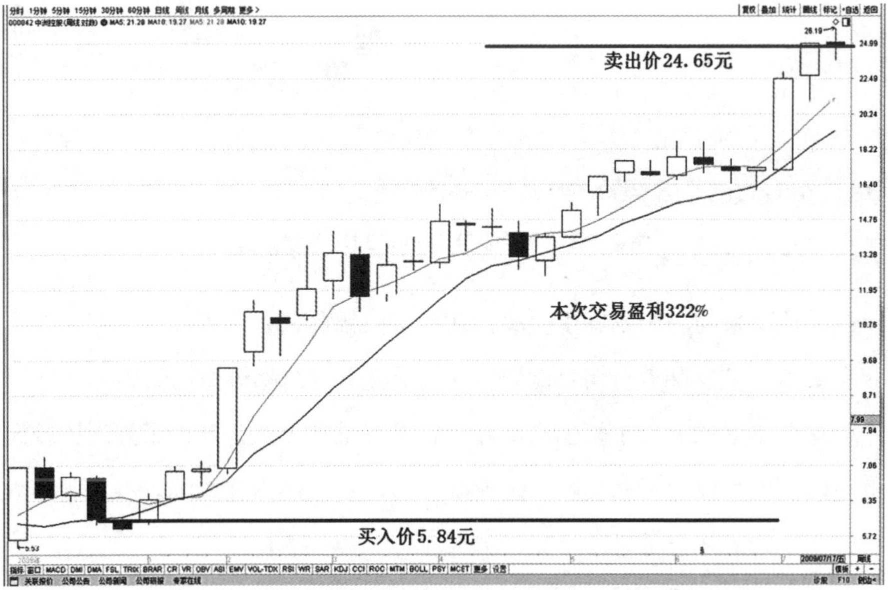

图 2-32　中洲控股（000042）本次交易盈利 322%

四、案例 3：万泽股份（000534）盈利 138%

个股万泽股份（000534）前期走势如图 2–33 所示，之前的下降趋势比较缓慢，且耗时比较长，而后期反转上涨的幅度明显比下跌的幅度要陡。这说明未来下跌的幅度也同样比较陡，我们可以开始留意这只股票了。

图 2–33 万泽股份（000534）前期走势

在接下来的一个季度里，股价在高位大幅震荡，季末收盘看到一个十字星 K 线。这意味着行情可能即将迎来反转下跌的趋势（见图 2–34）。

这个季度的股价小幅创出新高后，没有维持多久，开始了幅度比较大的下跌。因为股价下跌幅度不足 50%，所以我们还需要继续观察，还得继续等待在未来某个时间段股价下跌 50% 以上再买入该股。

2008 年第二季度末，万泽股份的股价开始了暴跌，季末收盘价下跌达到了 55%，这是一次可靠的买入机会（见图 2–35、图 2–36）。

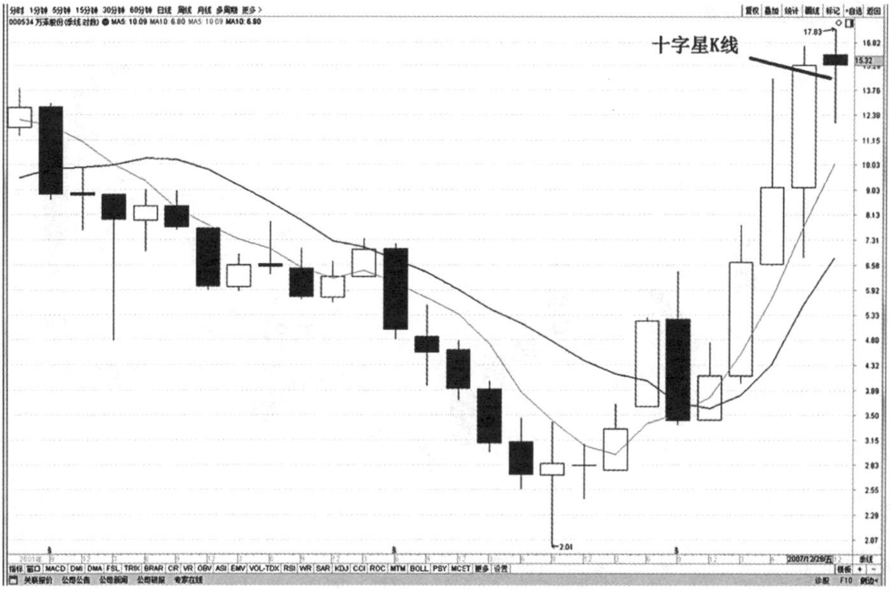

图 2-34　万泽股份（000534）季线图高位十字星 K 线

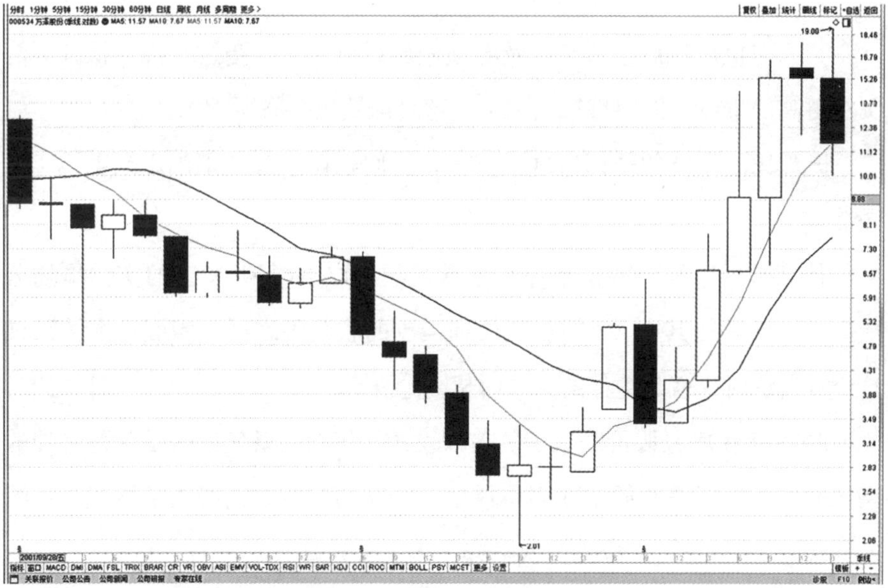

图 2-35　万泽股份（000534）勉强再创新高后开始大幅下跌

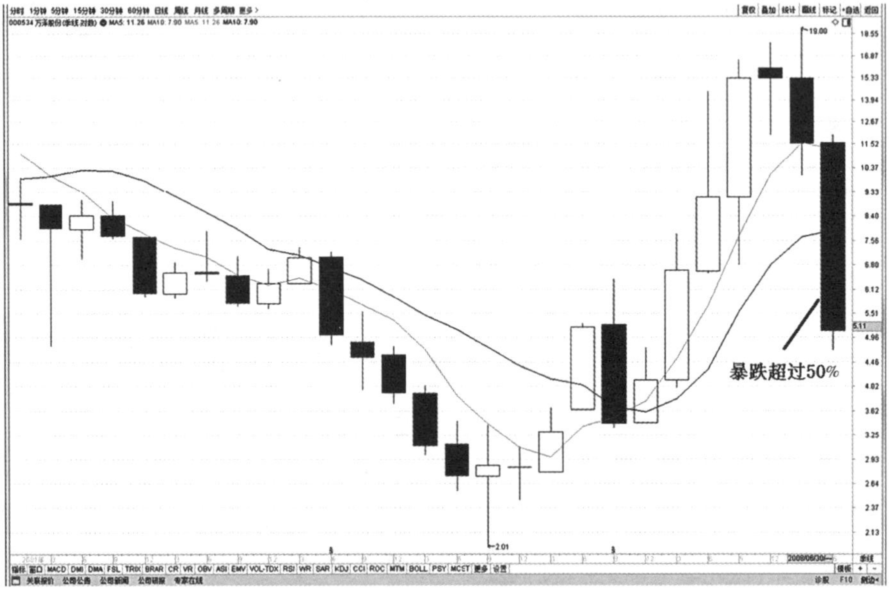

图 2-36　万泽股份（000534）出现暴跌 50% 以上的大阴 K 线

买入时机出现后，一定要及时地做出反应，一旦错过时机，就有可能买在更高的价位，即使将来上涨了，这个涨幅也会有所缩水。

既然第二季度的跌幅超过了 50%，我们就在该 K 线下画出预警线（见图 2-37）。

什么是预警线？就是将那个下跌超过 50% 的大阴 K 线的实体平均分成三份，然后取其中 2/3 的长度放到当季的收盘价之后，当股价继续跌破这个预警线时，就是绝佳的买入时机。

2008 年年底，股价跌破了之前预设的预警线。既然跌破了就是绝佳的买入时机了。于是我们就在当季最后一个交易日收盘前买入了该股（见图 2-38）。当然，也可以分批分次陆续在多个交易日买入。

为了较为细致地观察行情走势，我们可以将季线图切换为周线图来观察（见图 2-39）。

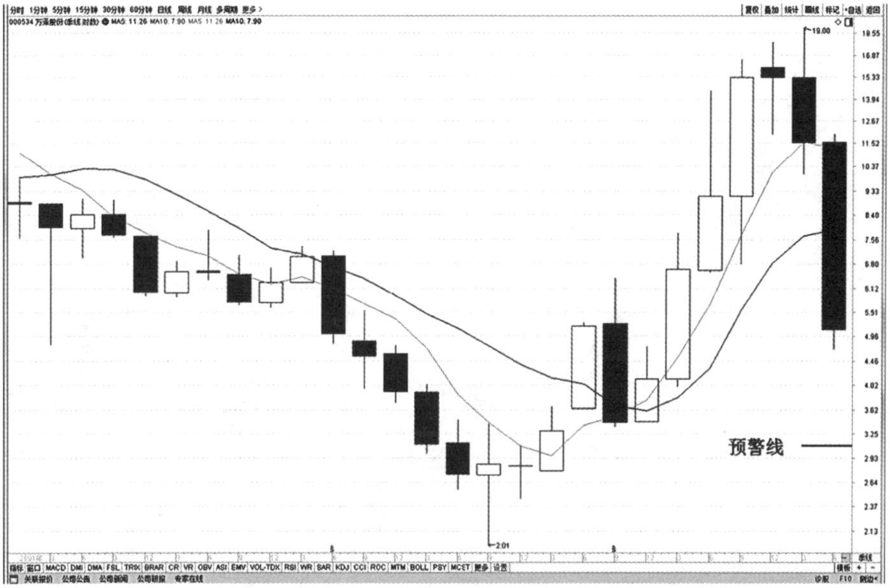

图 2-37 万泽股份（000534）画出大阴 K 线实体 2/3 的预警线

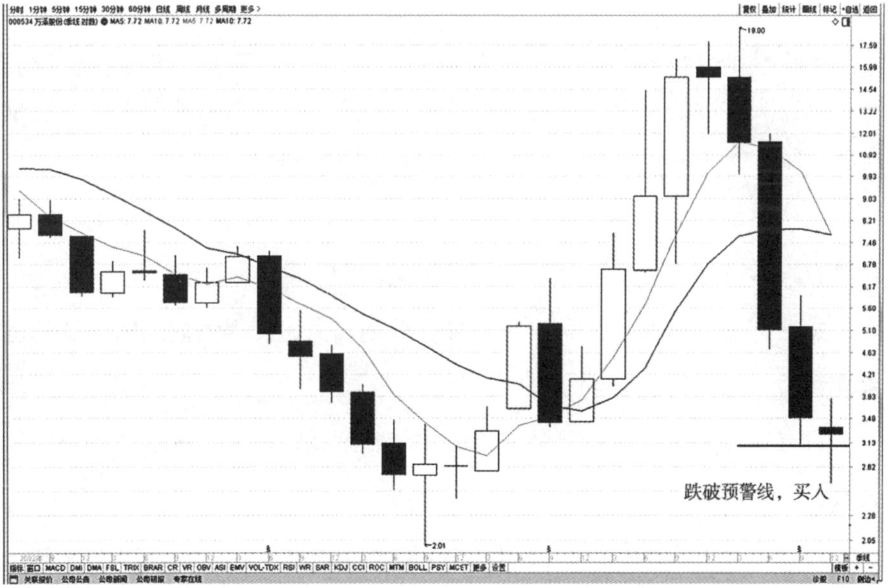

图 2-38 万泽股份（000534）预警线被跌破，买入

图 2-39 将万泽股份（000534）切换至周线图

用相对短的周期图看走势，可以比较敏感地观察到走势的细小变化。

就在买入后的三个星期内，股价连续震荡上行，虽然涨幅不大，可是毕竟是买入之后上涨了（见图 2-40）。目前账面盈利 7%。

虽然坚持持股差不多一个月了，目前账面只赚了 7%，但是也不能前功尽弃，不能以“太久、太慢”为由过早地卖出手上的股票。

2009 年 2 月 6 日，股价带量突破了前期高点，使得我们的账面盈利也推高到了 20%（见图 2-41）。

只有在卖出信号出现前坚定持股才能赚到钱，贪快、贪多和不耐烦是投资者之大忌。

2009 年 3 月 20 日，这一周股价高低震荡幅度比较大，导致成交额在这一震荡期内形成巨量形态（见图 2-42）。

在成交额如此高的情况下，我们对后市的期望有所收敛，我们最多等

图 2-40　买入万泽股份（000534）后其股价连续小幅上涨

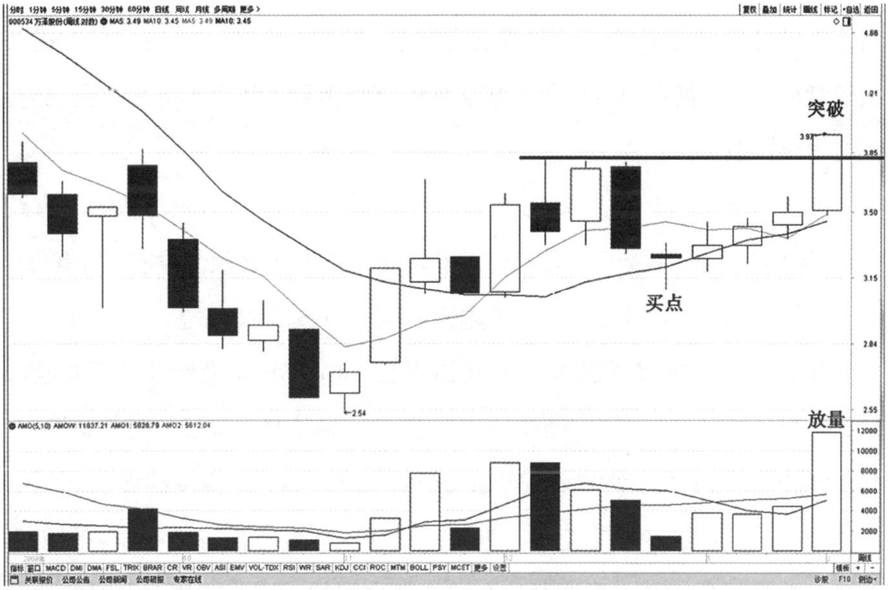

图 2-41　万泽股份（000534）股价大涨并突破前期高点

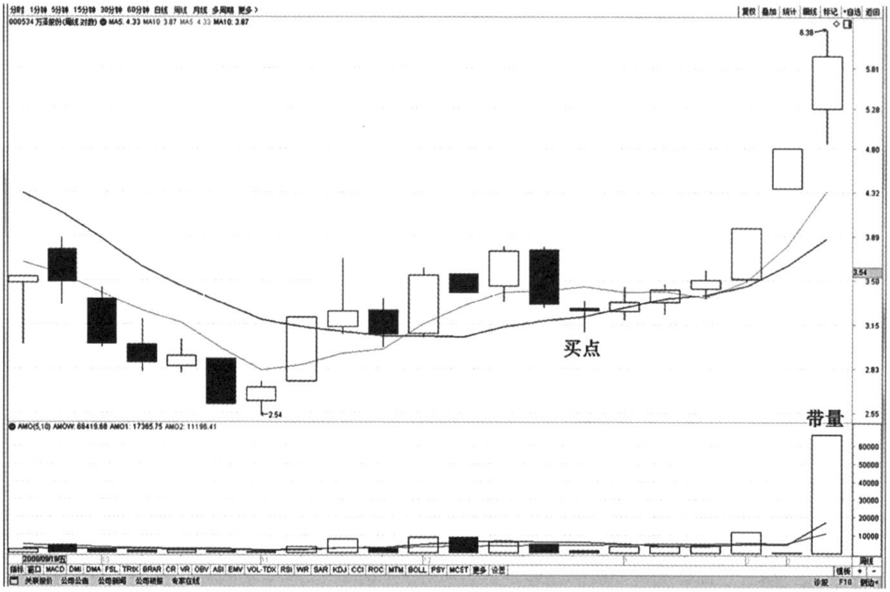

图 2-42 万泽股份（000534）股价创新高

到股价上升到之前季线大阴 K 线的实体中心价位之后，就等待股价与成交额的背离信号。如果出现股价与成交额的背离信号，我们不管后市会如何，都要卖出该股。

2009 年 5 月 15 日，股票盘整了将近两个月时间，但股价依旧没有跌破 10 周均线，而且最近一周还创出了新高。不过成交额却没有同步增加。这让我们认为后市股价继续上升的概率降低了（见图 2-43）。

我们继续以季线暴跌 K 线的实体中心价格 7.76 元为标准，只要股价达到这个价位，一旦再出现价格与成交额的背离信号，就卖出清空该股。

2009 年 7 月 3 日股价又再次创出新的高点，高点距离季线大阴 K 线的实体中心价位已经相当靠近了。但是，成交额并没有像股价一样不断创出新高，而是不断缩减，形成股价和成交额之间的不同步或称为背离的这样一个局面（见图 2-44）。

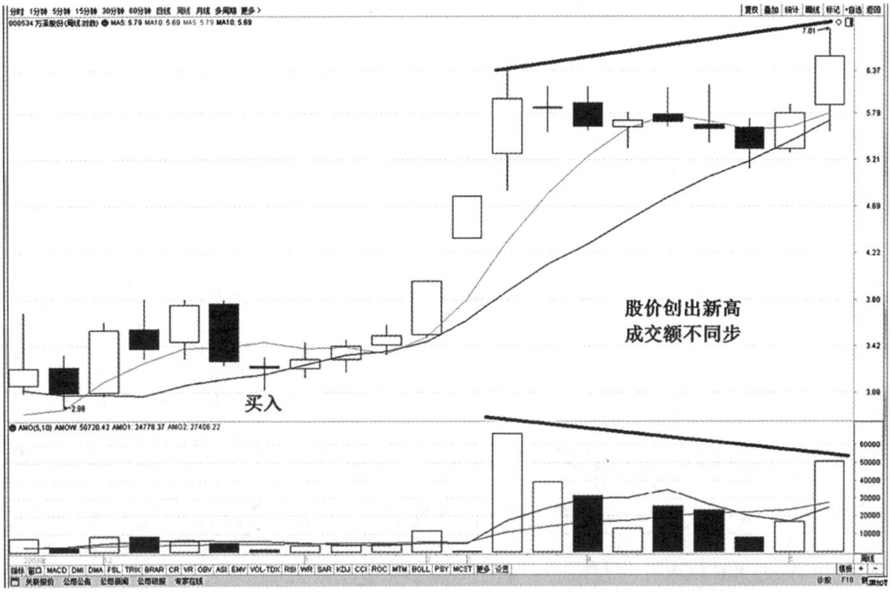

图 2-43　万泽股份（000534）股价创出新高，但成交额不同步

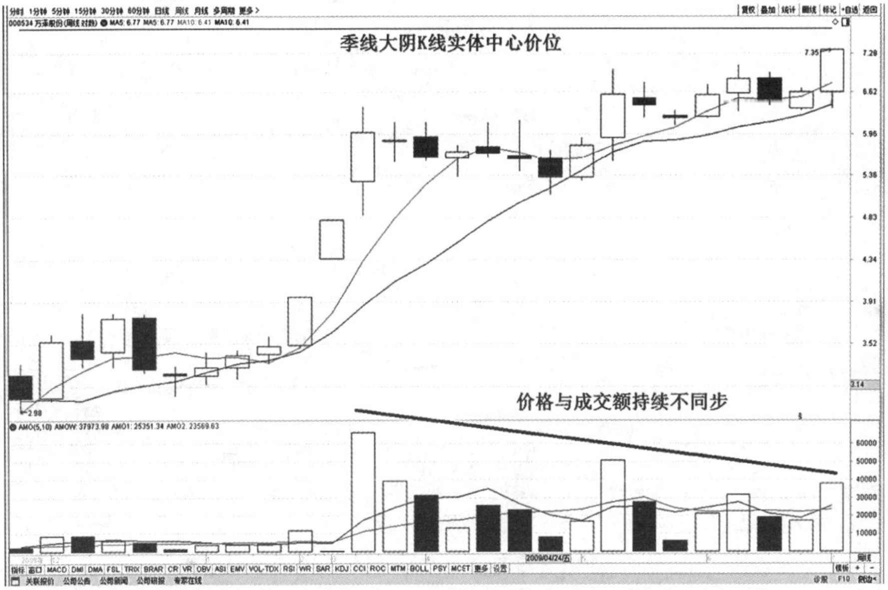

图 2-44　万泽股份（000534）股价与成交额持续不同步

原计划在股价突破季线大阴K线的实体中心价位后，再出现价格与成交额背离时卖出。而现在可能需要有所变通，斟酌后我们认为后期分批卖出会比较妥当。当周卖出1/2股票，股价后期突破季线大阴K线的实体中心价位后再卖出剩下的1/2股票。

当周卖出价格为7.33元，对比买入价格3.25元，本次交易的一半股票已经盈利126%。另一半肯定是盈利的，但是具体盈利多少个百分点还不好说。

2009年7月17日，万泽股份股价向上突破了季线大阴K线的实体中心价位，但是股价与成交额持续背离让我们感到担心。继之前卖出1/2股票之后，我们打算在本周最后一个交易日结束前，卖出剩下的1/2股票，成交价格为8.08元（见图2–45）。

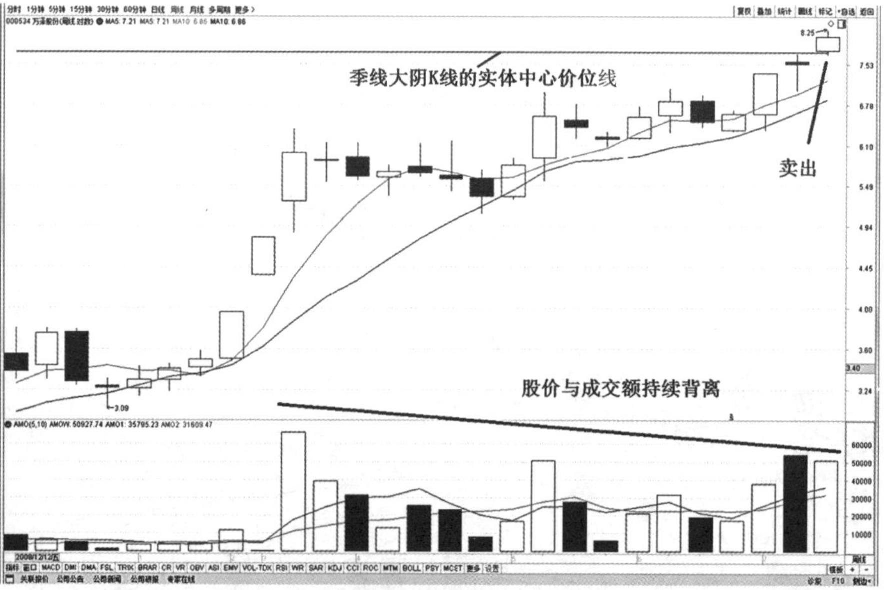

图2–45　卖出万泽股份（000534）剩下的一半股票

本次交易我们的买入价格是3.25元，两次半仓卖出价格分别是7.33

元和 8.08 元，总盈利为 138%。

五、案例 4：宏图高科（600122，已更名为 *ST 宏图）盈利 439%

图 2-46 是个股宏图高科（600122）2007 年 3 月至 2011 年 3 月的季线图走势。可以看到股价的高点不断放低，而股价的低点不断抬高。未来股价往哪个方向突破很重要。

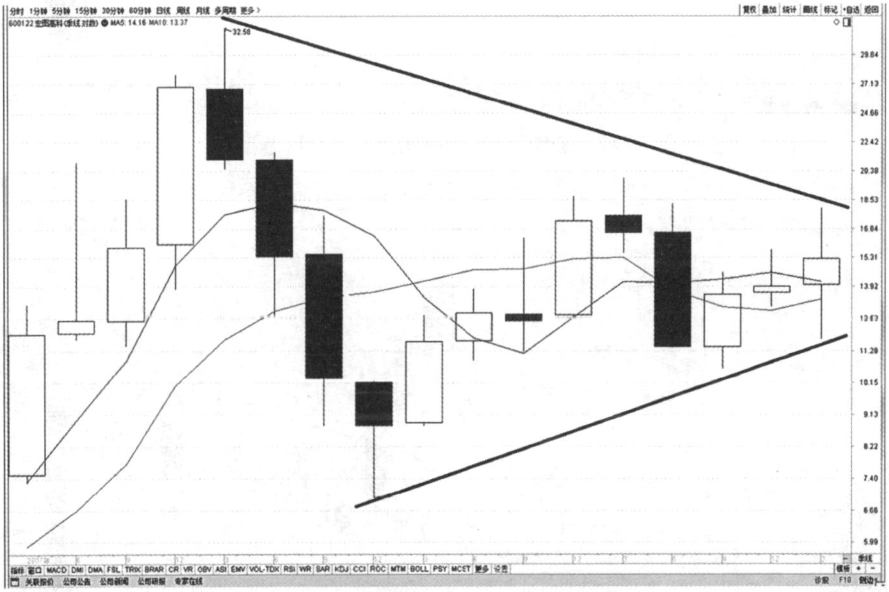

图 2-46 宏图高科（600122）的前期走势

如果股价继续向上突破，说明还没有涨够。如果股价反转向下并跌破支撑线的支撑，则进入下跌趋势，不排除有暴跌形态的出现。

2011 年第二季度季末，宏图高科的股价暴跌了 58%，我们应该要画出暴跌形态对应的预警线了（见图 2-47、图 2-48）。如果后市股价跌破这个

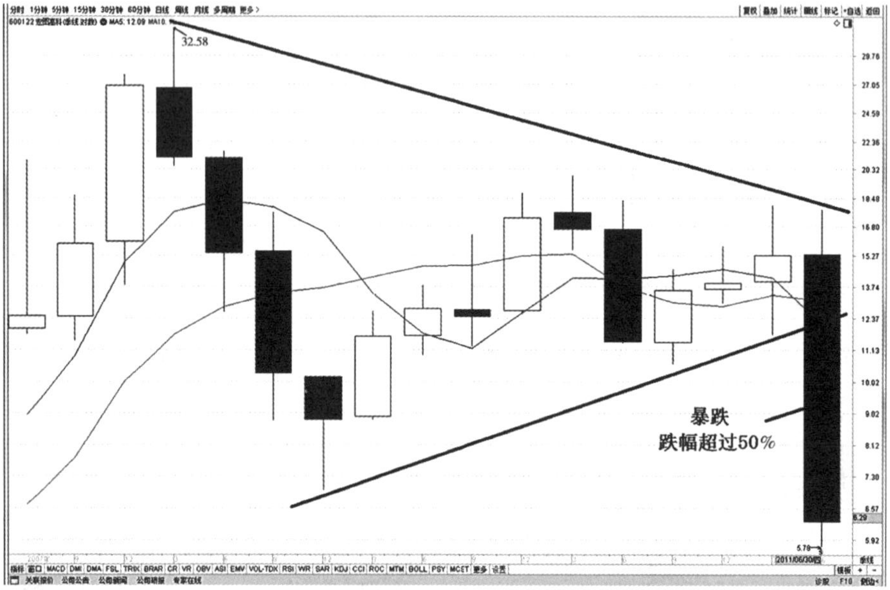

图 2-47 宏图高科（600122）暴跌形态出现

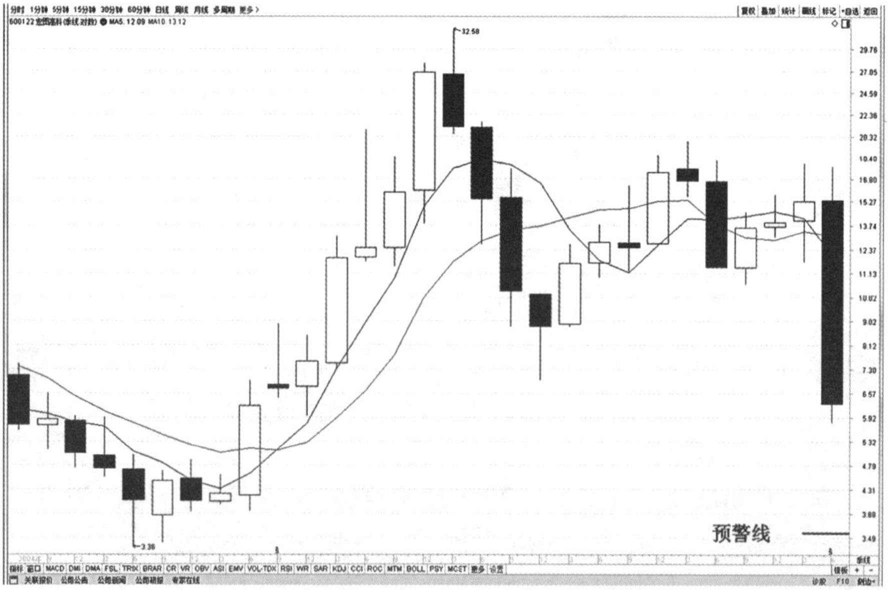

图 2-48 画出宏图高科（600122）的预警线

预警线，就可以在当季季末最后一个交易日买入该股。

画线有利于跟踪、观察，可以在软件上画，一般的股票软件都有画图、画线功能，当然也可以用其他工具画。

2011 年第三季度，股价继续下跌，但是幅度不是很大，还没有跌破我们设置的预警线（见图 2-49）。

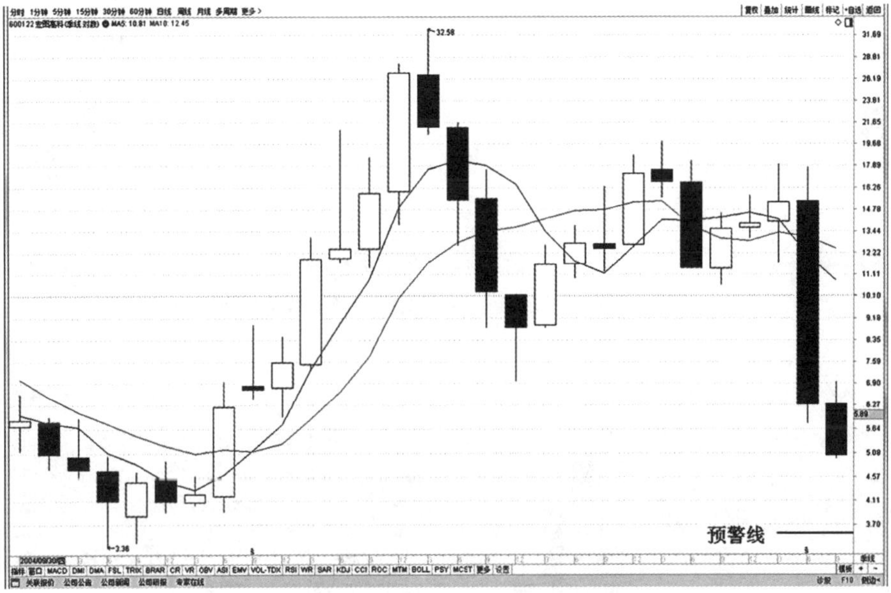

图 2-49　宏图高科（600122）股价继续下跌

2011 年年底，股价持续下跌了三个季度，与预警线的距离已经相当近了（见图 2-50）。

2012 年第三季度，宏图高科的股价再次拉近了与预警线之间的距离。这需要我们有足够的耐心去等待股价跌破预警线那天的到来，而且不必急于求成而过早地买入（见图 2-51）。

2012 年年底，宏图高科股价进一步触及了预警线。但是没有跌破（见图 2-52）。

图 2-50　宏图高科（600122）股价持续下跌

图 2-51　宏图高科（600122）股价靠近预警线

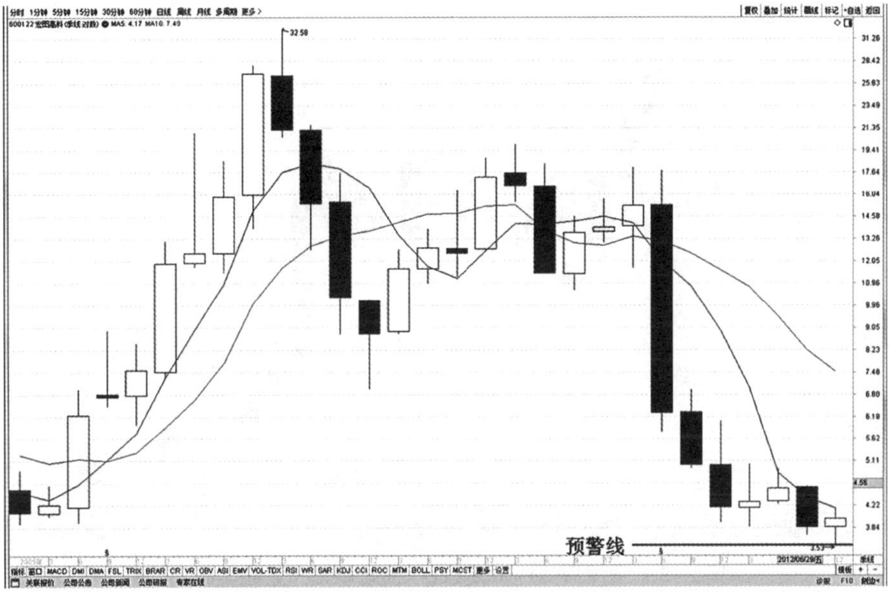

图 2-52　宏图高科（600122）股价抵达预警线，但仍未跌破预警线

既然没有出现买入信号，我们就继续观察，不要急于买入，一定要有耐心。

2013 年第二个季度，宏图高科的股价终于跌破了之前预设的预警线。这就是我们一直苦苦等待的买入信号。于是我们在这个第二个季度的最后一个交易日的最后几分钟买入了该股，买入价格为 3.31 元（见图 2-53）。

然后我们画出季线图上那个大阴 K 线的实体中心价位线（见图 2-54）。

之后只要股价到达这条线，我们就要留意卖出信号了，如价格与成交额背离、跌破 10 周均线支撑，或其他一些技术指标或形态。

指标线被有效突破，我们在后期就要特别留意卖出信号或形态了（见图 2-55）。

一旦形成卖出信号或形态，就是卖出该股的时机。

2015 年 5 月 15 日，股价再度创出新高，已经处在大阴 K 线的实体中

图 2-53　宏图高科（600122）股价跌破预警线，买入

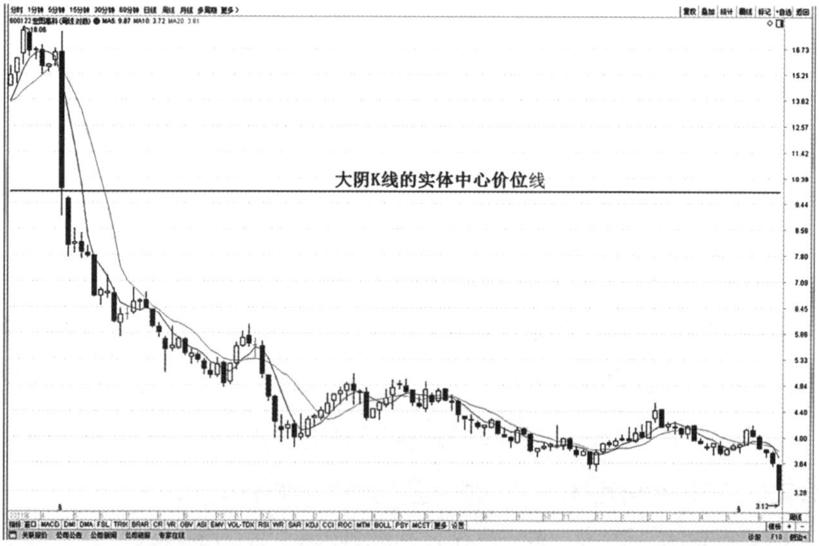

图 2-54　在季线图上画出宏图高科（600122）大阴 K 线的实体中心价位线

心价位之上了，可是成交额出现了背离现象。所以我们决定在本周最后一个交易日卖出手中的该股票，卖出价格为 17.84 元（见图 2-56）。

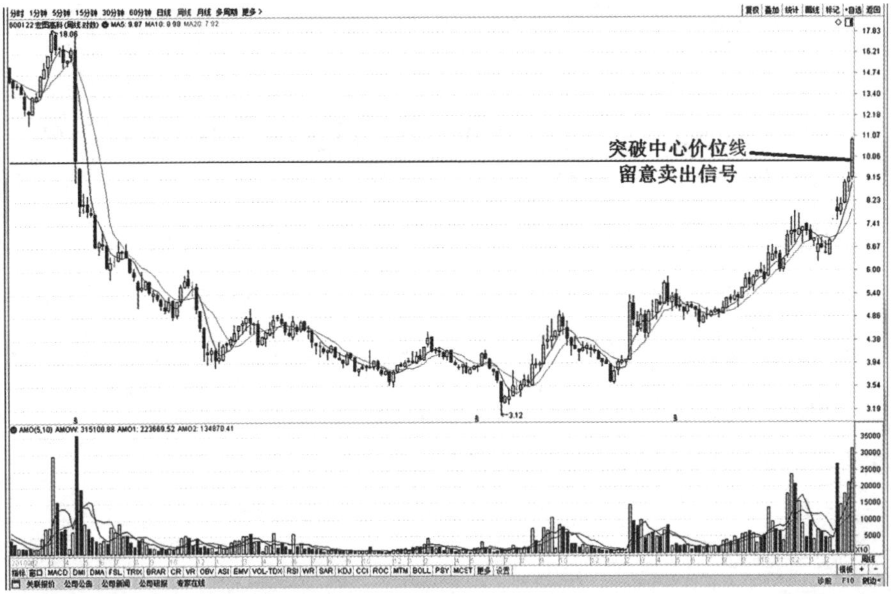

图 2-55　宏图高科（600122）季线大阴 K 线的实体中心价位线被有效突破

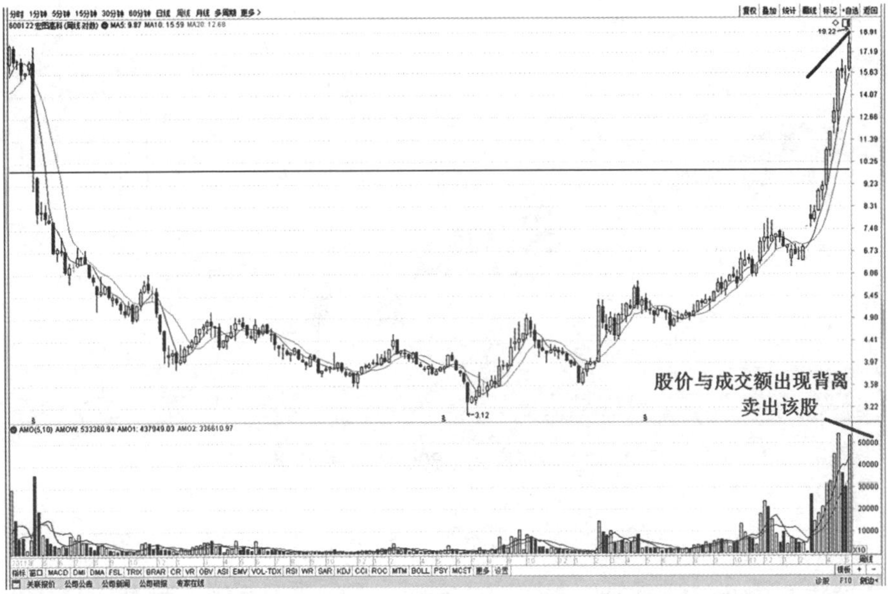

图 2-56　宏图高科（600122）股票价格与成交额出现背离，卖出

本次股票交易买入价格为 3.31 元，卖出价格为 17.84 元，盈利 439%。

六、案例 5：华资实业（600191）盈利 144%

从图 2–57 上我们可以看到华资实业（600191）股价此前有很长一段时间的下降趋势，最近一年股价才开始了加速的上升趋势。而且从最近两个季 K 线来看，一个是长上影 K 线，一个是接近十字星的 K 线，说明未来行情不好猜测，但是由于此前股价上升的趋势比较陡峭，所以后面的几个季度股价可能会反转下跌。

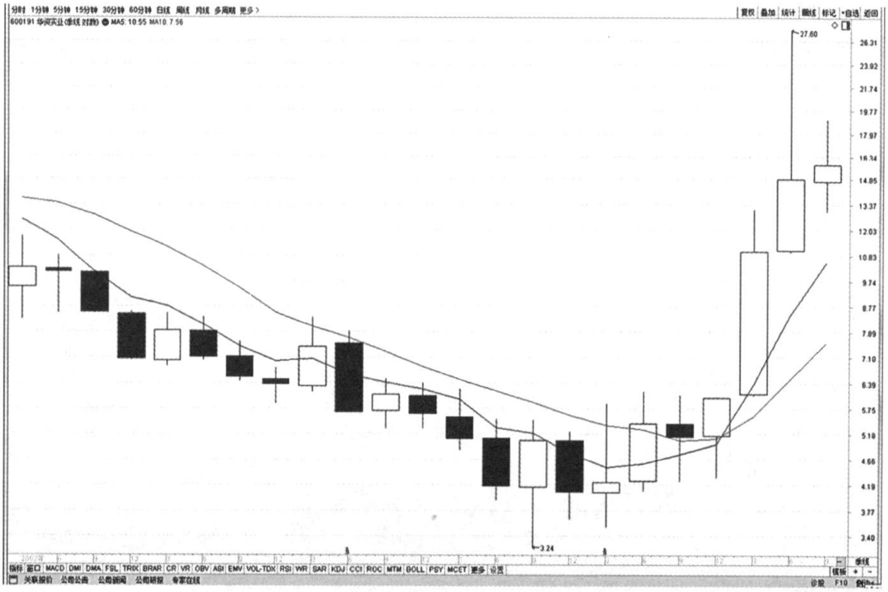

图 2–57　华资实业（600191）的前期走势

2007 年年底的股价出现了一个标准的十字星 K 线形态，预示后期股价继续上升的概率在减少（见图 2–58）。

股市中 K 线形态比较普及，而且形象生动，可以多了解一些形态，有

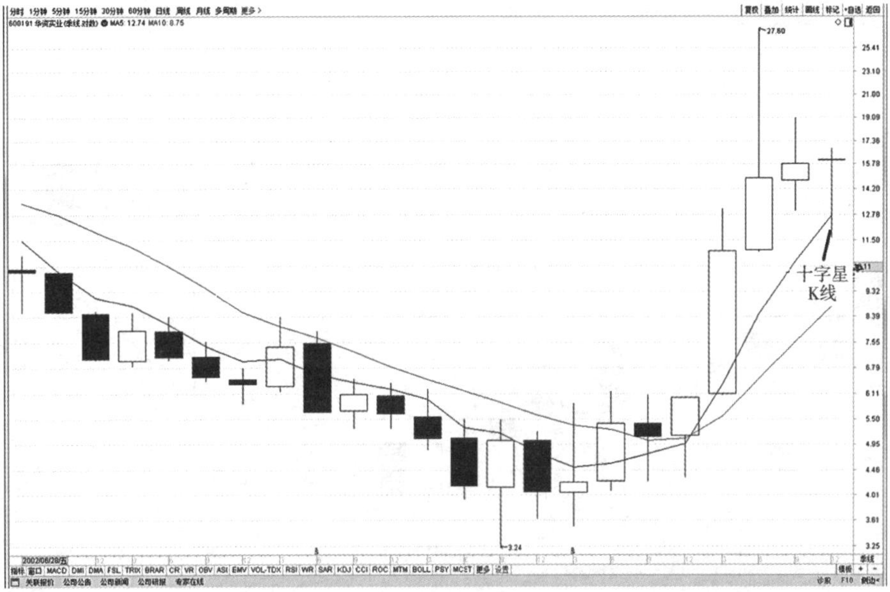

图 2-58　华资实业（600191）股价出现十字星 K 线形态

助于看懂行情。

2008 年第一个季度，华资实业股价在头几个月上升的情况下开始反转，进入了下跌行情（见图 2-59）。股价当季跌幅达到了 23%。

就股价下跌的幅度来说，还没有达到超过 50% 的要求，所以这个季度的下跌不能算作暴跌形态。

2008 年第二季度，随着大盘的暴跌，华资实业股价也开始了暴跌，幅度超过了 50%，构成了我们所说的暴跌形态（见图 2-60）。

至于是不是应该买入该股还不好说。因为目前还没有符合四个暴跌形态的买入标准。

为了更好地判断是否到达了暴跌形态的买入时机，我们对该 K 线图做一下设置。先选取本季度大阴 K 线实体的 2/3 长度，然后放到季末收盘价的位置上，或者大致衡量一下，然后在股价下方打个记号或者自己记住那个价位就行（见图 2-61）。

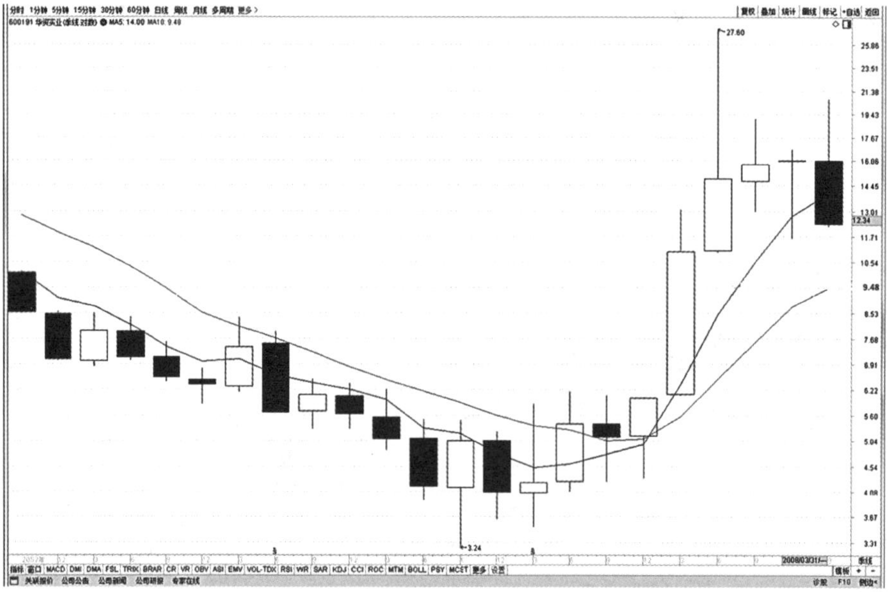

图 2–59 华资实业（600191）股价反转下跌

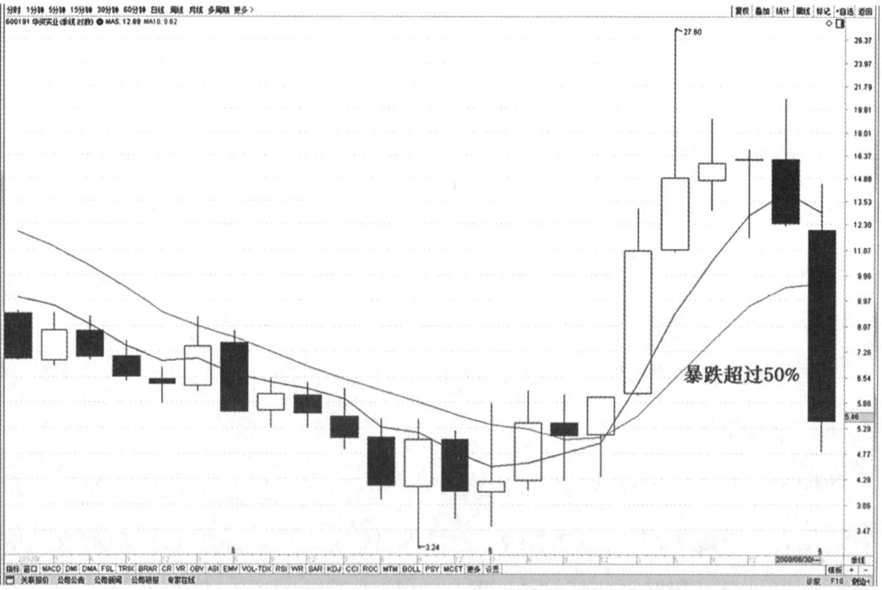

图 2–60 华资实业（600191）股价暴跌超过 50%

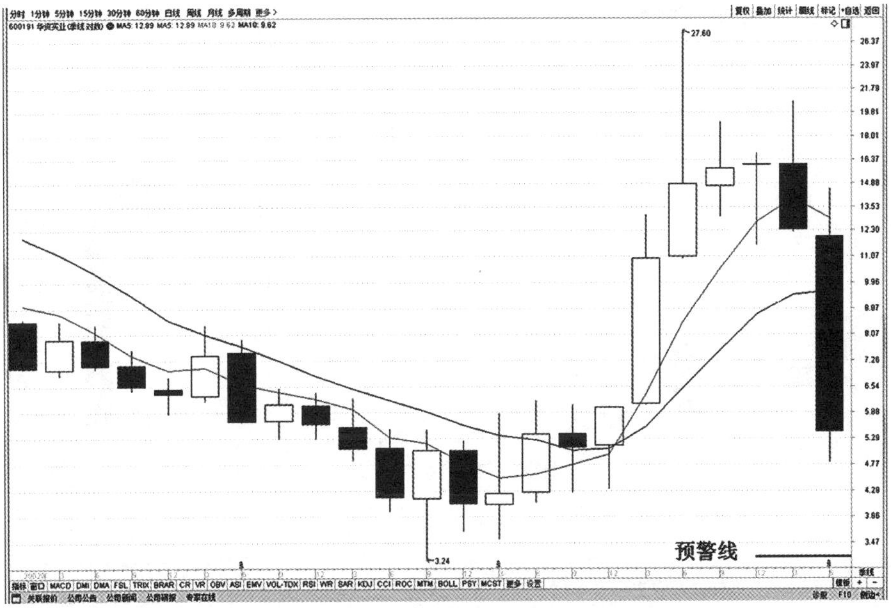

图 2-61　画出华资实业（600191）K 线图的预警线

2008 年第三季度，股价一度快触碰到预警线了，可是并没有跌破预警线，所以这次不能作为买入该股的理由，暴跌形态并没有发出买入信号（见图 2-62）。

2008 年年底，随着大盘指数见底回升，个股华资实业股价也从跌破预警线后回升到了预警线之上。由于本季度股价跌破了预警线，所以这个季度末的最后一个交易日是买入该股的最好时机，成交价格为 3.52 元（见图 2-63）。

为了更好地跟踪这只股票，我们需要把周期调短一些，利用股票软件将股票的周期图设置为周线图（见图 2-64）。

就在我们买入后的第二周，股价便开始了上涨。当时我们的账面盈利已达 16%（见图 2-65）。

2009 年 2 月 13 日，股价在这一周开始发力拉升（见图 2-66）。当时

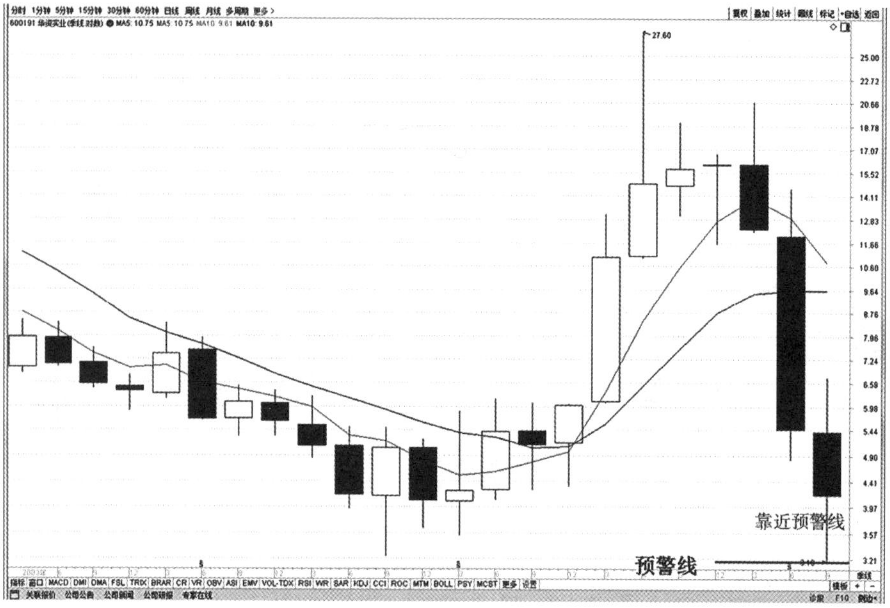

图 2-62　华资实业（600191）股价靠近预警线

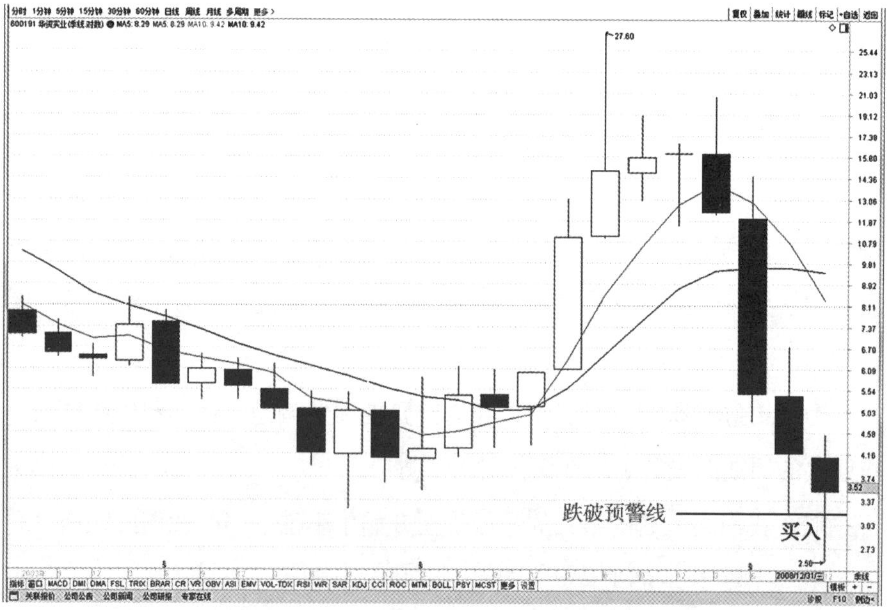

图 2-63　华资实业（600191）股价跌破预警线，买入

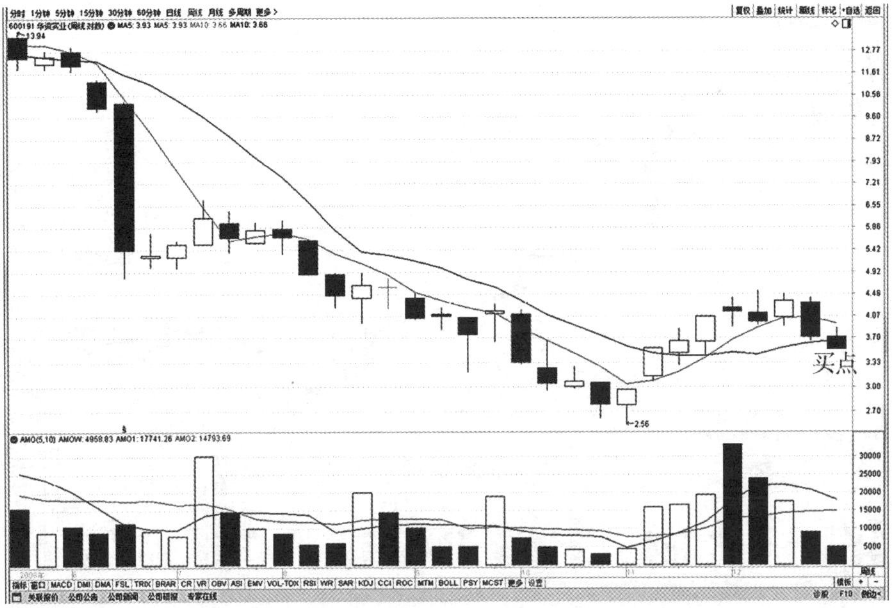

图 2-64　将华资实业（600191）切换到周线图

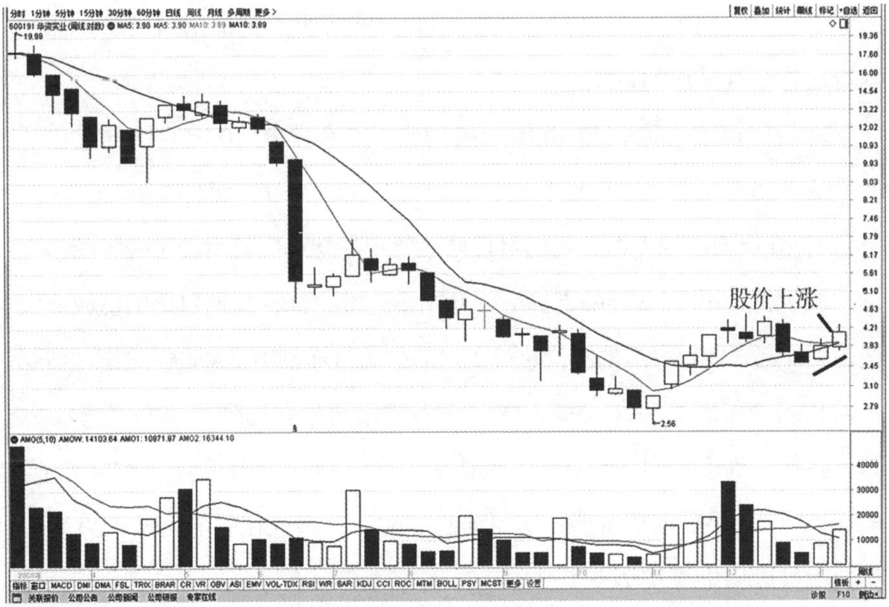

图 2-65　买入华资实业（600191）后其股价即涨

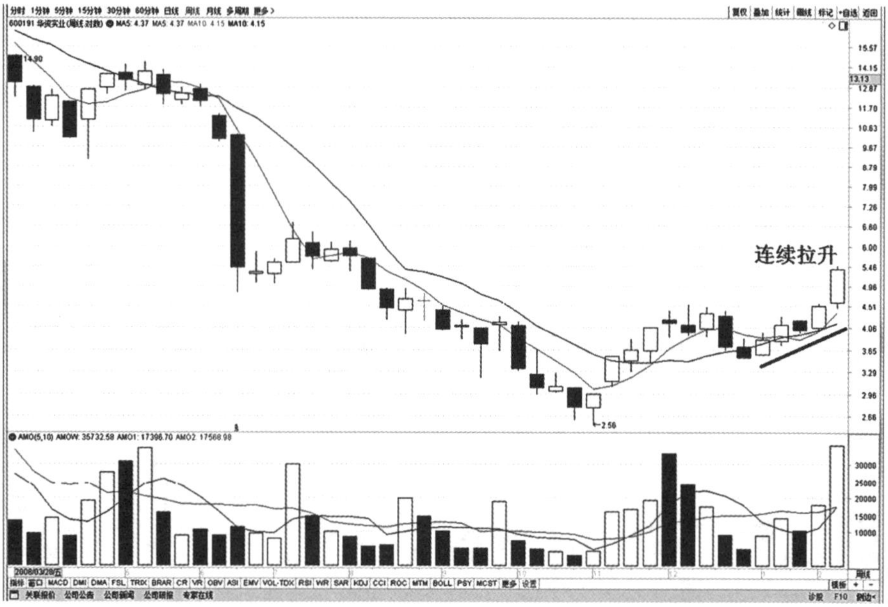

图 2-66 华资实业（600191）股价连续拉升

的账面盈利达到了 45% 之多。试想，哪个银行理财产品能在这么短的时间内给出这个百分比的报酬。

之后股价曾有回调到 10 周均线的尝试，但是被 10 周均线支撑住了，使股价又回涨了上来，所以我们还可以继续持股待涨（见图 2-67）。

有 10 周均线的支撑，我们对日后股价走势继续向好增加了一定的信心。

股价得到 10 周均线的支撑后，开始了连续上涨，虽然单周的涨幅不大，但是累计起来使得最近的股价超过了之前的高点而创出了新高（见图 2-68）。之前我们的账面盈利是 45%，现在我们的账面盈利达到了 62% 之多。

我们回到季线图，计算一下大阴 K 线的实体中心价格，为 8.20 元（见图 2-69）。如果后期股价能延续目前趋势的话，那么在股价突破 8.20 元后，我们就可以伺机寻找卖点了。

接下来的两周，股价开始回调并跌破了 10 周均线的支撑，不过当周

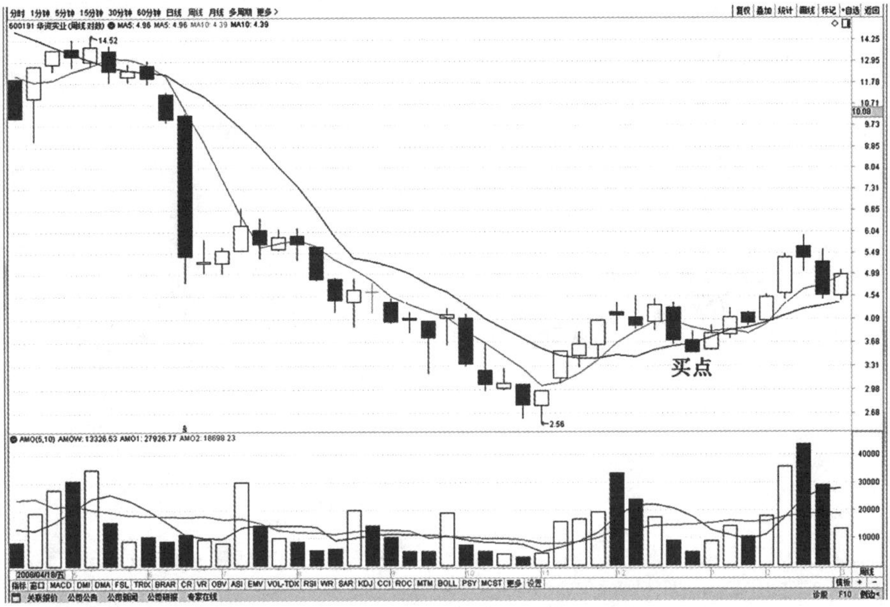

图 2-67　华资实业（600191）股价回调到 10 周均线以上，得到支撑

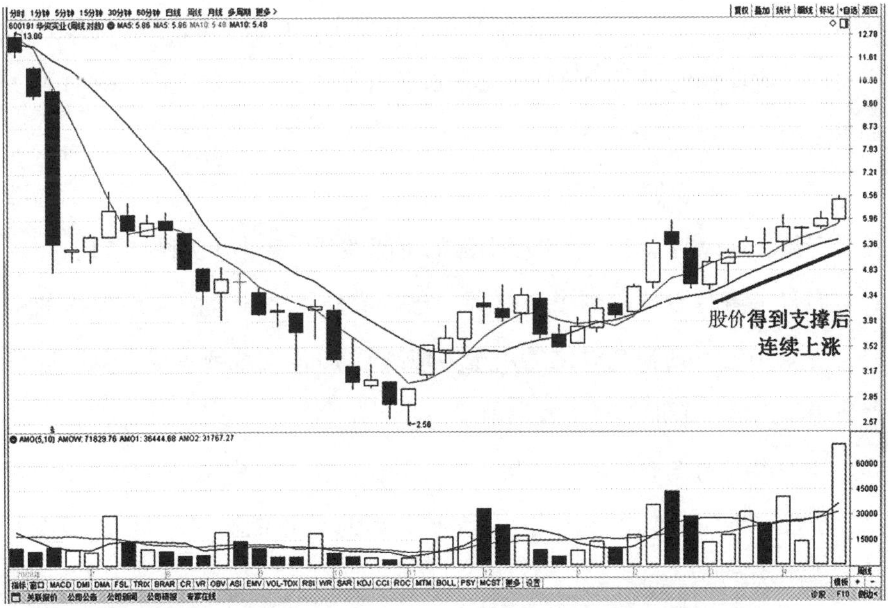

图 2-68　华资实业（600191）股价得到支撑后连续上涨

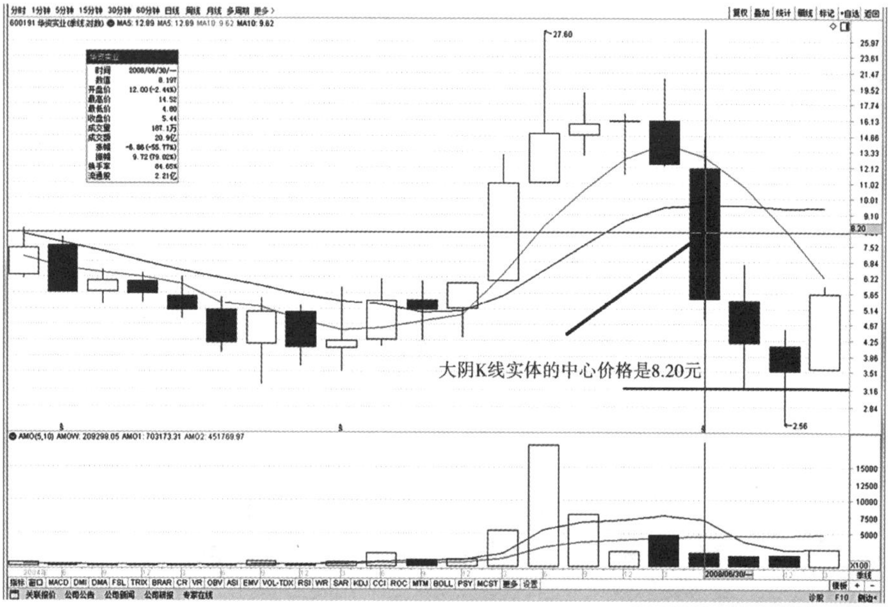

图 2-69 计算华资实业（600191）季线大阴 K 线实体的中心价格

收盘前，股价又重新站上了 10 周均线。这说明 10 周均线的支撑力度还是很足的。为此我们仍坚持持股。随后股价开始了新一轮的上涨，并且再次创出新高（见图 2-70）。

接着的三周，股价开始拉升。可是我们在成交额上看到的是不断缩减的成交额。这说明未来股价继续上涨的可能性开始变小（见图 2-71）。

而且，当时股价达到了 8.33 元，已经突破了季线大阴 K 线实体的中心价位 8.20 元，所以只要之后出现类似跌破 10 周均线或者成交额与股价背离等卖出信号或形态时，我们就坚决卖出。

2009 年 7 月 3 日，此时股价已经在高位盘整了 5 周，没有继续创出新高，也没有出现类似跌破均线或者量价背离的卖出形态，所以仍需静观其变（见图 2-72）。

2009 年 7 月 10 日，股价还在创出新高，可是感觉此次创新高比较疲

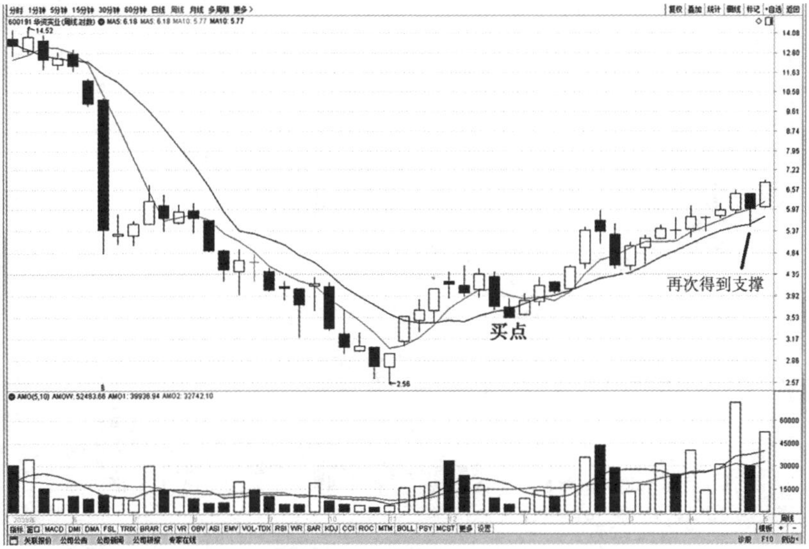

图 2–70　华资实业（600191）回调至 10 周均线并再次得到支撑

图 2–71　华资实业（600191）股价暴涨潜藏隐忧

软，而且从成交额上看，已经出现了背离现象。所以我们要坚决卖掉该股（见图 2–73）。

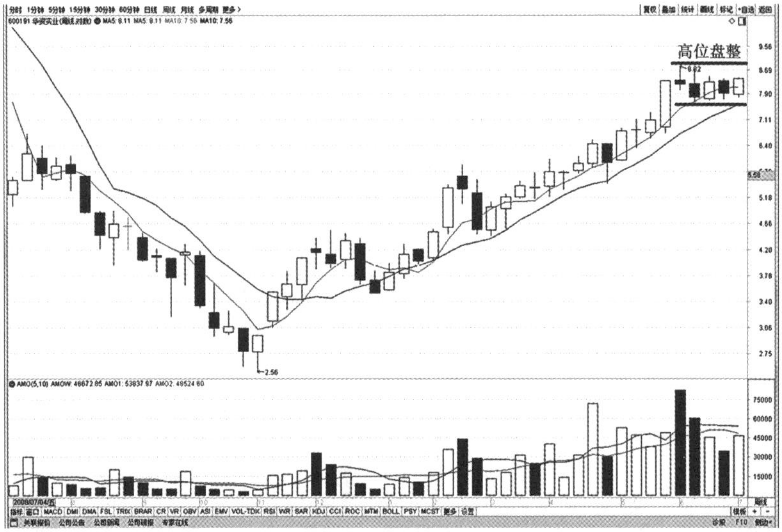

图 2-72 华资实业（600191）股价高位盘整

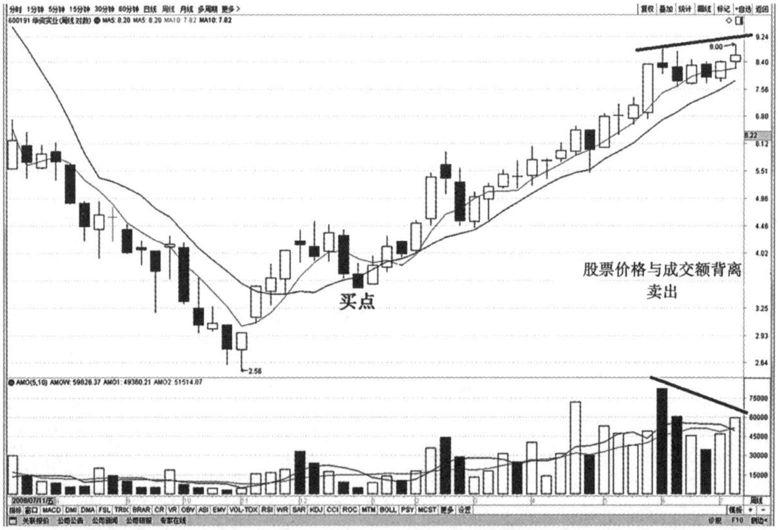

图 2-73 华资实业（600191）股价与成交额背离，卖出

本次股票交易的买入价格为 3.52 元，卖出价格为 8.59 元，总盈利 144%。

第三章

暴跌形态二：
均线多头排列但跌破幅度不深

一、均线多头排列但跌破幅度不深的暴跌形态（季线）

与第二章的暴跌形态相似，均线多头排列，但是被跌破的幅度不大、不深。这说明这种暴跌形态引发的恐慌程度一般不怎么大。所以未来这个暴跌形态带来股价的涨幅一般不会很大。根据个人经验来看，未来股价的涨幅将在大阴 K 线实体的 1/3 价位线左右，当然也有超过这个幅度的。具体操作还要看后续的走势。（见图 3–1）。

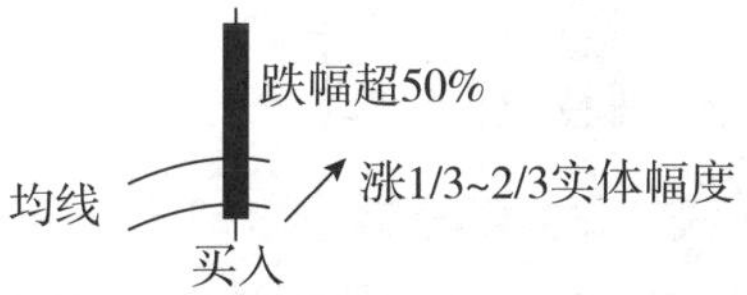

图 3–1　均线多头排列但跌破幅度不深的暴跌形态

二、案例 1：深中华 A（000017，已更名为 *ST 中华 A）盈利 46%

在季线图上看，个股深中华 A（000017）之前的股价一直在相对缓慢地下降，然后突然暴跌了 41%，随后股价开始止跌回涨。而且股价上涨的幅度和速度都有明显提升。不过出现了很长的上影线，这预示着未来行情可能不会再涨多少了（见图 3–2）。

2015 年 9 月 30 日，股价在当季度中一度跌破了 10 季均线的支撑（见图 3–3）。只是季末最后几个交易日又将股价拉升至 10 季均线之上。这时我们在季线图上看到的暴跌 57% 的大阴 K 线就形成了暴跌形态。

这个形态出现后，可以在当季最后一个交易日或者下一季度初的几个

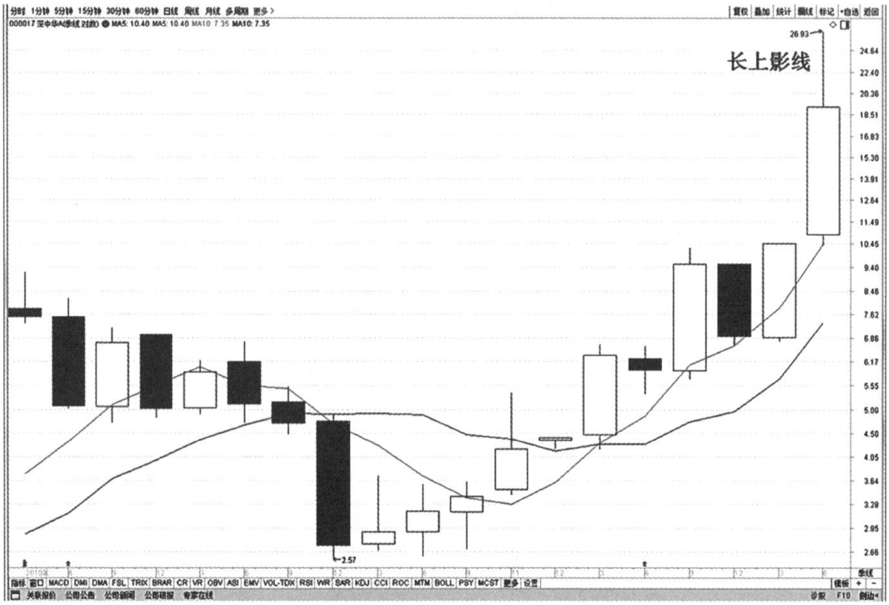

图 3-2 深中华 A（000017）的前期走势

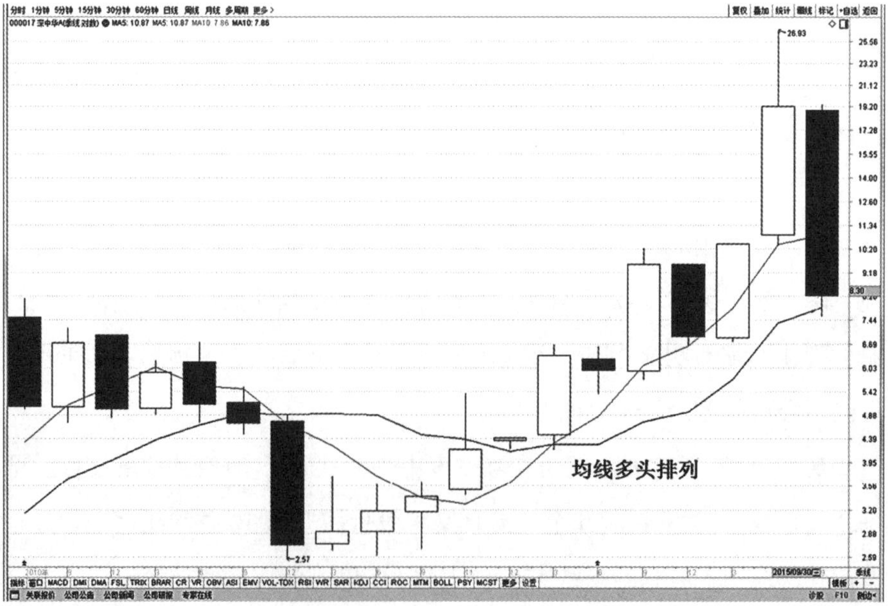

图 3-3 深中华 A（000017）股价暴跌 50%

交易日买入该股。深中华 A 的买入价格为 8.28 元。

接下来我们要将这个暴跌的大阴 K 线平均分成三份，并用线显示出来（见图 3–4）。

未来只要股价向上突破了大阴 K 线实体的 1/3 价位线，就要开始寻找合适的卖出时机了。如果股价在这期间一直没有出现卖出信号，而且股价上涨突破了大阴 K 线实体的 2/3 价位线，就需要提高警惕了，这时如果股价突破均线就是稳妥的卖出信号。

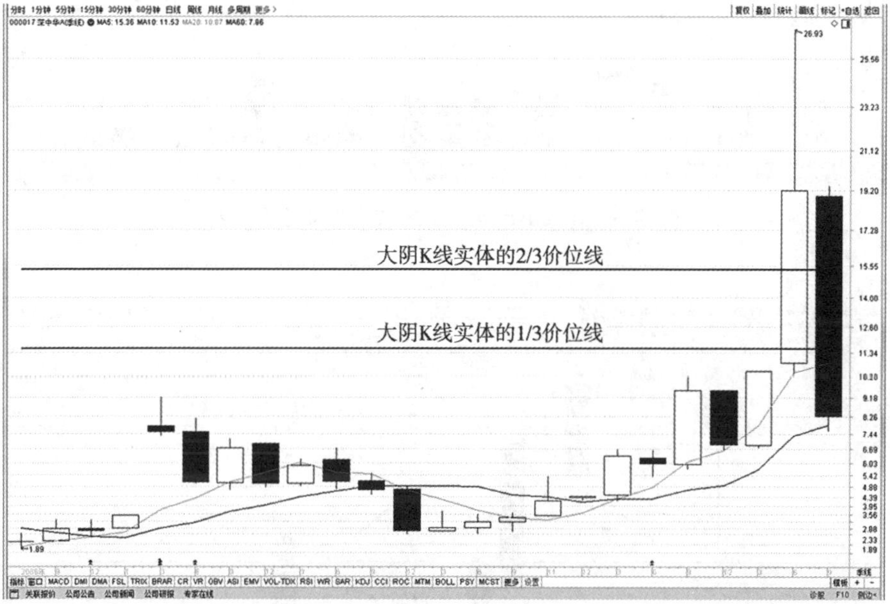

图 3–4　画出深中华 A（000017）大阴 K 线实体的 1/3、2/3 价位线

为了进一步跟踪后续走势，我们需要将季线图切换至周线图（见图 3–5）。

2015 年 10 月 9 日，就在我们买入后不久，深中华 A 的股价立马就上涨了，涨幅达到 7.62%（见图 3–6）。

如果急于用钱，可以提前卖出，也不一定非要等到卖出信号出现，可

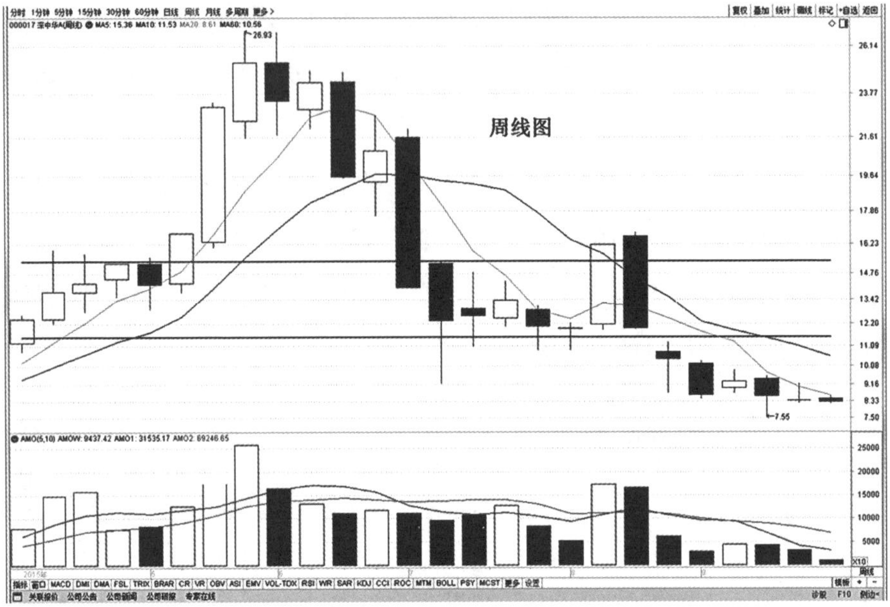

图 3-5 将深中华 A（000017）切换至周线图

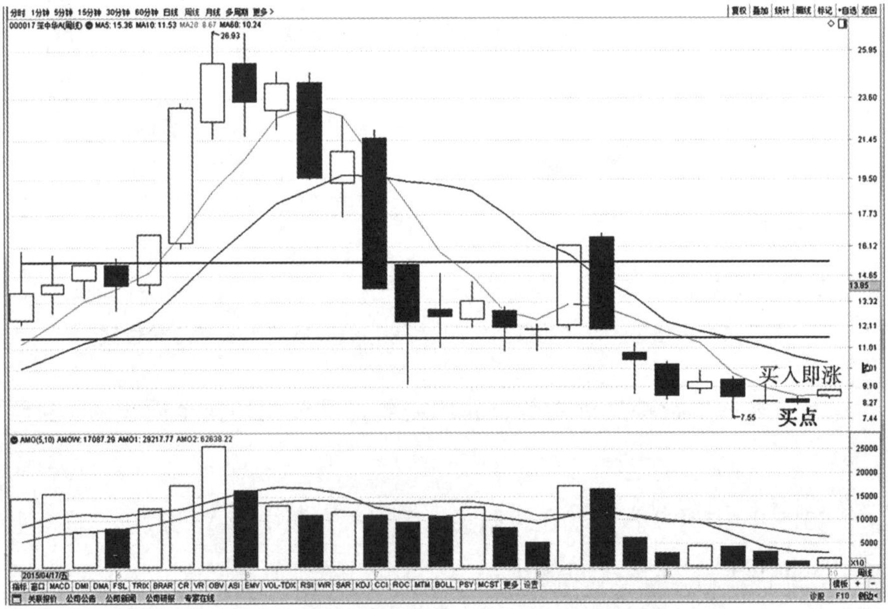

图 3-6 深中华 A（000017）股价买入即涨

以活学活用。

2015 年 10 月 16 日，继上周股价上涨之后，本周引来了大量的成交额，促使股价暴涨，涨幅达到了 14.7%，平均每个交易日涨幅将近 3%（见图 3–7）。

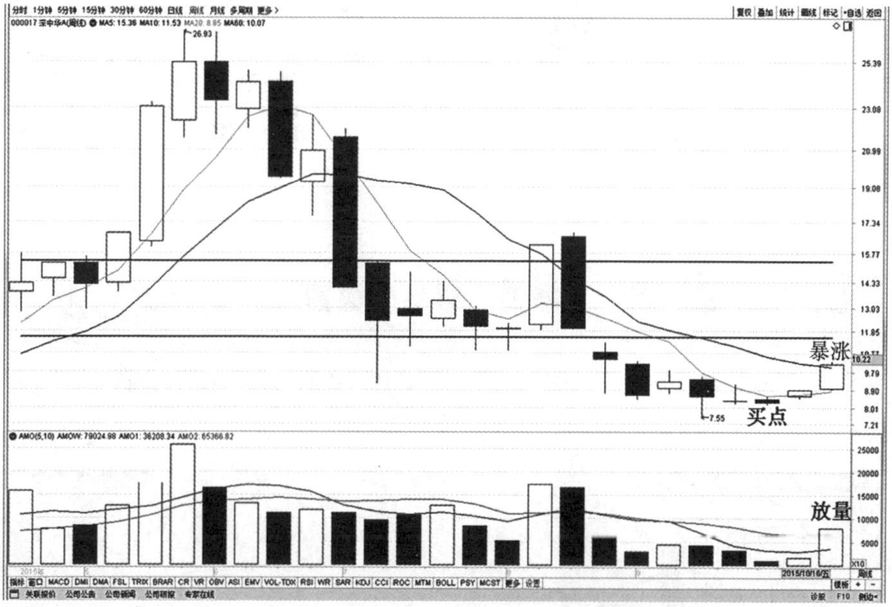

图 3–7　深中华 A（000017）放量暴涨

2015 年 10 月 23 日，股价继续放量上涨，并且突破季线大阴 K 线实体的 1/3 价位线。这意味着我们需要留意卖出信号了，切记不宜恋战、久战（见图 3–8）。

2015 年 10 月 30 日，股价形成了一个类似十字星的 K 线形态，预示这波行情可能要结束了。同时股价与成交额也出现了背离现象。我们选择在这一周的最后一个交易日卖出该股，卖出价格为 12.10 元（见图 3–9）。

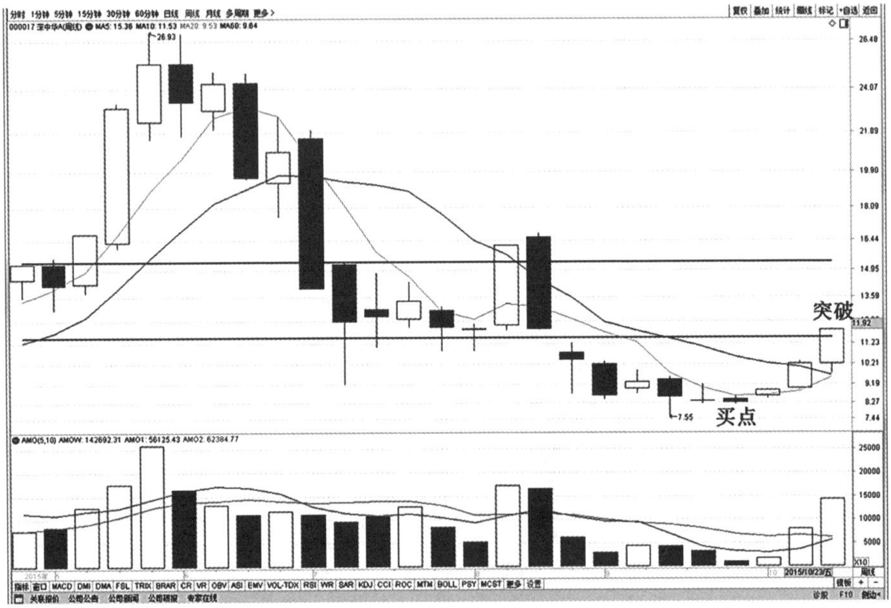

图 3–8 深中华 A（000017）大阴 K 线实体的 1/3 价位线被突破

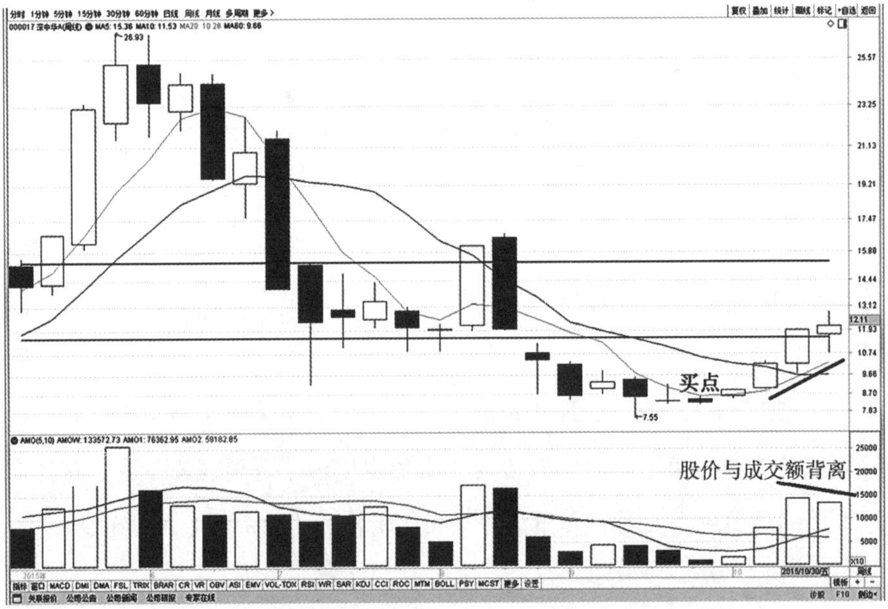

图 3–9 深中华 A（000017）股价与成交额背离，卖出

本次交易股票买入价为 8.28 元，卖出价为 12.10 元，总体盈利 46%。

三、案例 2：深华发 A（000020）盈利 139%

前期，深华发 A（000020）股价似乎处于逐渐向上弯曲的通道之中。如果后续走势不出意外的话，估计股价会进入暴涨阶段（见图 3–10）。

随着深证成指在 2015 年的暴涨，个股深华发 A 也随之暴涨（见图 3–11~ 图 3–14）。而且深华发 A 股价上涨的幅度大于同期深证成指的上涨幅度。

图 3–10　深华发 A（000020）的前期走势

俗话说物极必反，股价暴涨之后大多数情况下是必然引发暴跌的。在 2015 年前两个季度的股价疯狂暴涨之后，到了第三季度，深华发 A 的股价开始了报复性暴跌，跌幅达到了 53%（见图 3–15）。

图 3-11　深证成指同期走势（1）

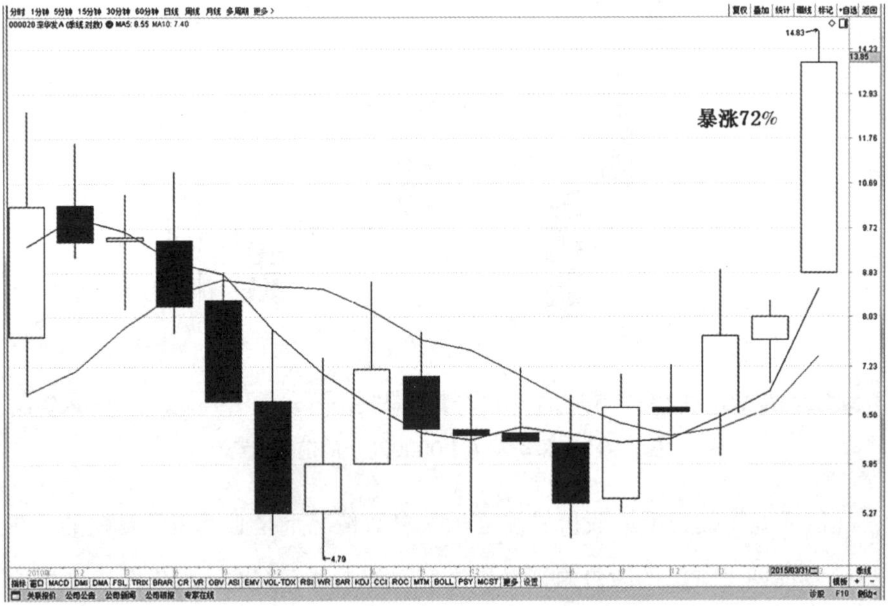

图 3-12　深华发 A（000020）股价暴涨 72%

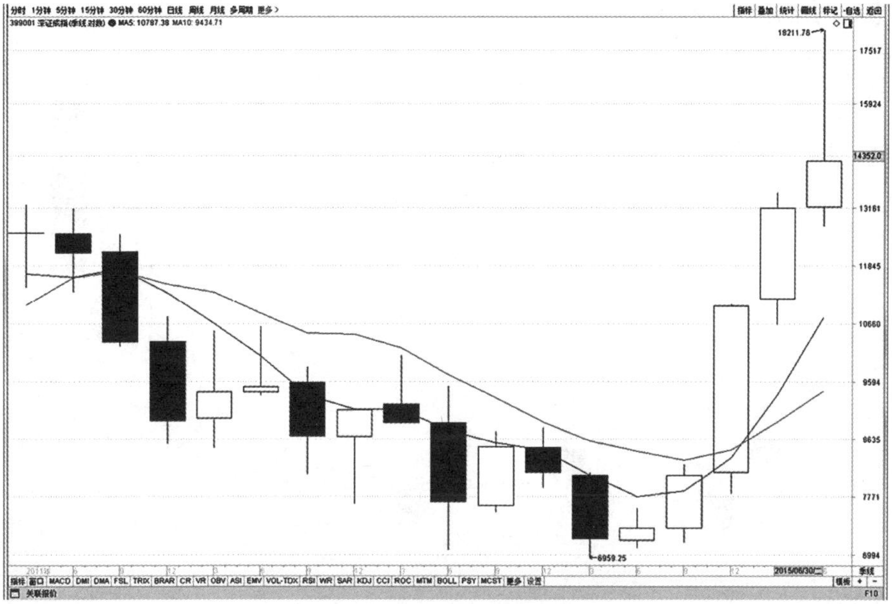

图 3-13　深证成指同期走势（2）

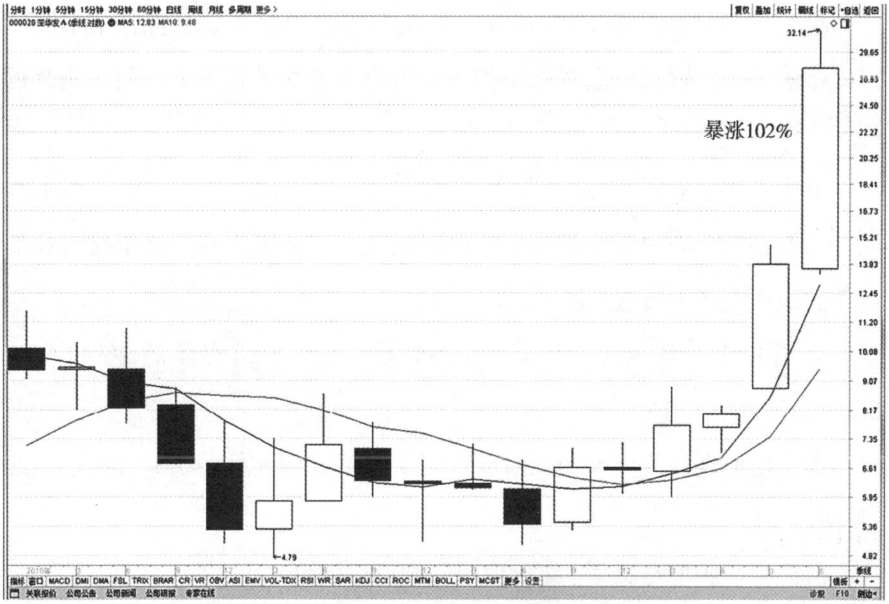

图 3-14　深华发 A（000020）股价继续暴涨 102%

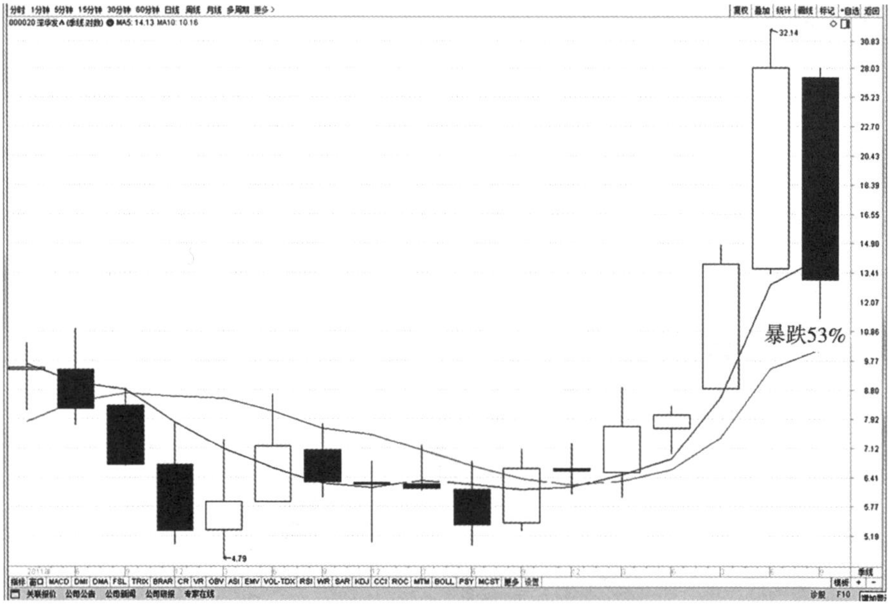

图 3-15 深华发 A（000020）股价暴跌 53%

股价虽然没有跌破 10 季均线，但是其幅度和形态已经符合本暴跌形态的要求了。所以我们选择在本季度末最后几个交易日买入该股，实际的买入价格为 13.07 元。

由于本次暴跌没有跌破 10 季均线，所以我们认为将来股价可以上涨至大阴 K 线实体的 2/3 价位线处。也就是说，未来股价到达这里时，我们再考虑是否应该卖出这只股票。

大阴 K 线实体的 1/3 价位为 16.85 元，大阴 K 线实体的 2/3 价位为 21.49 元（见图 3-16）。

我们切换到周线周期图，对应看到了大阴 K 线实体的 1/3、2/3 价位线（见图 3-17）。

后期只要股价突破了 2/3 价位线，就可以伺机卖出了。

买入之后一周，股价小涨 6%，差不多是一个交易日涨 1%（见图 3-18）。

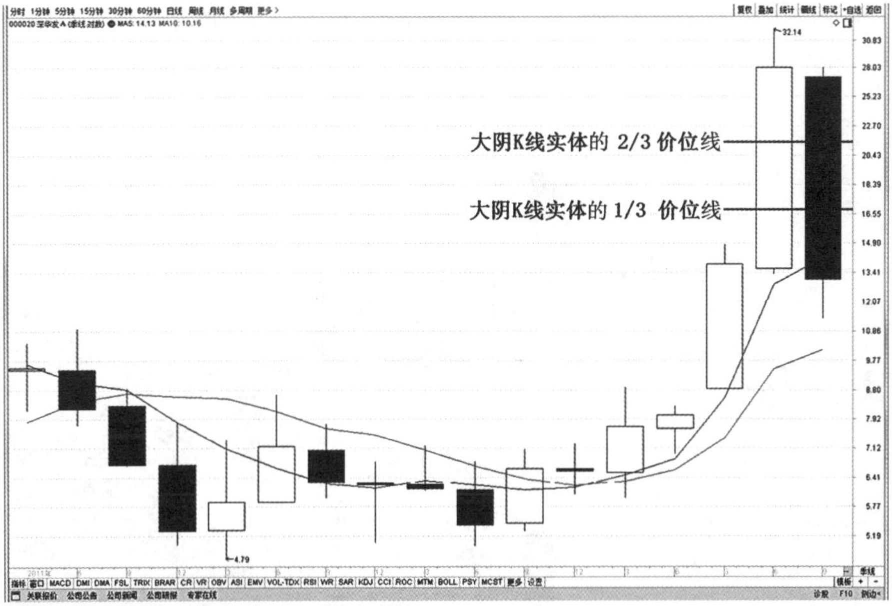

图 3–16　画出深华发 A（000020）大阴 K 线实体的 1/3、2/3 价位线与具体价格

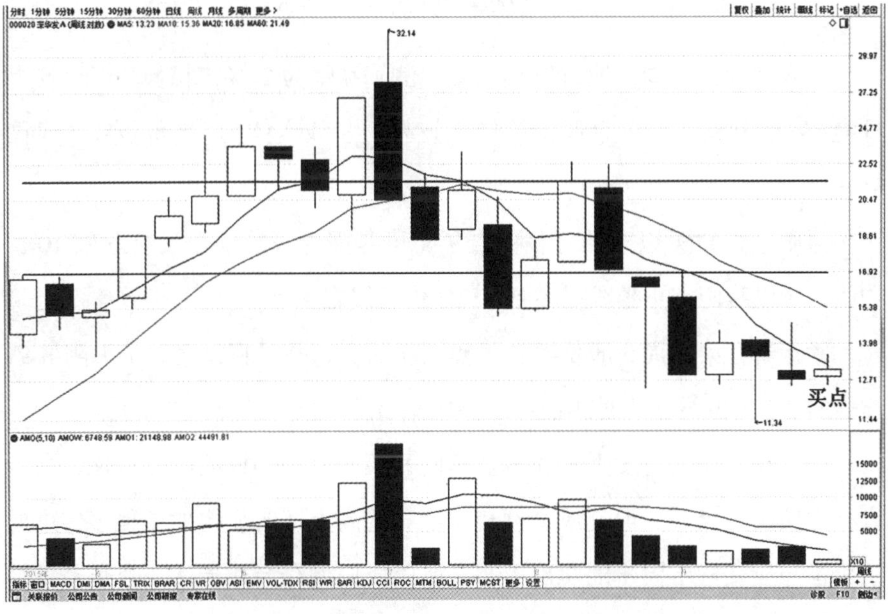

图 3–17　深华发 A（000020）周线图买入点

一般而言，银行利息或理财产品收益也没有一天给 1% 的吧。

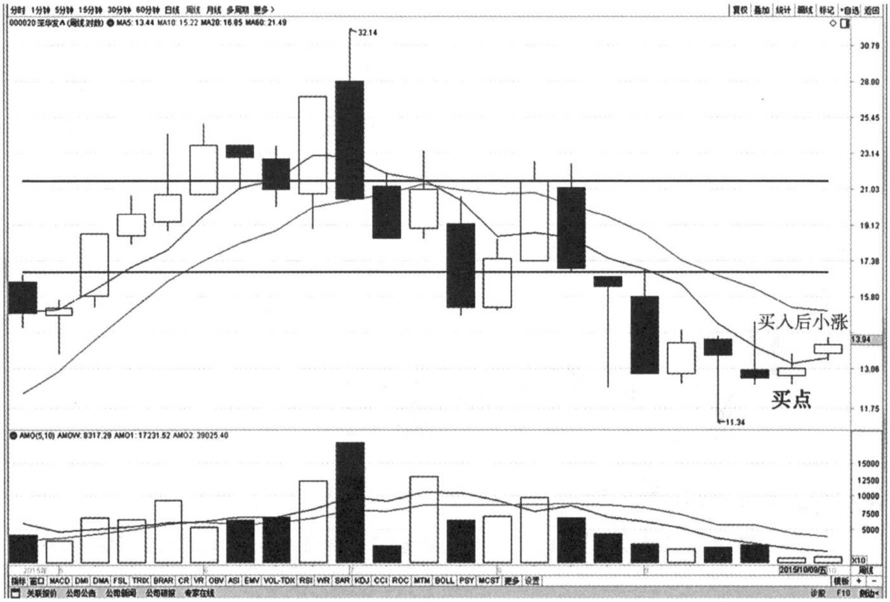

图 3–18 深华发 A（000020）周线图，买入后股价小涨

买入后的第二周，股价继续大幅上涨，涨幅为 22%，相当于一个交易日赚 2% 的利润了，并且股价已经突破大阴 K 线实体的 1/3 价位线（见图 3–19）。

原则上这时可以开始寻找卖点了，可是因为股价前期没有跌破 10 季均线，所以我们把止盈线提高到了 2/3 价位线之上。

紧接着在第三周，股价再次大幅上涨 33%，并且直接突破了大阴 K 线实体的 2/3 价位线。这时我们可以寻找卖出的时机了（见图 3–20）。

接着在第四周再度大涨 37%。这时我们观察到与近期高点相比，高点没有之前的高点高，但是成交额相比当时的高点却明显增加了很多，形成了价格与成交额不同步的卖出形态。所以我们就在当周最后一个交易日结束前卖出了该股（见图 3–21）。

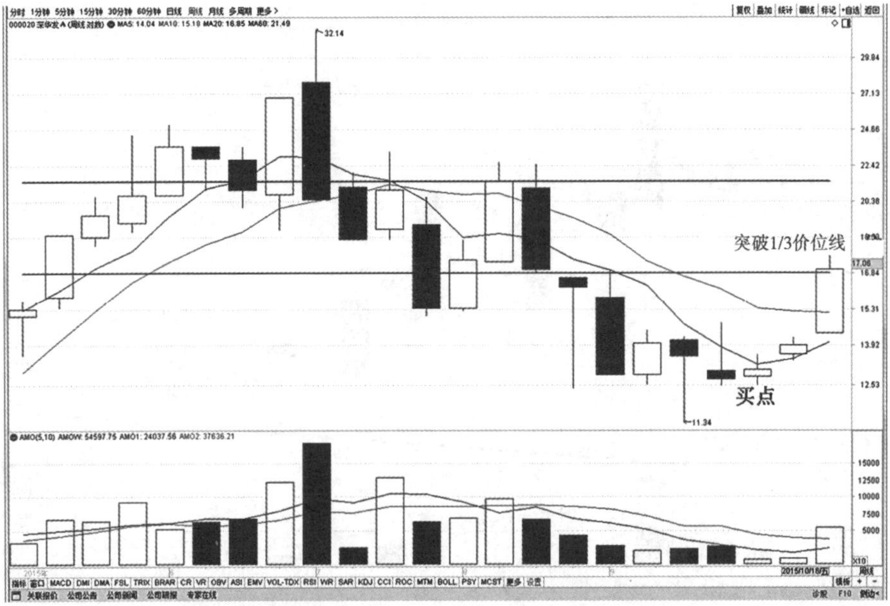

图 3-19 深华发 A（000020）股价突破 1/3 价位线

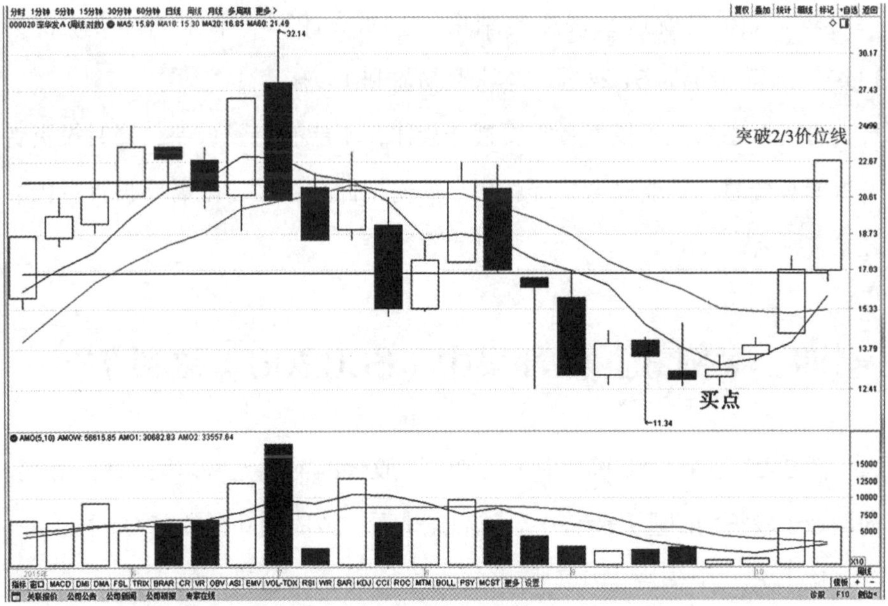

图 3-20 深华发 A（000020）股价突破 2/3 价位线，伺机卖出

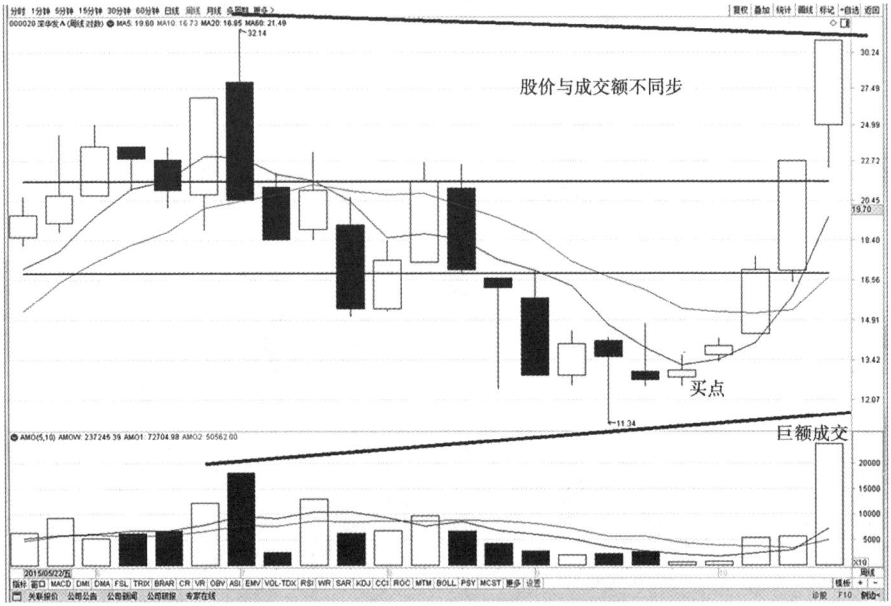

图 3-21 深华发 A（000020）卖出时机到了，卖出

本次交易也就这么快速地结束了。回头计算一下盈利，买入价为13.07 元，卖出价为 31.24 元，本次交易盈利 139%。

对于形态来说，投资者需要遵守规律，不能有一丝误差；同时投资者又需要有变通，不能完全按部就班。如何把握这个度，就需要投资者依靠经验来判断。

四、案例 3：江苏吴中（600200）盈利 73%

图 3-22 是个股江苏吴中（600200）股价的前期走势。可以看到该股前期处于较长期的上升趋势中。就高点来看，该股创新高的能力不强。

接下来一个季度，江苏吴中的股价得到上升趋势线的支撑反转上涨了，涨幅达到 47%（见图 3-23）。不过，股价仍处于上升通道的上沿之下。

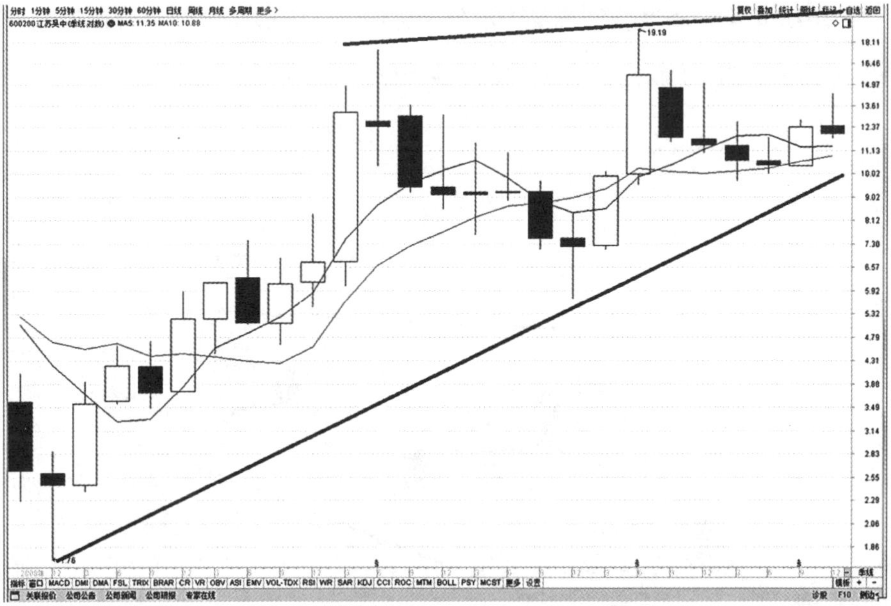

图 3-22　江苏吴中（600200）股价的前期走势

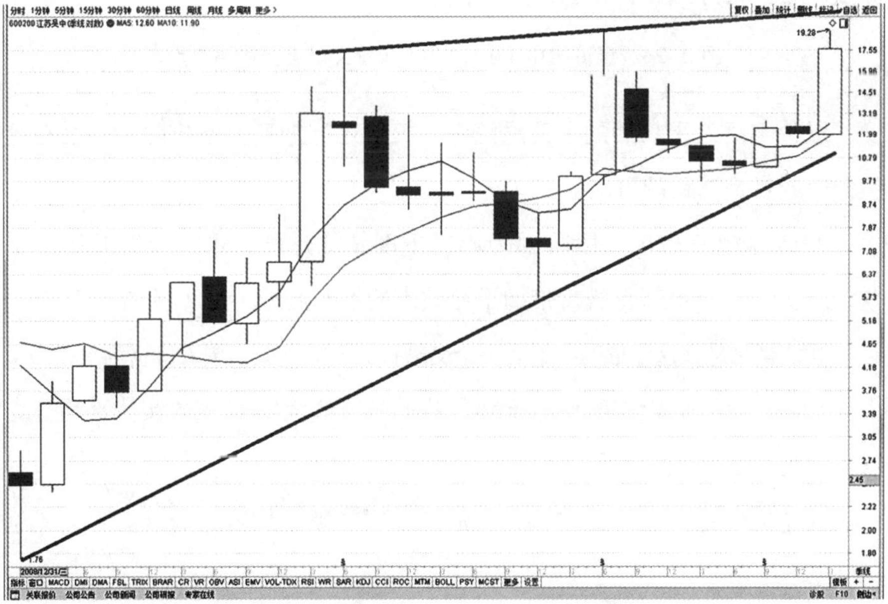

图 3-23　江苏吴中（600200）股价上涨 47%

2015 年第二季度，江苏吴中股价发力向上，突破了之前上升通道的上沿，涨幅也创出了新高，有 108% 之多（见图 3–24）。

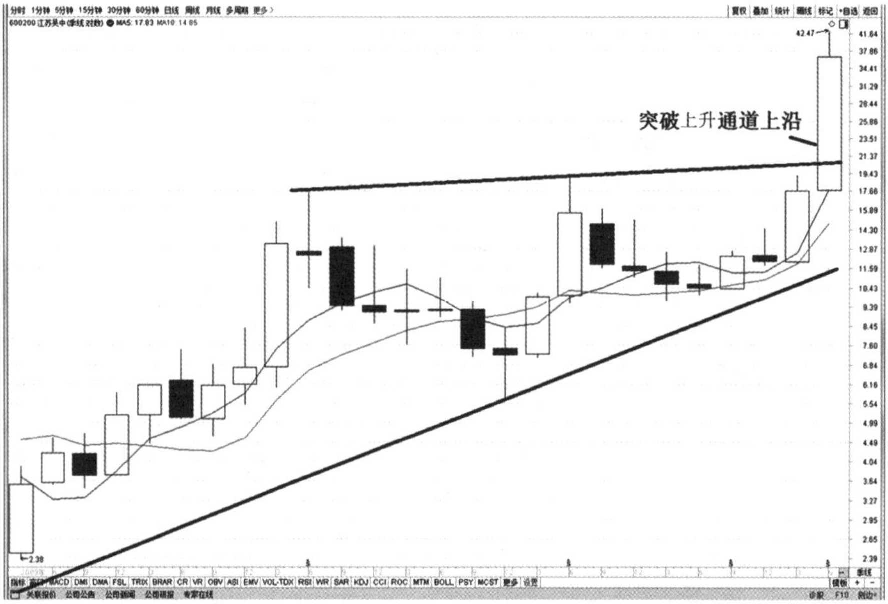

图 3–24 江苏吴中（600200）股价突破上升通道上沿

股价本身处于长期的上升通道中，突然这样加速，不排除后期会有突然回落或者是暴跌的可能。

2015 年第三季度，股价因为第二季度暴涨过度，第三季度开始了暴跌，跌幅 56%，重新将股价带回了突破前的上升通道中来（见图 3–25）。

我们当时是在这个形态的最后一个交易日买入的该股，买入价格为 16.16 元。

为了方便之后跟踪股价的走势，我们将季线大阴 K 线的实体平均分为三份（见图 3–26）。

为了方便跟踪股价的走势，我们从季线周期图切换为周线图界面（见图 3–27）。

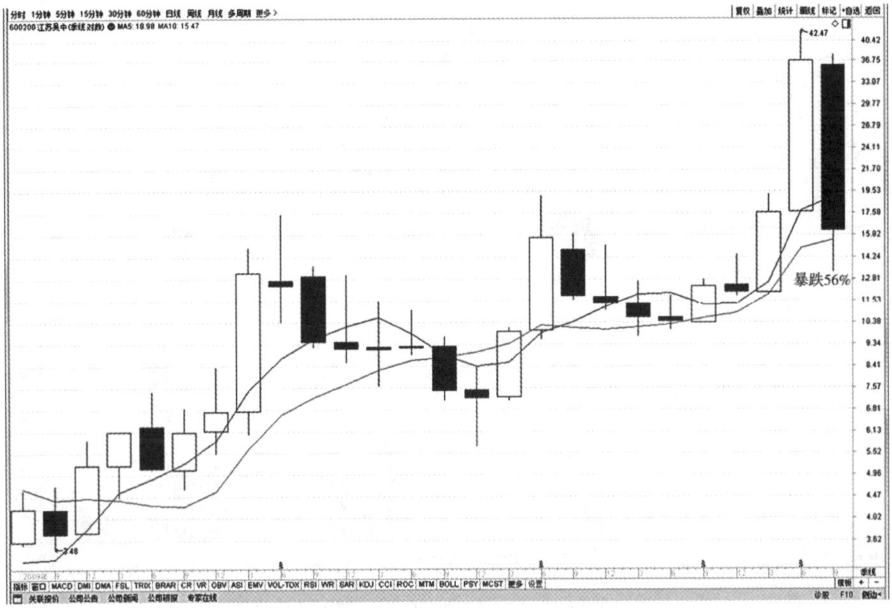

图 3-25 江苏吴中（600200）股价暴跌 56%

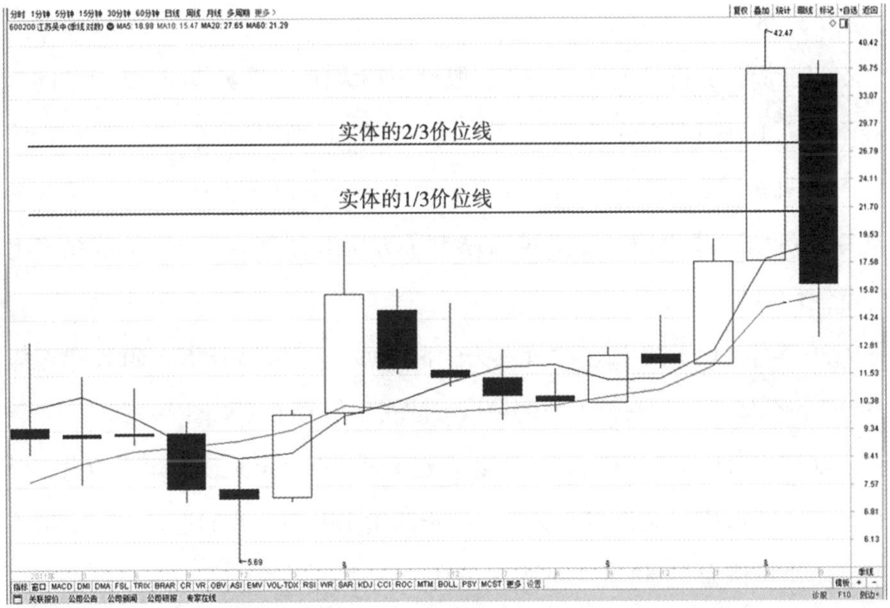

图 3-26 画出江苏吴中（600200）大阴 K 线实体的 1/3、2/3 价位线与具体价格

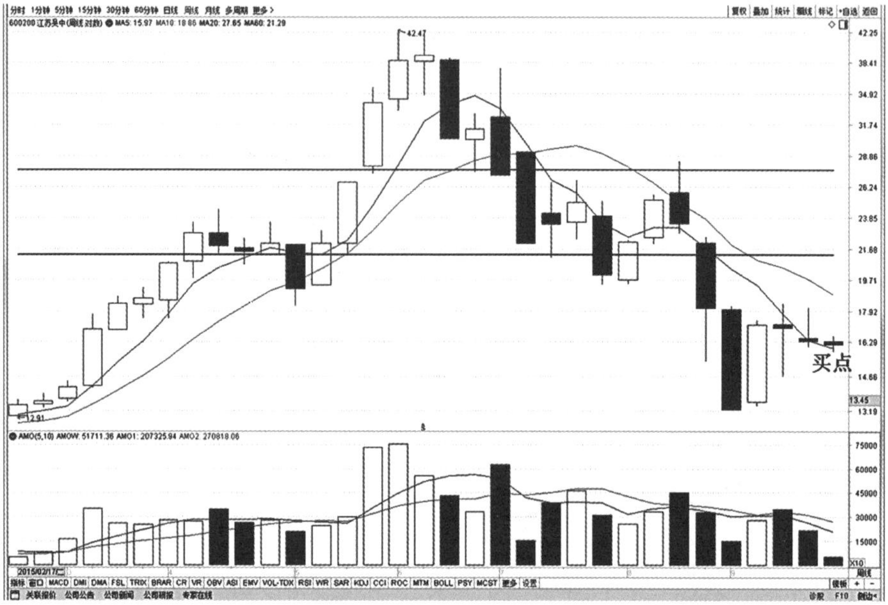

图 3–27　将江苏吴中（600200）切换到周线图界面

买入后第二周，股价直接上涨了 12%，相当于每个交易日赚 1% 了（见图 3–28）。

第三周，股价又上涨了 13%，股价距离大阴 K 线实体的 1/3 价位线已经不远了（见图 3–29）。

第四周，股价震荡上行，尽管最低点一度要跌破 5 周和 10 周均线的支撑，可周末收盘前股价又重新站上了大阴 K 线实体的 1/3 价位线之上（见图 3–30）。

2015 年 11 月 20 日，股价发力上涨 23%，直接突破了大阴 K 线实体的 2/3 价位线，从现在开始我们可以关注卖出信号了（见图 3–31）。

2015 年 11 月 25 日，股价创出了更高的高点，可是成交额不给力，反而减少了，形成了股价与成交额不同步的卖出形态。我们选择此时卖出该股，卖出价格为 27.88 元（见图 3–32）。

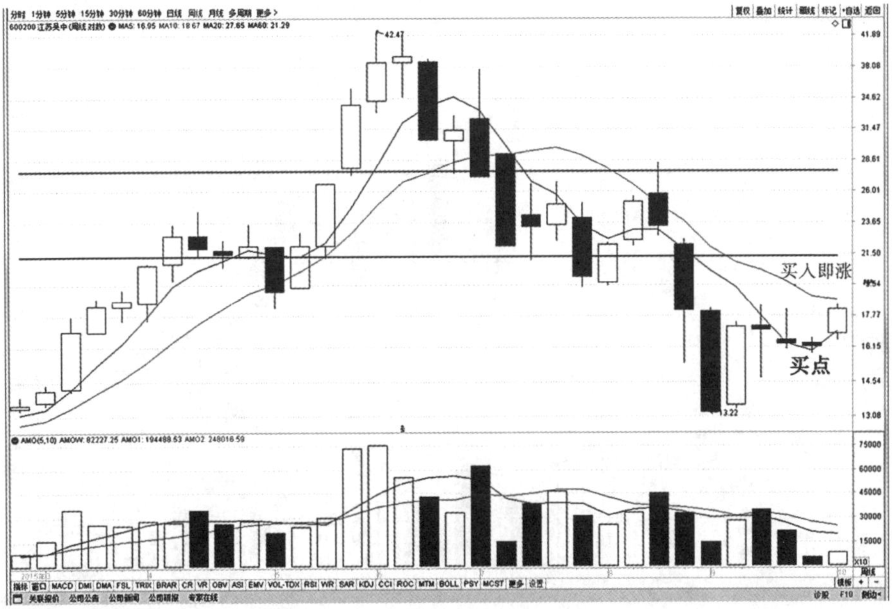

图 3-28 江苏吴中（600200）股价买入即涨

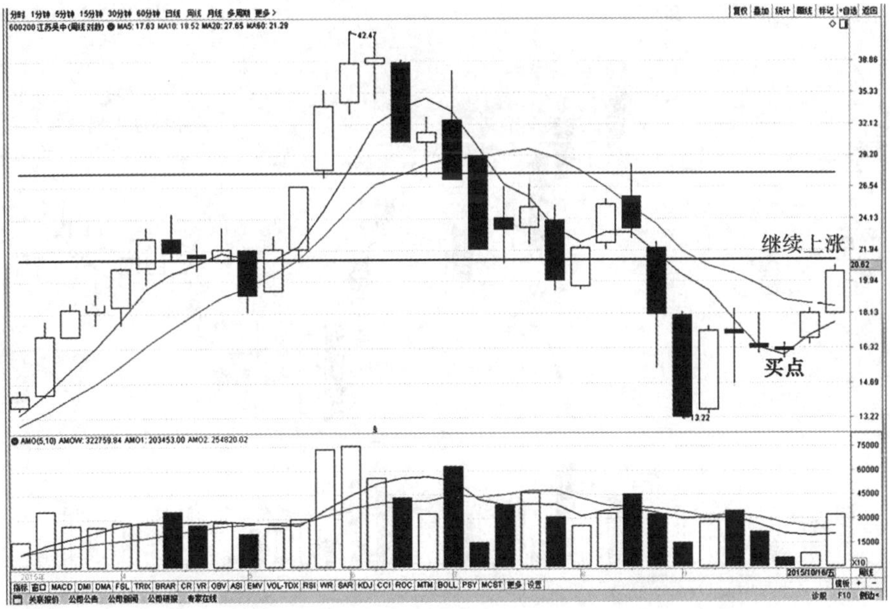

图 3-29 江苏吴中（600200）股价继续上涨

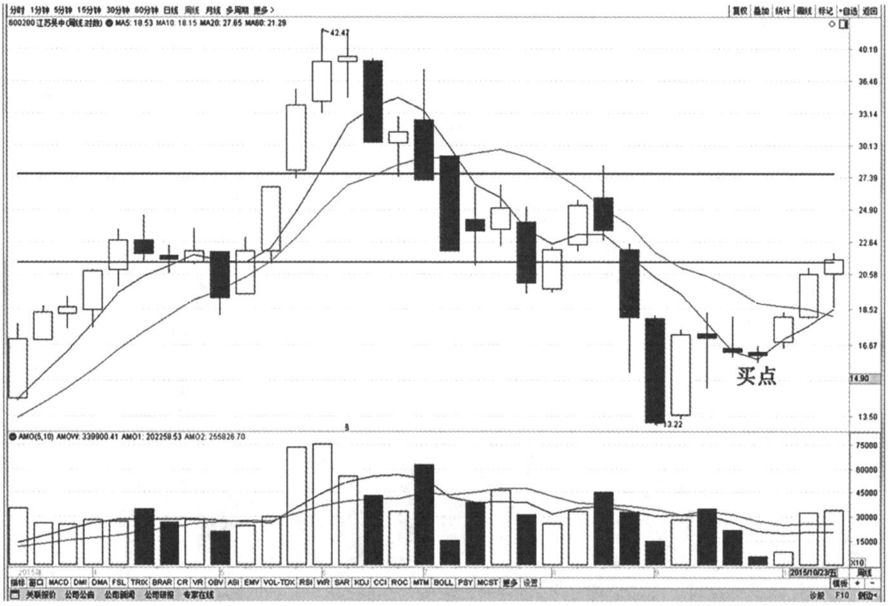

图 3-30　江苏吴中（600200）股价震荡上行

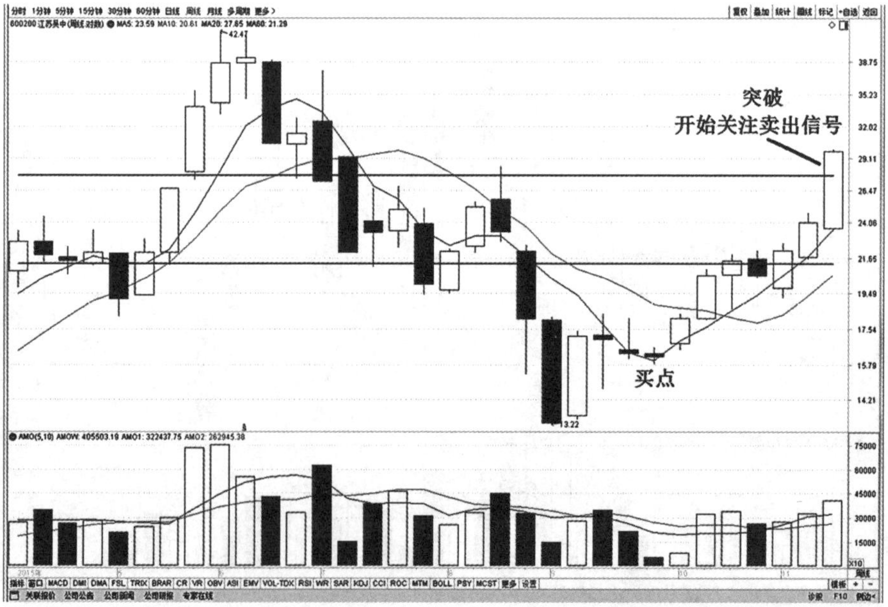

图 3-31　江苏吴中（600200）股价发力上涨

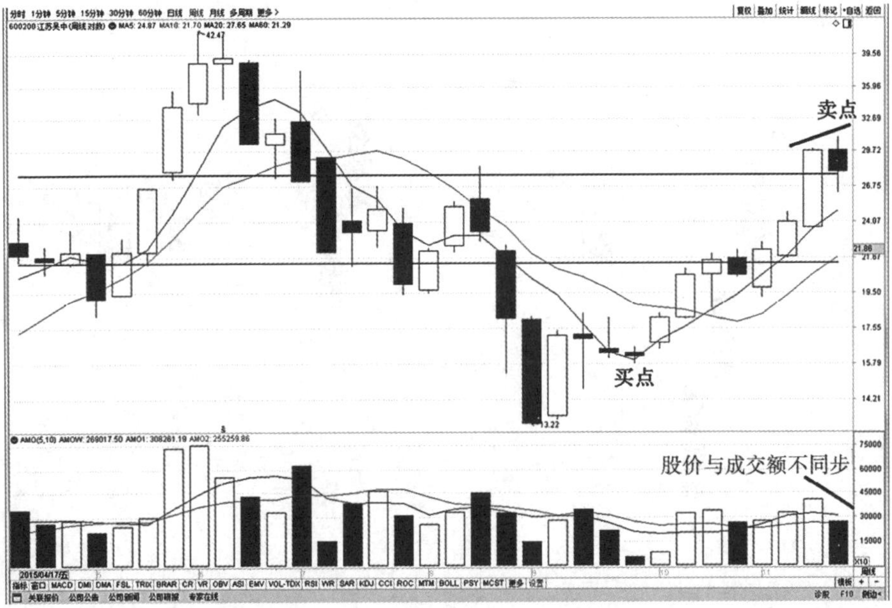

图 3-32　江苏吴中（600200）股价与成交额不同步，卖出

本次交易买入价格为 16.16 元，卖出价格为 27.88 元，总盈利为 73%。

五、案例 4：西藏珠峰（600338）盈利 82%

西藏珠峰（600338）股价前期走势震荡幅度比较大，大体处于一个上升通道中（见图 3-33）。

西藏珠峰股价在之后三个季度一直上涨，涨势良好。不过从 K 线上看，股价最近一个季度的涨势过强，以至于最后回落的幅度也比较大，大幅回落形成了长上影线（见图 3-34）。

一般我们可以将上影线视作上行压力，将下影线视作上行支撑力。

2015 年 9 月 30 日，西藏珠峰股价开始了新一轮暴跌，幅度为 54.9%

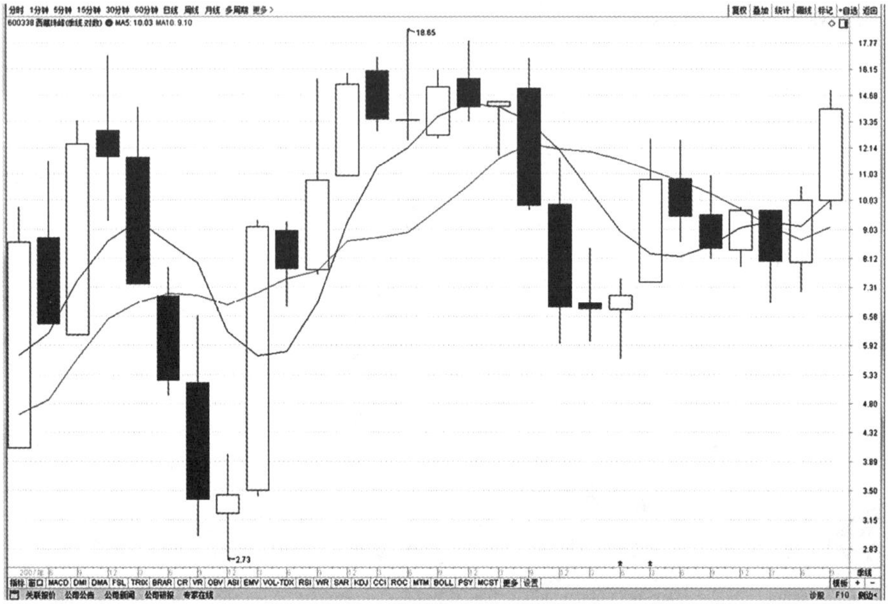

图 3-33　西藏珠峰（600338）股价前期走势

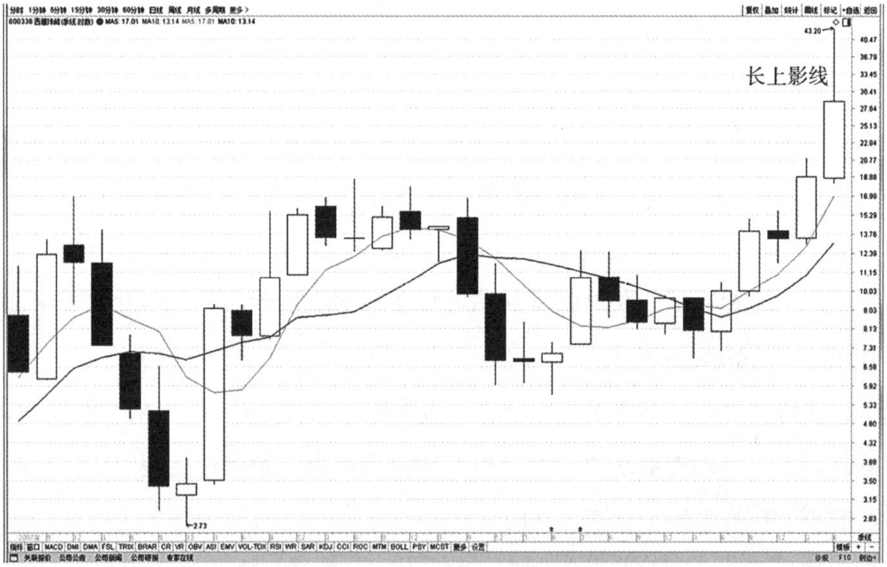

图 3-34　西藏珠峰（600338）形成长上影线

（见图 3–35）。在该季度最后一个交易日我们买入了这只股票，成交价格为12.98 元。

图 3–35 西藏珠峰（600338）暴跌 54.9%，买入时机到了

从形态上看，均线还处于多头排列形态中，而股价并没有站回 10 季均线之上，所以我们设置的止盈线在大阴 K 线实体的 1/3 价位处（见图 3–36）。

将股票软件的界面由季线周期图切换至周线周期图界面，以便继续跟踪股价的后续走势（见图 3–37）。

在我们买入该股后的第二周，股价迅速上涨，账面盈利 6.4%（见图 3–38）。

买入后第三周，股价开始放量暴涨，涨幅达到了 61%，是一个相当不错的成绩（见图 3–39）。在没有可靠的卖出信号出现之前，还需要继续持股。

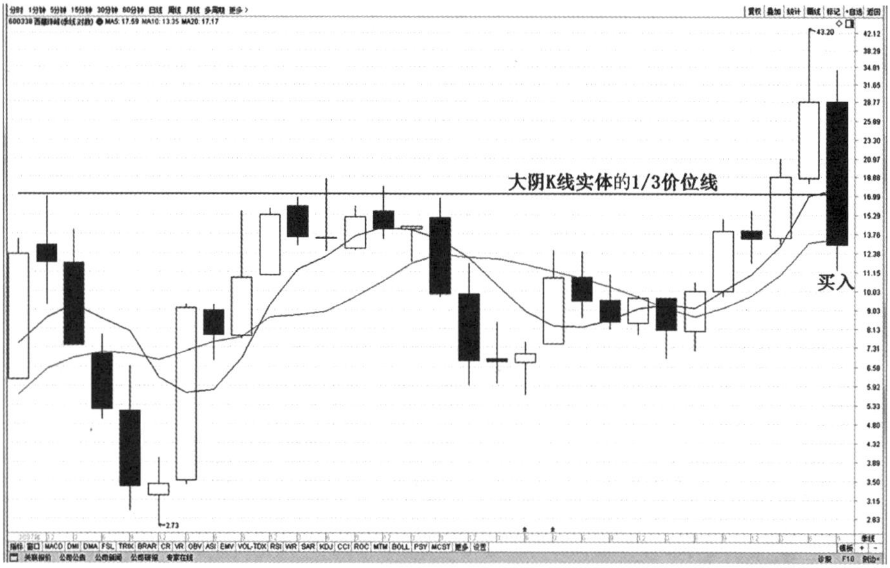

图 3-36　画出西藏珠峰（600338）大阴 K 线实体的 1/3 价位线

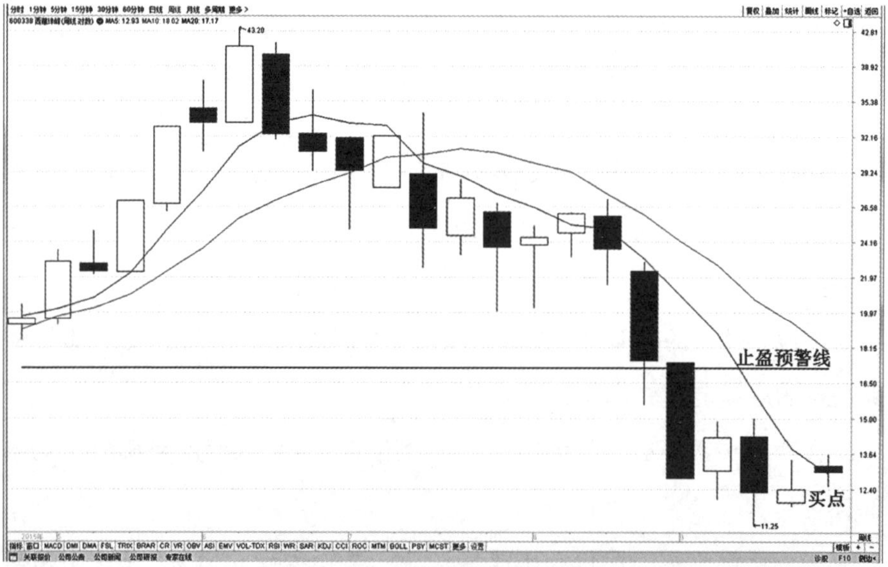

图 3-37　转入西藏珠峰（600338）周线周期图继续跟踪股价走势

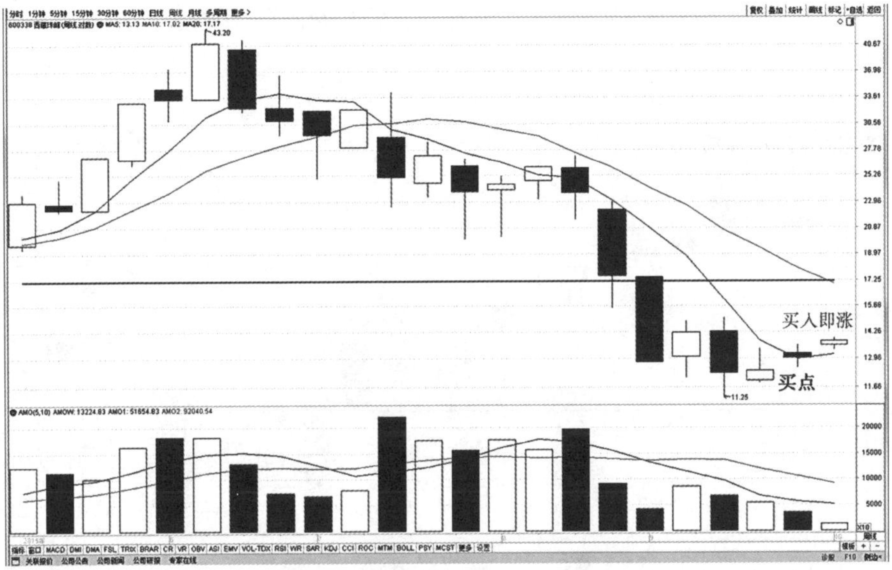

图 3–38　西藏珠峰（600338）买入即涨

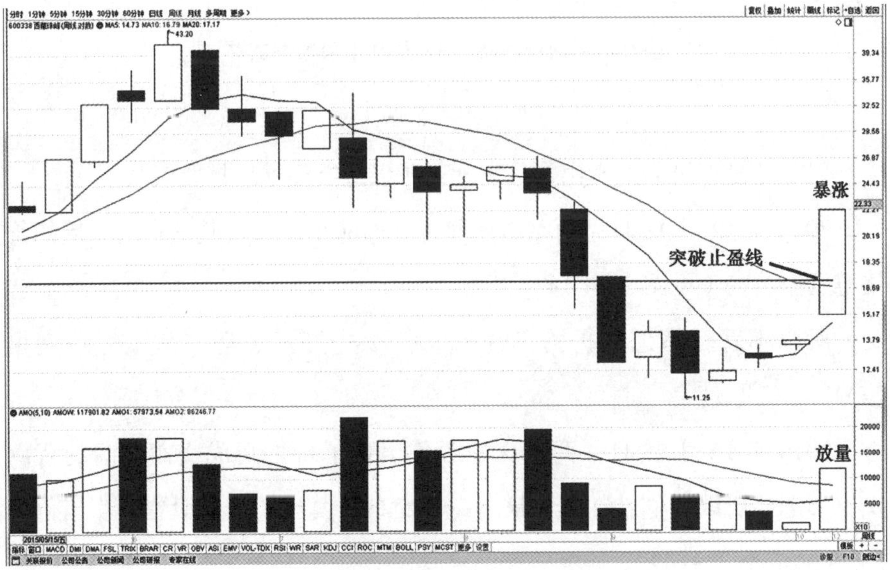

图 3–39　西藏珠峰（600338）股价暴涨 61%

2015 年 12 月 11 日，股价在创出新高后开始回调（见图 3-40）。

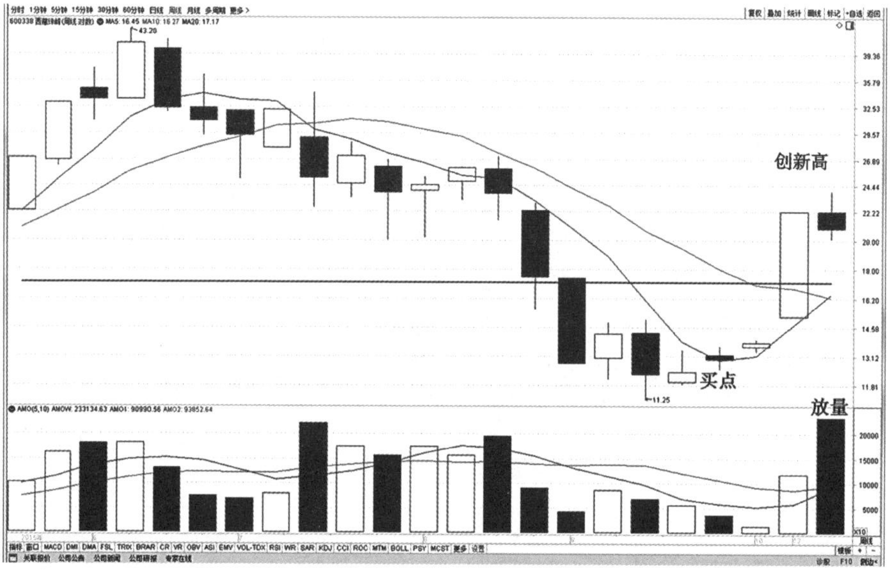

图 3-40 西藏珠峰（600338）放量创新高

但是还没有可靠的卖出信号出现，所以还需要继续持股观察。

2015 年 12 月 18 日，西藏珠峰股价又回涨了回来，基本在上一周的价格范围内震荡（见图 3-41）。

所以不管行情怎么折腾，就一个字——“等”，等买入信号或卖出信号。

2015 年 12 月 25 日，西藏珠峰股价出现了价格与成交额之间的背离卖出形态。所以我们就在本周最后一个交易日卖出了这只股票，卖出价为 23.68 元（见图 3-42）。

本次交易买入价为 12.98 元，卖出价为 23.68 元，交易盈利 82%。

在我们卖出该股后一个多月，股价又跌回我们之前的买入价位，随即

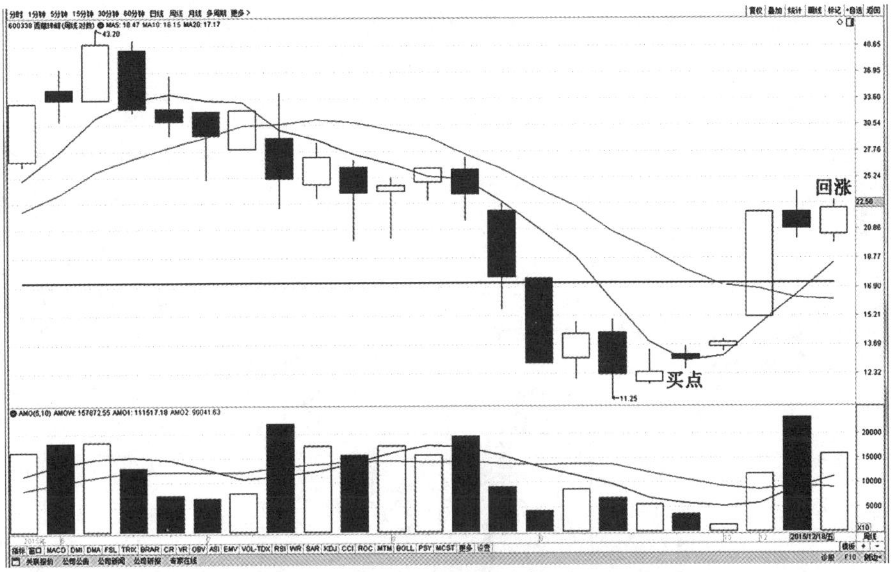

图 3-41　西藏珠峰（600338）股价回涨

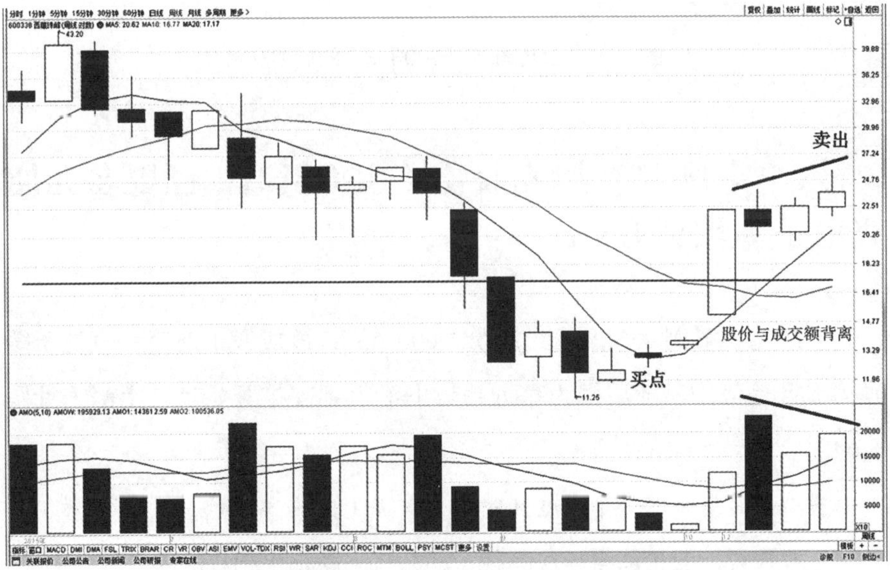

图 3-42　西藏珠峰（600338）股价与成交额背离，卖出

我们又重新买入该股，并以 10 季均线为止盈条件卖出，交易盈利 114%（见图 3-43）。

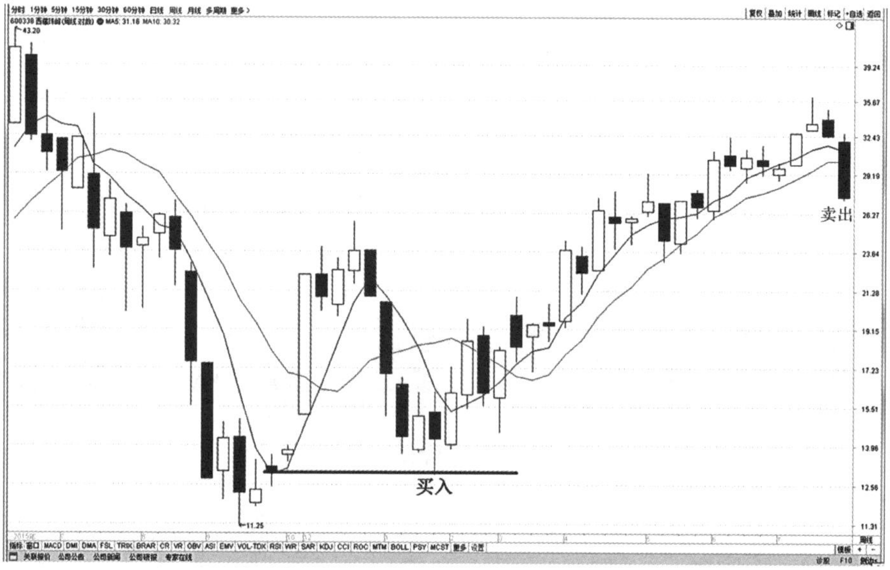

图 3-43 西藏珠峰（600338）的后期交易

六、案例 5：旭光股份（600353，已更名为旭光电子）盈利 68%

下面这个案例是个股旭光股份（600353），该股股价前期一直处于缓慢的上升趋势中，随后因为靠近趋势下沿得到支撑开始反转上涨（见图 3-44）。

股价在接下来的一个季度开始发力上涨（见图 3-45）。

一般来说，股价涨得越快越猛，那么将来跌得也越快越凶。

随着大盘指数的暴涨，旭光股份的股价也跟着发力暴涨。不过，股价在创新高之后开始回落，在 K 线上可以看到一个很长的上影线，预示继续

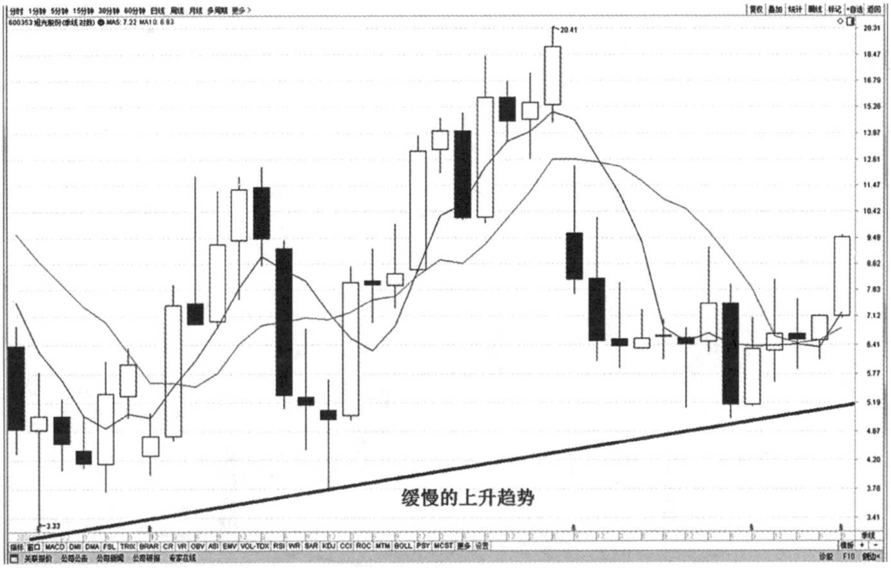

图 3–44　旭光股份（600353）股价的前期走势

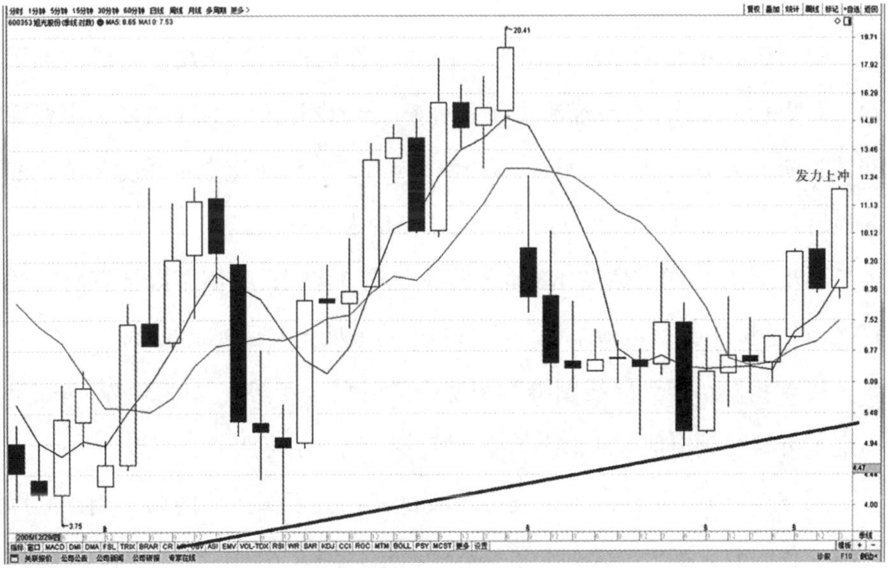

图 3–45　旭光股份（600353）股价发力上冲

上冲的可能性在降低，买在上影线部分的筹码将被套牢（见图 3–46）。

图 3–46 旭光股份（600353）股价创出新高

随着大盘指数的下跌，旭光股份的股价也开始了暴跌，跌幅达到了 73%（见图 3–47）。其恐慌程度不言而喻。均线开始由之前的多头排列瞬间转为向下的空头排列。因为暴跌超过 50%，我们决定在本季度末结束前的最后几个交易日买入该股，买入的成交价为 6.33 元。

画出大阴 K 线实体的 1/3 价位线（见图 3–48），我们可以计算出来的 1/3 价格是 9.71 元。也就是说，我们期望的最低盈利目标是 53%。

接着我们切换到周线图继续跟踪个股的后续走势（见图 3–49）。如果出现了可靠的卖出信号或形态就坚决卖出，绝对不可久战、恋战。

2015 年 10 月 9 日，旭光股份的股价就在我们买入后的第二周，立即脱离了我们的成本价位，上涨了 9%（见图 3–50）。

2015 年 10 月 16 日，该股股价开始发力拉升（见图 3–51）。当周涨幅达到了 20%，我们的账面盈利也达到了 29%。

图 3-47　旭光股份（600353）暴涨后暴跌

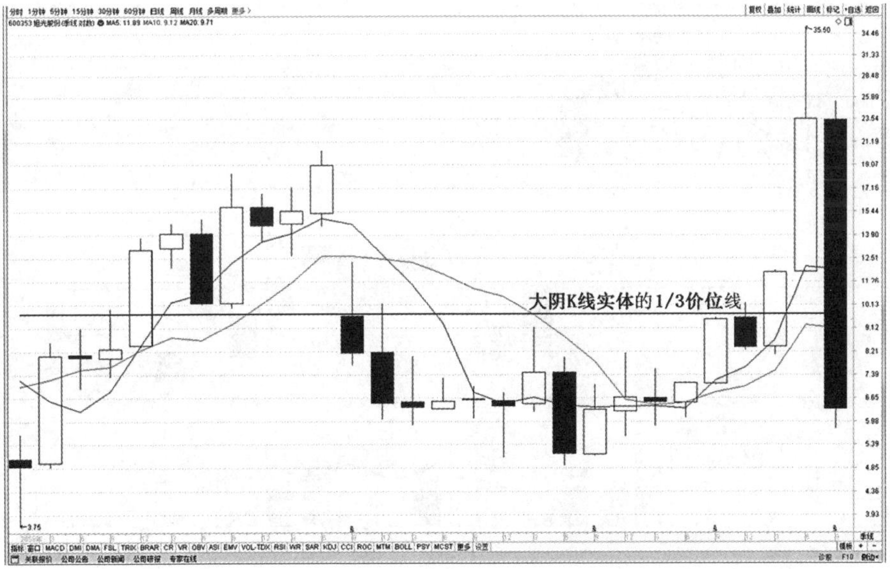

图 3-48　画出旭光股份（600353）本次大阴 K 线实体的 1/3 价位线

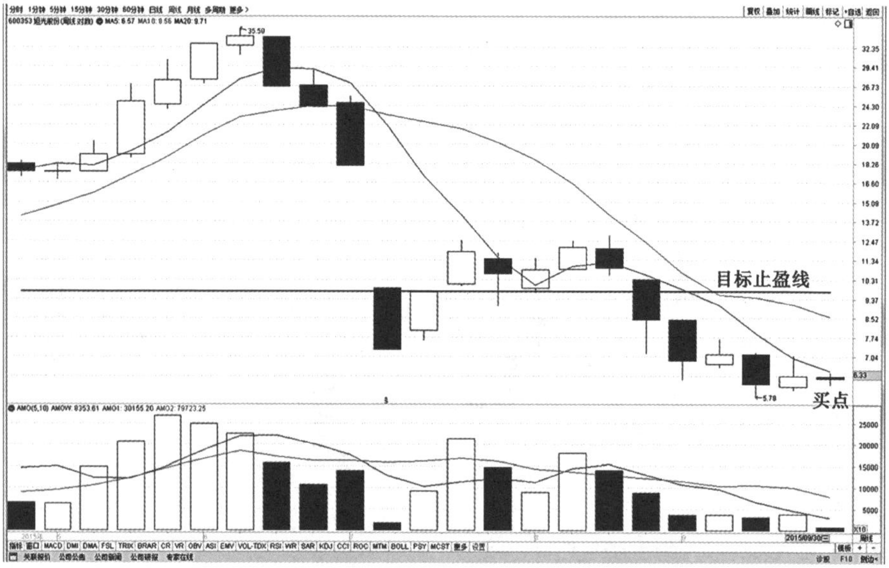

图 3-49 旭光股份（600353）周线图走势

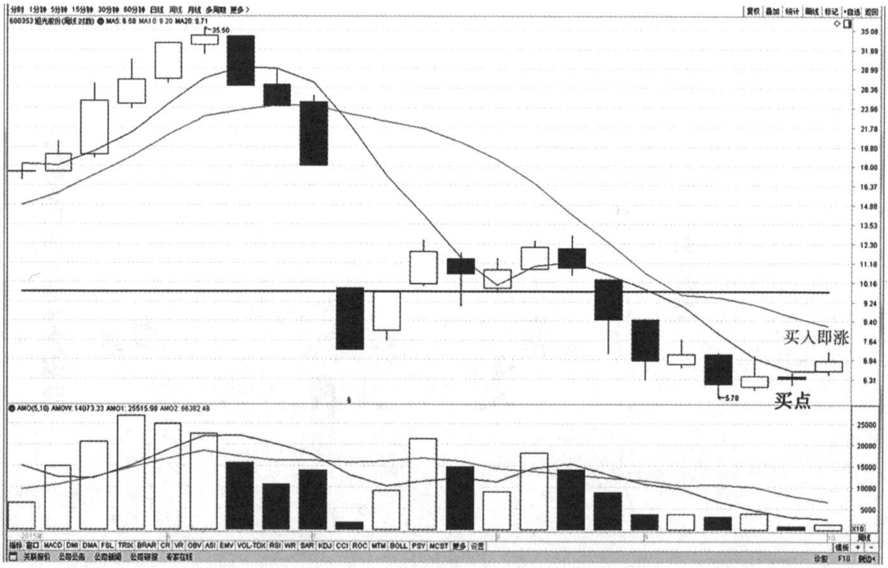

图 3-50 旭光股份（600353）买入即涨

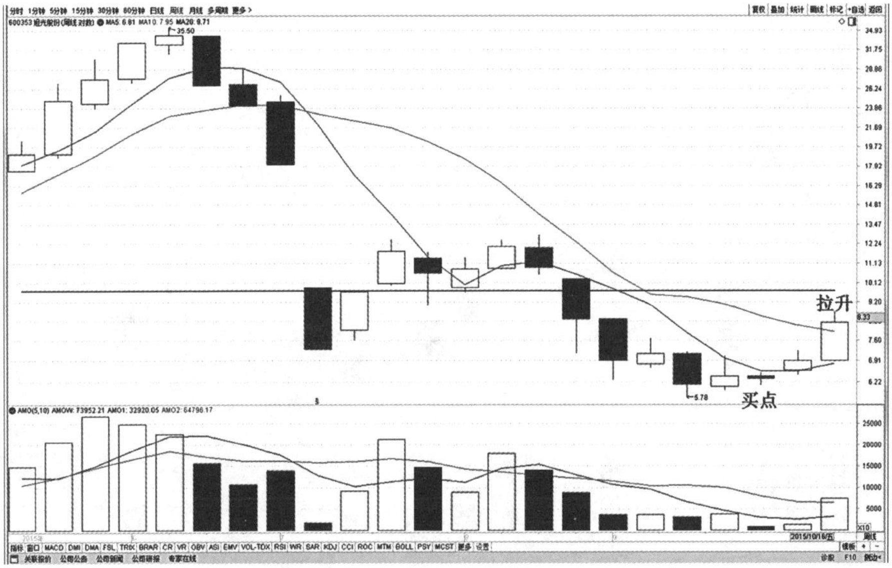

图 3–51　旭光股份（600353）迅速拉升

这个成绩非常不错，相当于平均每个交易日赚到了 2% 的利润。

四个星期之后，股价始终没有突破大阴 K 线实体的 1/3 价位线，而且当周出现了十字星 K 线（见图 3–52），该不该在当周卖出呢？

如果急于用钱，是可以在当周卖出该股的。不过我们当时对现金需求不高，所以选择继续持股，等到股价突破时再决定是否卖出。

十字星之后，股价选择了向上突破，并且有量能或成交额的支持（见图 3–53）。这之后我们需要密切留意卖出信号或形态的出现，以便及时卖出股票，赚到足够多的利润。

暴涨之后的下一周股价再次创出了新高，可是没有维持多久，就开始了回落，导致形成了一个比较显眼的上影线。而且成交额并没有同步增加，反而相对上一周开始减少了（见图 3–54）。也就是说当周股价与成交额形成了背离的卖出形态，应该及时卖出手中的该股股票，卖出价格为 10.64 元。

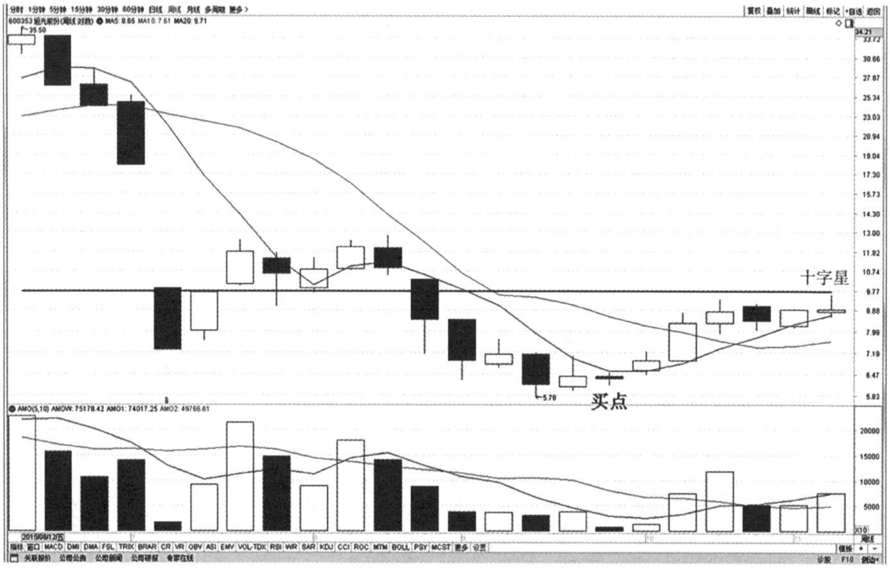

图 3-52 旭光股份（600353）出现了十字星，该不该卖出

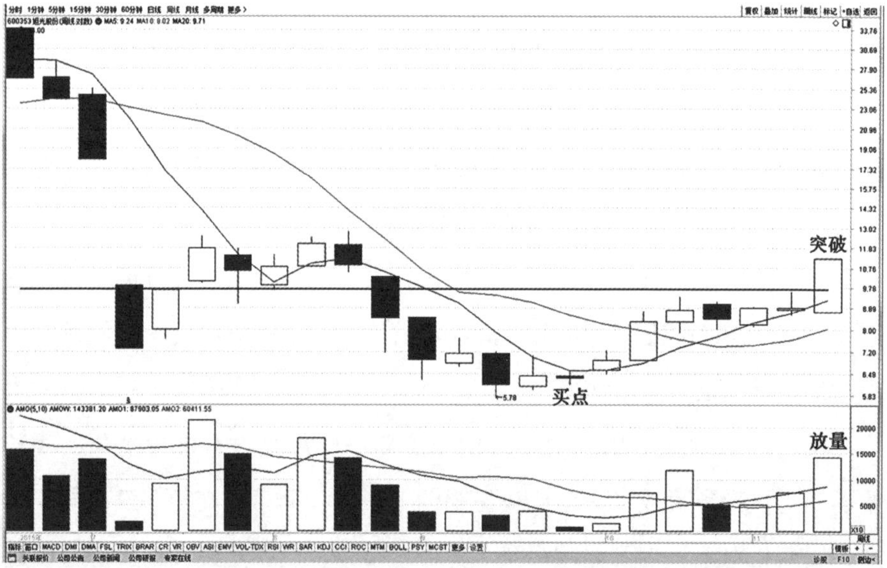

图 3-53 旭光股份（600353）突破了，接下来要留意卖出信号

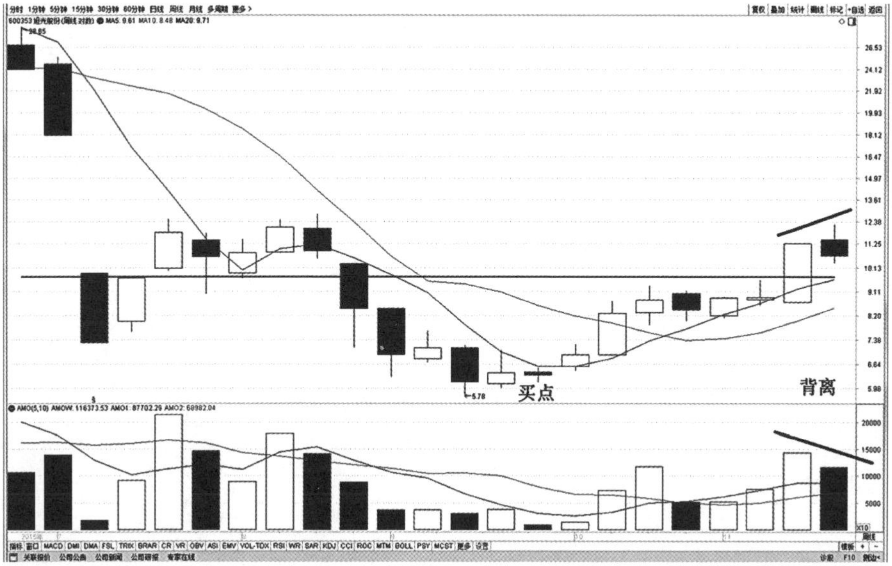

图 3-54　旭光股份（600353）股价与成交额背离，卖出时机到了

本次交易买入价是 6.33 元，卖出价是 10.64 元，交易盈利 68%。

以上五个案例已经讲述完了，接下来是暴跌形态中的第三个——均线空头排列并跌破两条均线。

第四章

暴跌形态三：
均线空头排列并跌破两条均线

一、均线空头排列并跌破两条均线的暴跌形态（季线）

均线空头排列并跌破两条均线的暴跌形态需要前期股价的均线呈现空头排列形态，均线的空头排列意味着投资者已经习惯了之前的下跌行情。突然间某一个季度的 K 线出现暴跌，并且暴跌的幅度超过 50%，这就让更多的投资者感到绝望与深度恐慌，不得不有意卖出或者被迫卖出手中的股票。

不管是不是主力机构所为，这个时候的暴跌必然会引发恐慌性抛售狂潮，抛售潮结束时，就是我们买入的最佳时机（见图 4–1）。

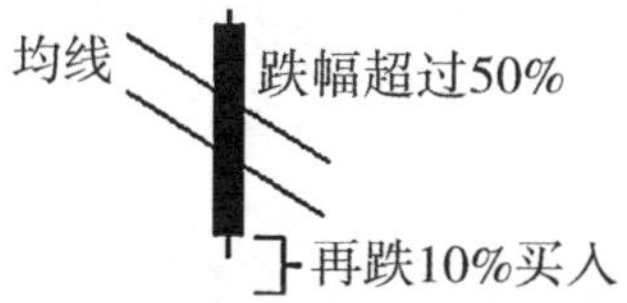

图 4–1　均线空头排列并跌破两条均线的暴跌形态

股价上涨之后，等到再次下降，跌破 10 周均线就可以卖出了。

我们将用五个实例来讲解该形态。

二、案例 1：中航善达（000043）盈利 72%

中航善达（000043）股价前期一直处于缓慢下降的趋势中，过程中股价尝试向上突破下降趋势的上沿，可是没有成功，可以看到在前期走势图上有一个长度明显的上影线（见图 4–2）。

接着一个季度股价开始了暴跌，下跌幅度达到了 61%，说明下降趋势的上沿具有相当大的压制力（见图 4–3）。股价开始了加速下跌，我们就选

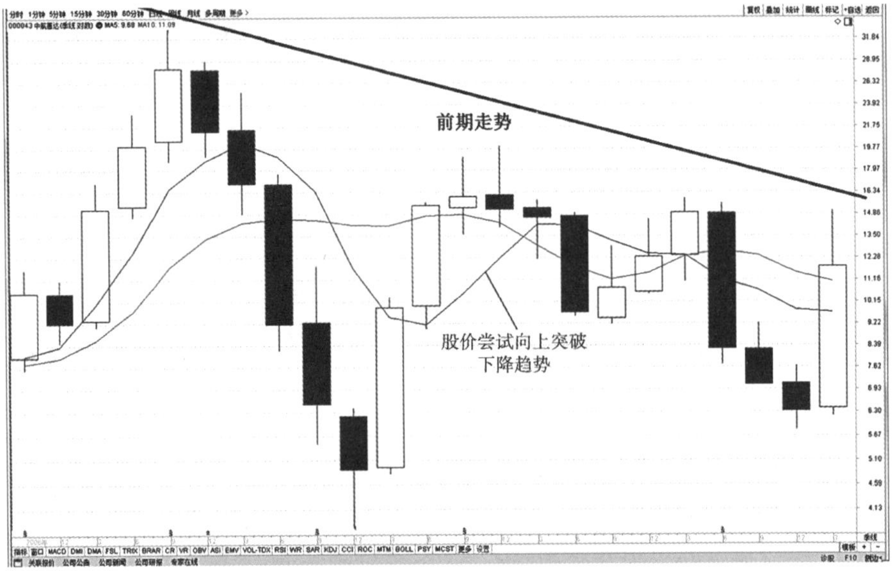

图 4-2　中航善达（000043）股价的前期走势

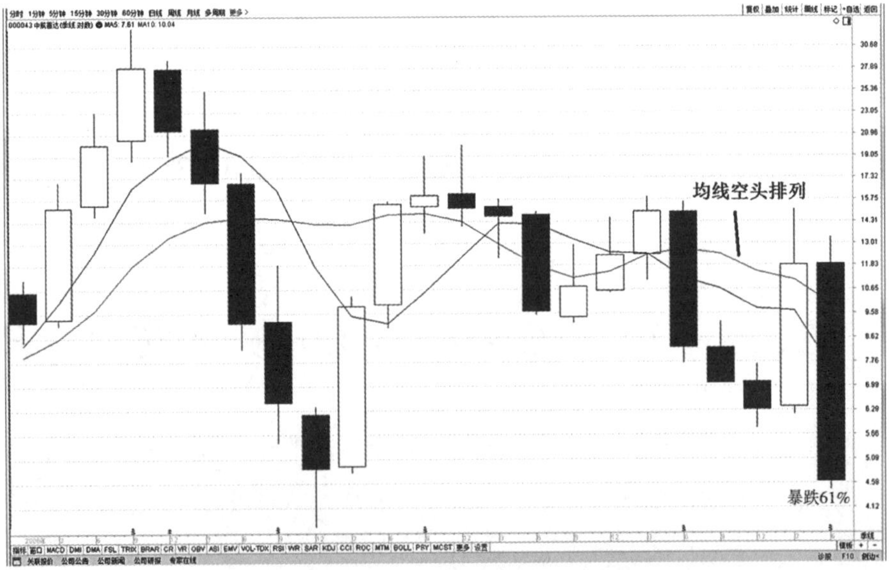

图 4-3　中航善达（000043）股价暴跌 61%

择在这个下跌狂潮之后，伺机买入该股。

我们设置暴跌当季的收盘价格再下跌超过 10% 时是买点，所以我们画一条当季收盘价格 0.9 倍的水平线为预警线（见图 4-4）。如果后期股价跌破这条线，则跌破当季的季末就可以买入该股了。

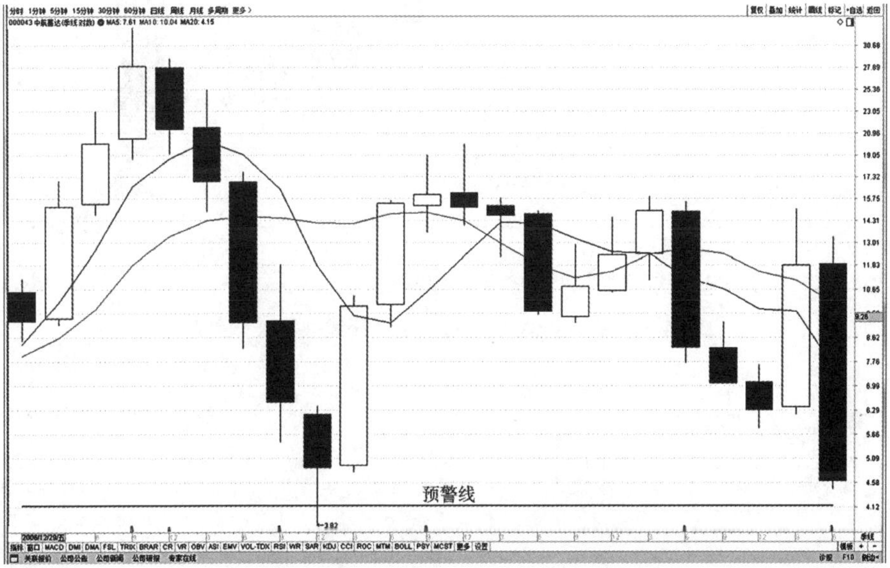

图 4-4 画出中航善达（000043）的预警线

2012 年 9 月 28 日，股价跌破了我们设置的预警线，于是我们在当季季末最后几个交易日买入了该股，买入价格是 4.06 元（见图 4-5）。

调整主图为周线周期图，如图 4-6 所示。

买入后的第二周股价就上涨了，虽然上涨幅度不大（见图 4-7）。

买入后的第三周，股价开始发力，股价上涨 24%。同时也把股价和 10 周均线拉开了一段距离（见图 4-8）。

此时我们的账面盈利已有 26%，如果后市给力，以后账面盈利有可能比 26% 还高。

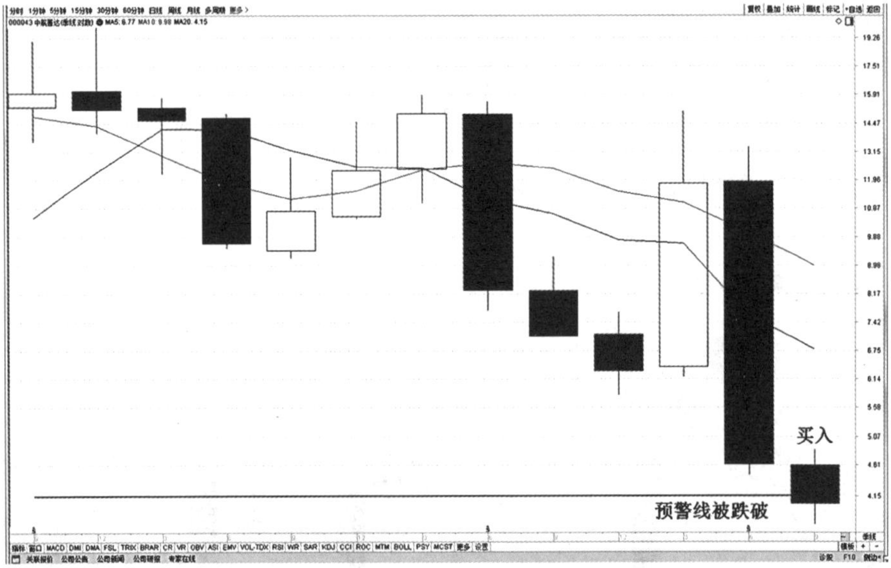

图 4–5　中航善达（000043）预警线被跌破，买入

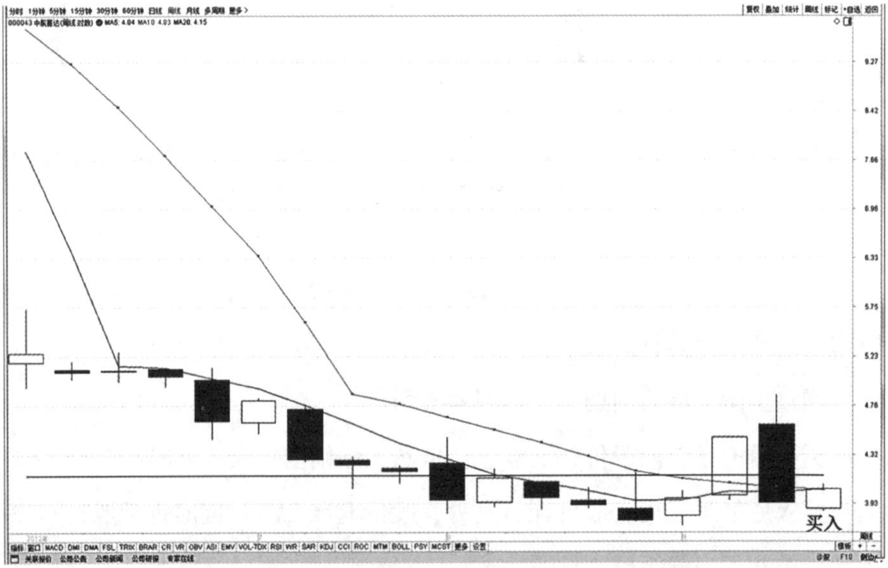

图 4–6　切换至中航善达（000043）的周线周期图

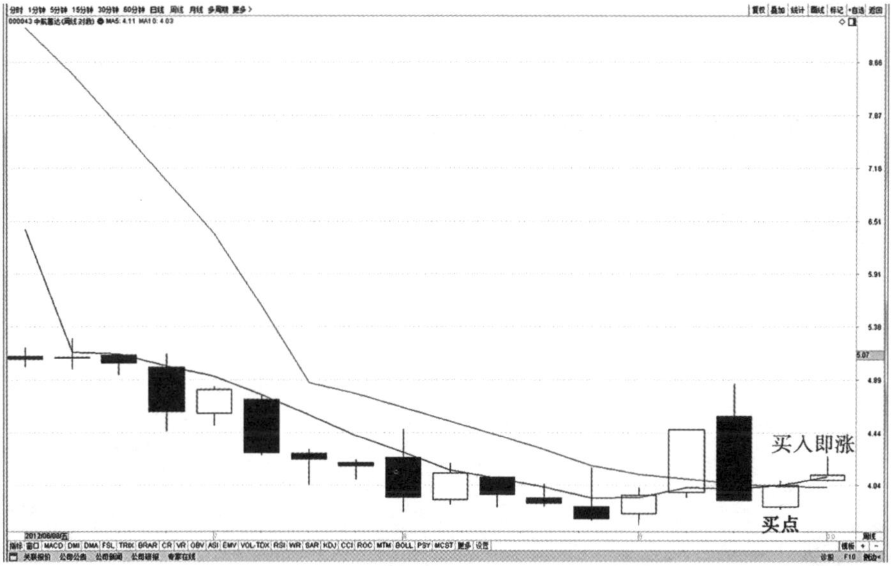

图 4-7　中航善达（000043）股价买入即涨

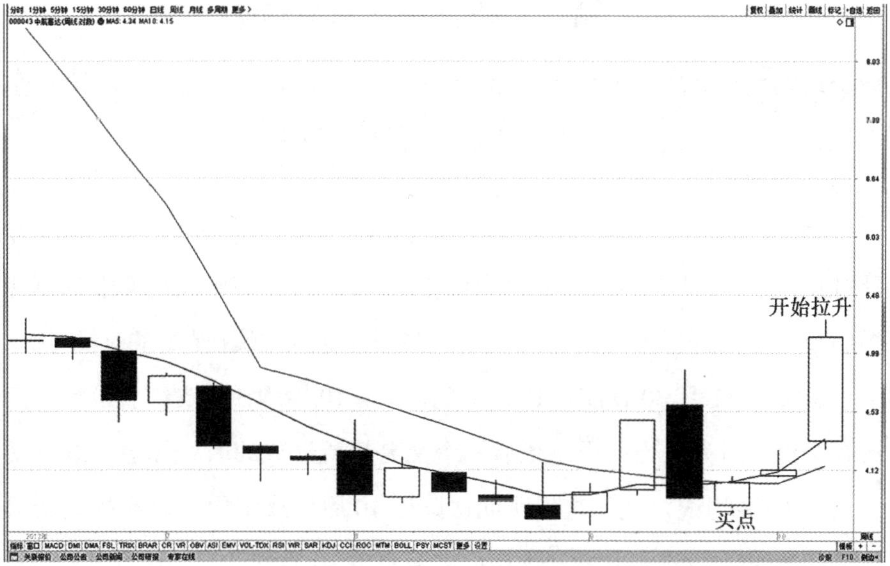

图 4-8　中航善达（000043）股价开始拉升

就在买入后的第四周，股价再次创出新高，周末从图形上看形成了流星线形态，似乎继续上行的压力在增强（见图 4–9）。我们的卖出条件是跌破 10 周均线，所以我们没有这么快就卖出该股，而是选择跟踪该股股价的趋势。

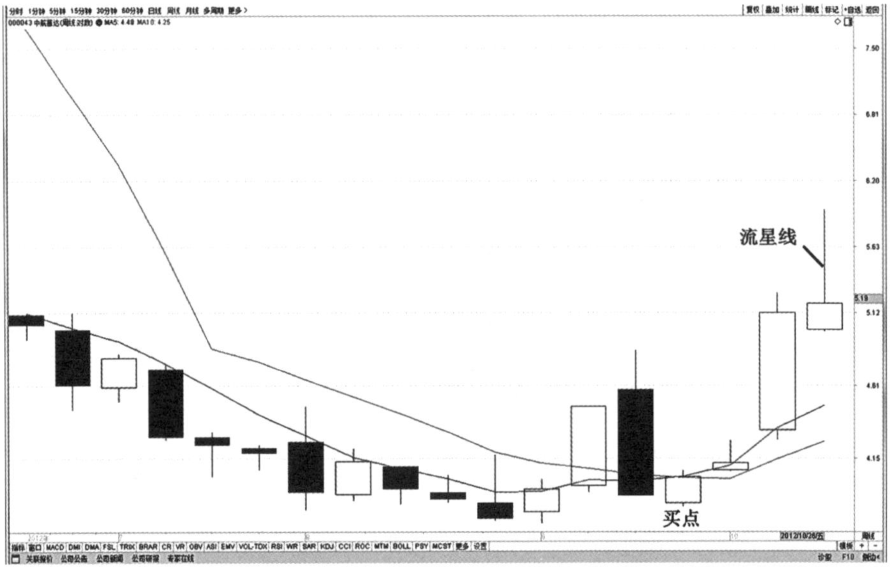

图 4–9　中航善达（000043）出现流星线

股价在回调至 5 周均线时得到了有力支撑，此时股价再次快速上涨，并且创出了新高（见图 4–10）。这可能是本次波段的最后冲刺阶段。我们时刻警惕是否有可靠的卖出信号出现，以便及时在大多数人都疯狂看好的时候离场。

2012 年 11 月 30 日前，股价一度跌破了 10 周均线的支撑。可是我们没有卖出，因为从当周周末最后一个交易日所形成的 K 线图看，股价又回到了 10 周均线之上，这说明此次跌破 10 周均线不属于可靠的卖出信号，可靠的卖出信号是周末收盘价也要跌破 10 周均线。2012 年 12 月 21 日，中航善达股价在 5 周和 10 周均线上得到支撑，始终没有跌破过（见图 4–11，4–12）。

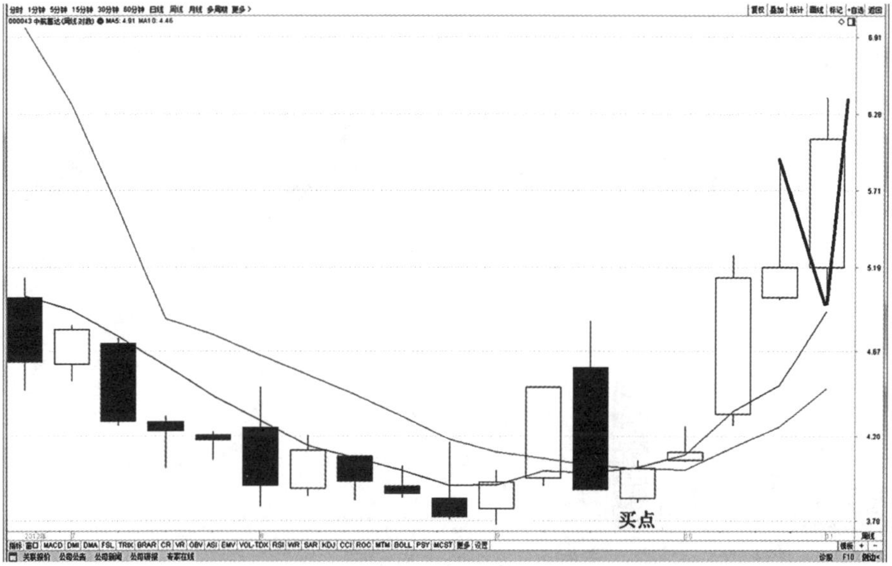

图 4-10　中航善达（000043）股价创出新高

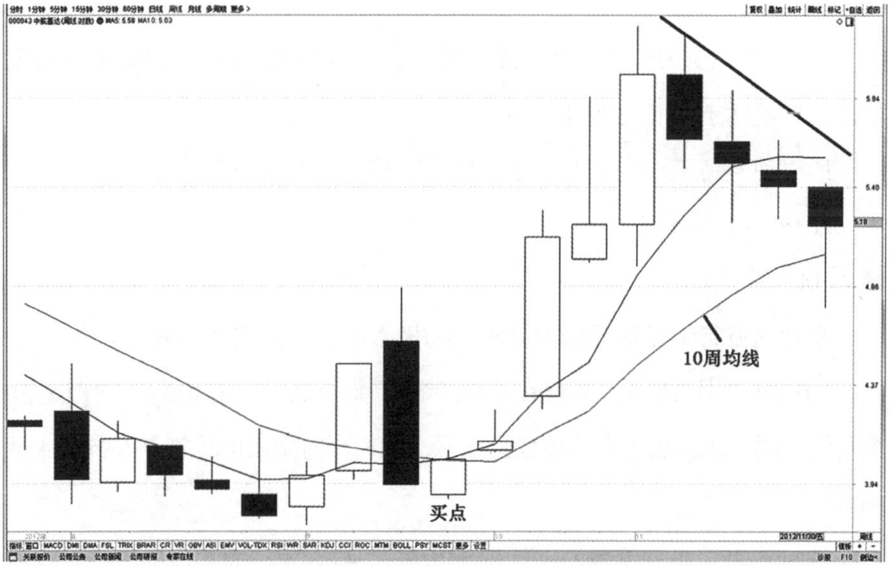

图 4-11　中航善达（000043）股价一度跌破 10 周均线

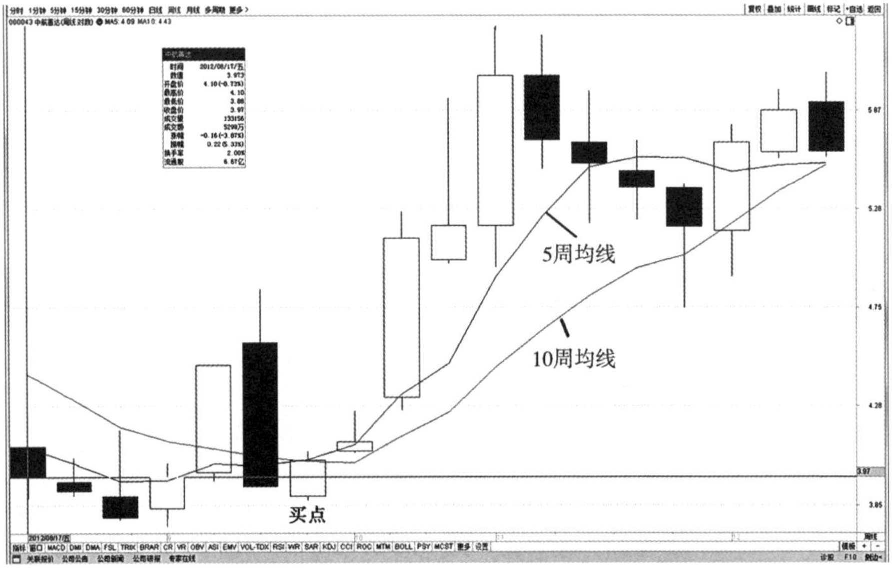

图 4-12 中航善达（000043）5 周、10 周均线支撑股价不再下跌

2012 年 12 月 28 日，中航善达股价在 5 周和 10 周均线的支撑下再度暴涨，涨幅达 19%（见图 4-13）。

所以说坚持不一定会有回报，但不坚持就什么希望都没有。

2013 年 1 月 4 日，中航善达股价再次创出更高的高点，上涨 14%（见图 4-14）。

感觉这波行情是最后的疯狂了。物极必反，一定要时刻警惕。

2013 年 2 月 22 日，股价在高位徘徊了数周之后，开始向下跌破了 10 周均线，同时也发出了卖出该股的信号，我们当时卖出的价格是 6.97 元（见图 4-15）。

回过头来看本次交易：买入时的价格是 4.06 元，而卖出的价格是 6.97 元，整个交易盈利 72%。

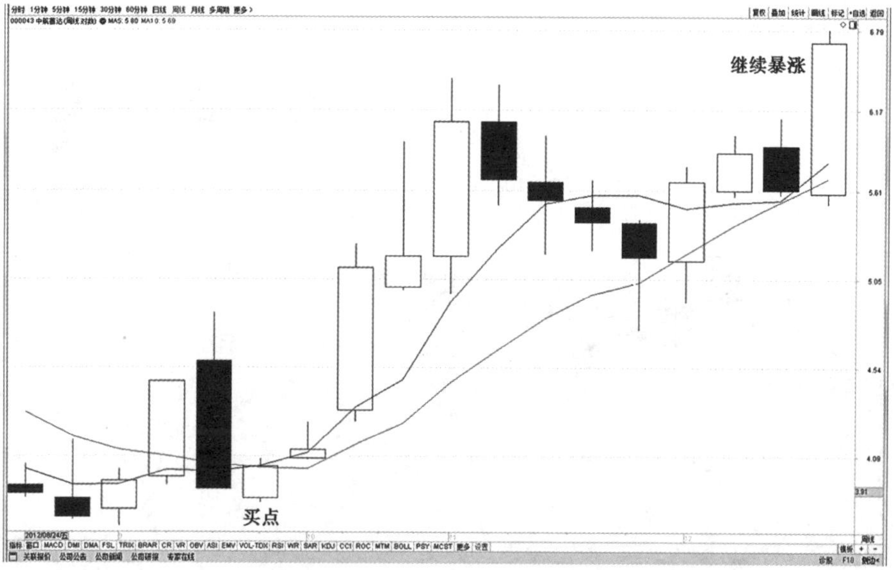

图 4-13　中航善达（000043）股价再度暴涨，涨幅达 19%

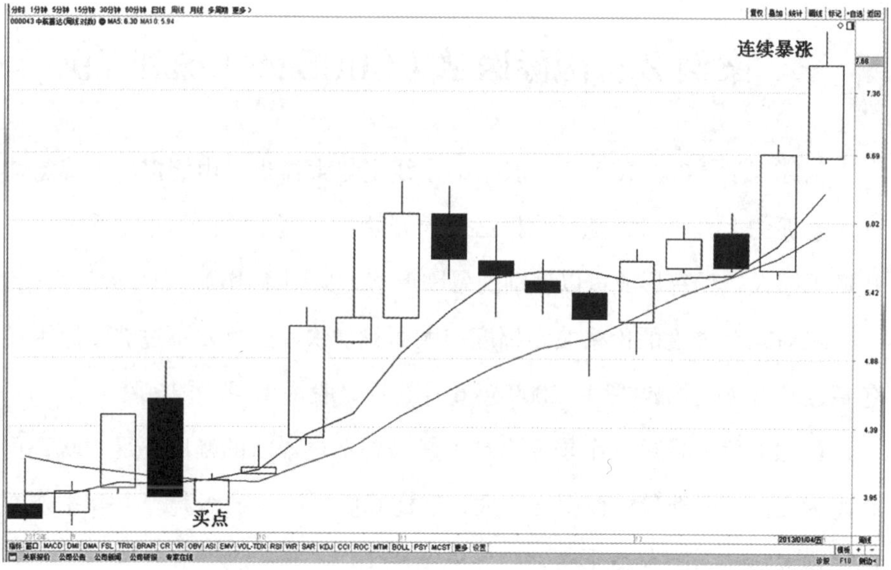

图 4-14　中航善达（000043）股价连续暴涨，涨幅为 14%

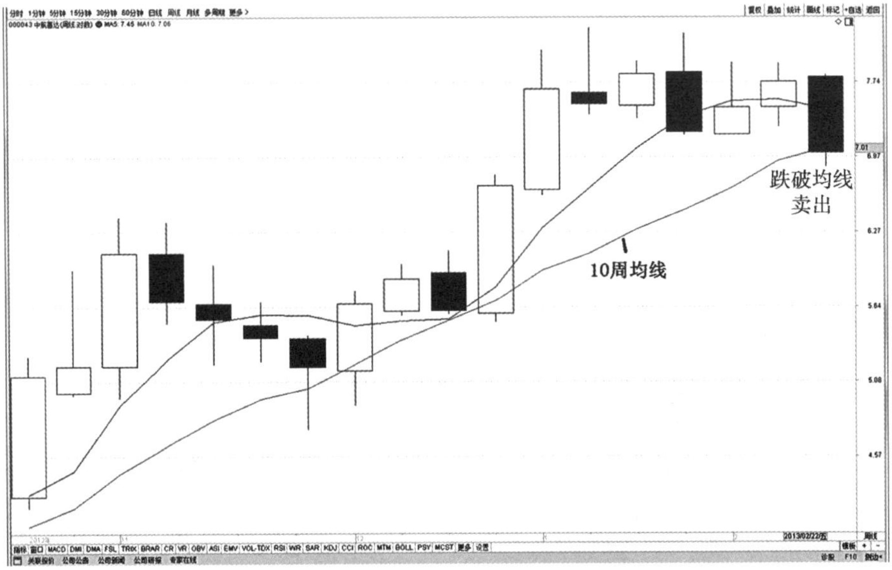

图 4-15 中航善达（000043）跌破 10 周均线，卖出

三、案例 2：国际医学（000516）盈利 79%

国际医学（000516）这只股票的季线走势大体也是由缓慢的下降趋势变为急促的上升趋势，随后物极必反，开始了快速下跌。不过单季的下跌幅度不够大，没有形成可以识别的暴跌形态（见图 4-16）。

之后几个季度的价格波动幅度加大而且加快了速度，不过波动原因还包括送转股（见图 4-17），2009 年 6 月 5 日该股每 10 股送 10 股。

虽然股价在之后一个季度出现了暴跌，不过暴跌的幅度不足 50%，可是因为之前该股股价震荡幅度很大，这样我们可以通融一下，让 48% 左右的暴跌 K 线也算进暴跌形态之内（见图 4-18）。

对于其他震荡幅度不大的就不可以这么用了。

我们将暴跌当季的收盘价的 0.9 倍作为将来的预警线。当该股未来的

图 4-16 国际医学（000516）股价的前期走势

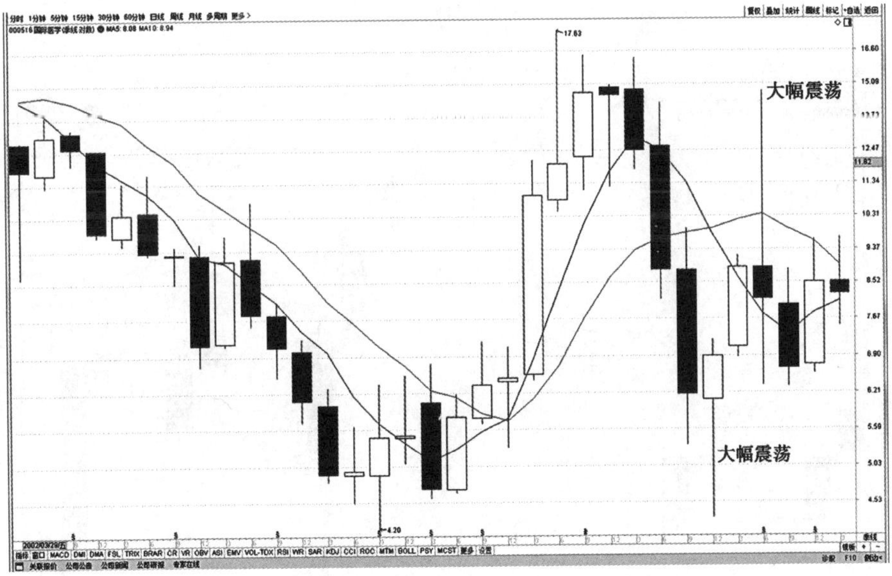

图 4-17 国际医学（000516）股价波动比较大而且快

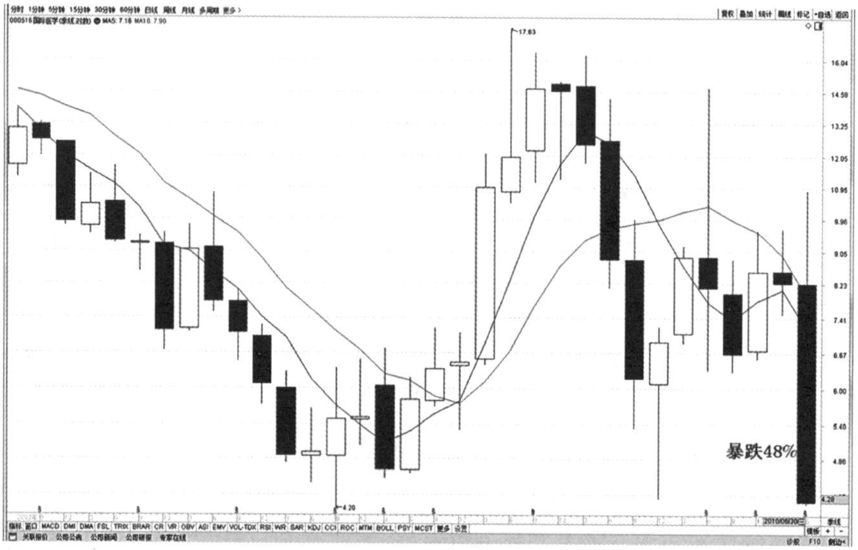

图 4-18 国际医学（000516）股价暴跌 48%

股价跌破这条线，并且收盘价跌到该预警线之下时，就是我们买入该股的最合适的时机（见图 4-19）。

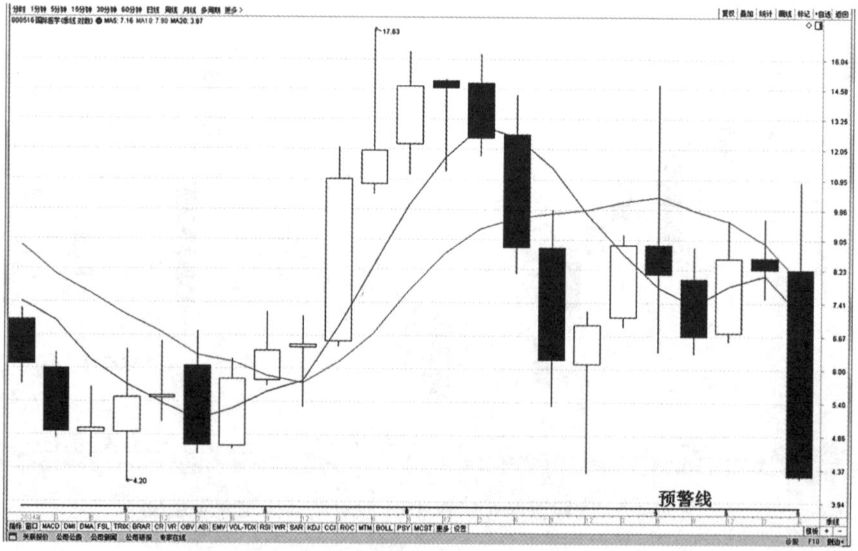

图 4-19 画出国际医学（000516）的预警线

股价不但没有跌破预警线，反而在接下来的一个季度开始了疯狂暴涨，涨幅达47%之多（见图4–20）。可是我们没有被这波暴涨诱惑，没有跟进，因为我们设置的买入条件是跌破预警线。这是纪律，一定要遵守纪律，否则很容易迷失自我。

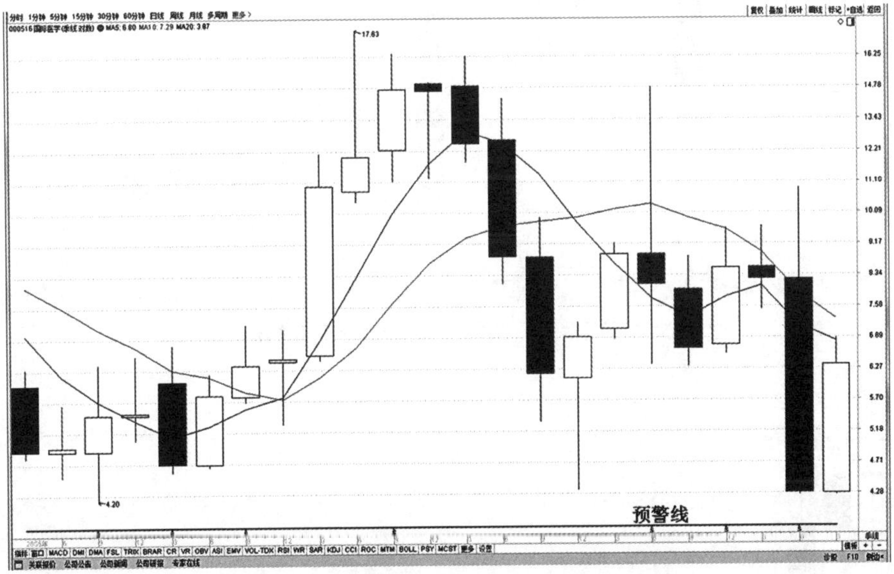

图4–20　国际医学（000516）股价暴涨47%

在未来的数个季度中，股价的高点不断降低！就在最近一个季度里，股价跌破了预警线（见图4–21）。不过由于收盘价格还处于预警线之上，所以我们没有在这个季度里买入该股。

2013年6月28日，国际医学股价再次跌破了预警线，而且本季度价格一直处于预警线之下，预计季末收盘不可能连续涨停站上预警线。所以我们在该季季末最后几个交易日买入了该股，买入价为3.50元（见图4–22）。

为了更好地跟踪后续走势，我们需要将股价走势的主图由季线周期图转换为周线周期图（见图4–23）。

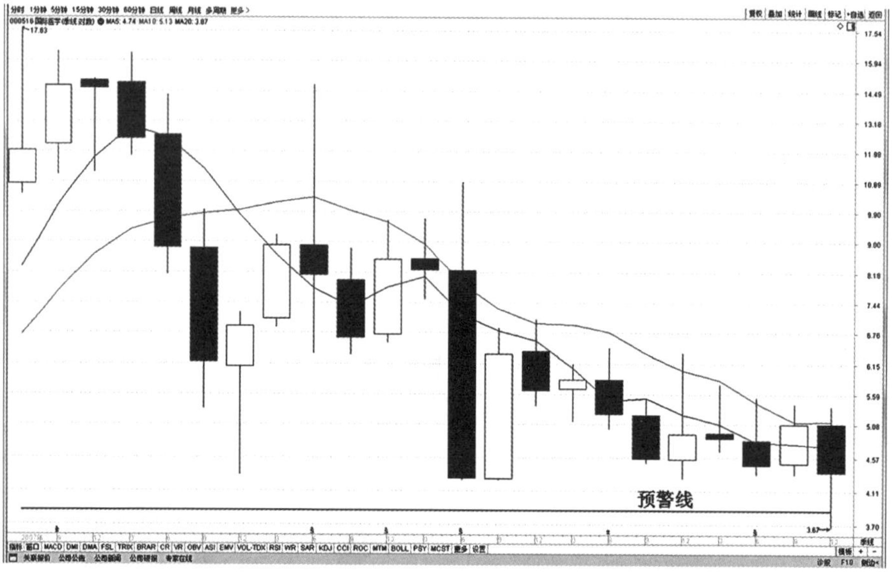

图 4–21　国际医学（000516）暴涨之后开始逐渐下跌

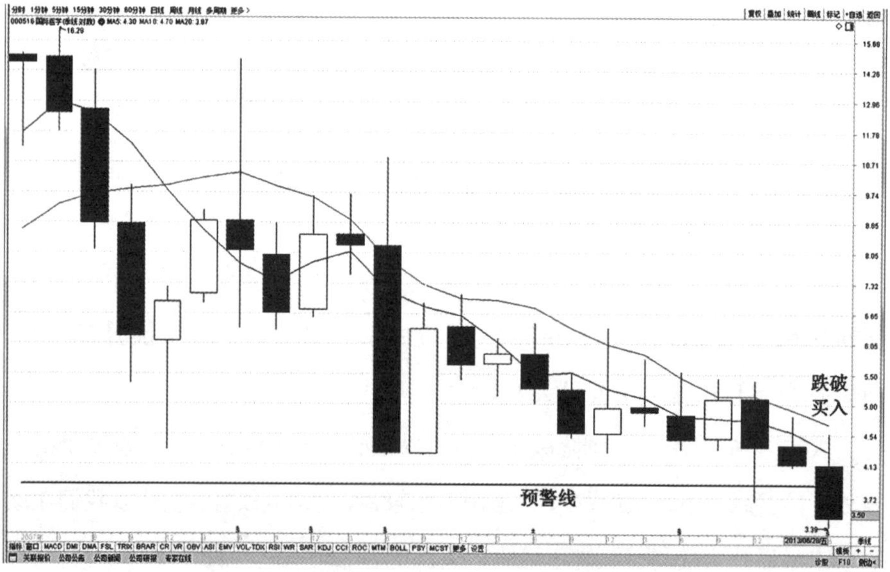

图 4–22　国际医学（000516）股价跌破预警线，买入

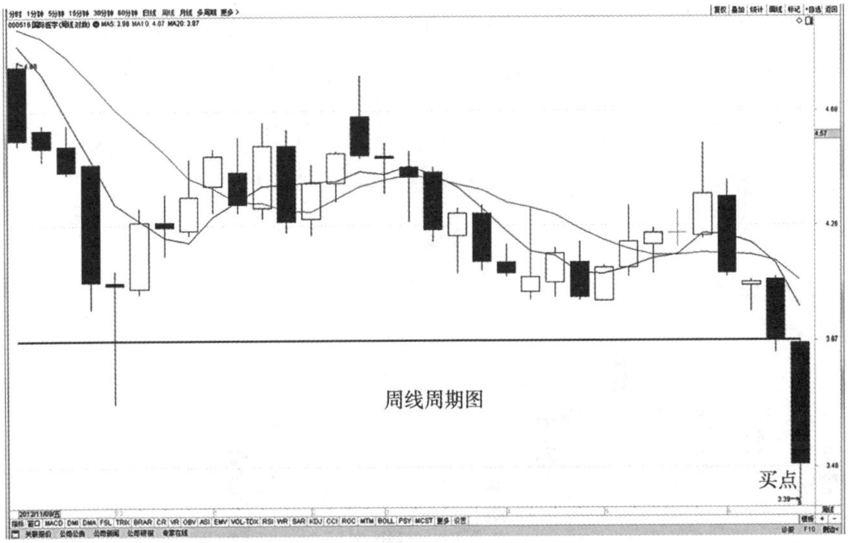

图 4-23　将国际医学（000516）股价走势主图转入周线周期图

在我们买入该股后，该股股价连续四个星期也就是接近一个月徘徊在低位而不见明显上涨（见图 4-24）。

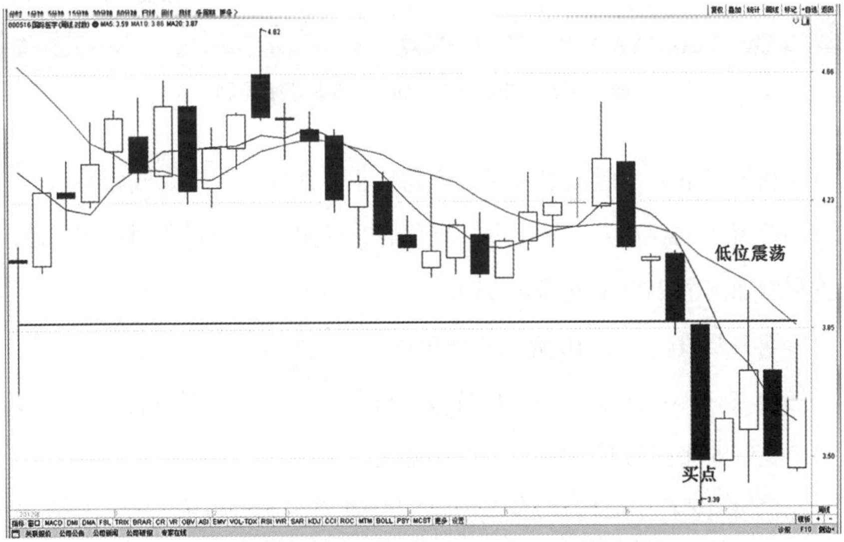

图 4-24　国际医学（000516）股价低位震荡

而在这样的行情下需要捂紧手中的股票，千万不要被震荡震飞出局。

除非你急于用钱，否则持股待涨是渡过震荡行情的最好方法。

2013 年 8 月 2 日，等了近一个月的股价终于开始了拉升。我们的账面开始有了盈利，账面盈利 16%（见图 4-25）。

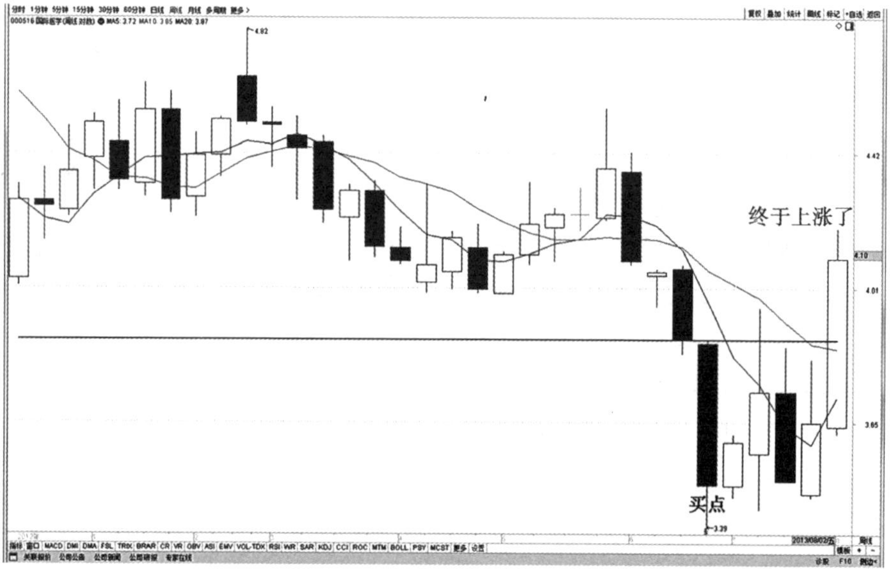

图 4-25 国际医学（000516）开始盈利

盈利虽然不多，但也很可观，毕竟总比下跌好。一定要放好心态。

2013 年 9 月 27 日，在大约一个月的时间里，股价的上涨使我们的账面盈利增加到了 29%（见图 4-26）。

后期只要股价跌破 10 周均线就可以卖出该股了。

2013 年 10 月 18 日，股价的连续上涨催生了这一周的暴涨行情，股价上涨使我们的账面盈利增加了 79%（见图 4-27）。

2013 年 12 月 13 日，股价的暴涨暂时停了下来，股价在这一周跌破了 10 周均线的支撑。我们决定在本周最后一个交易日卖出该股，卖出价格为

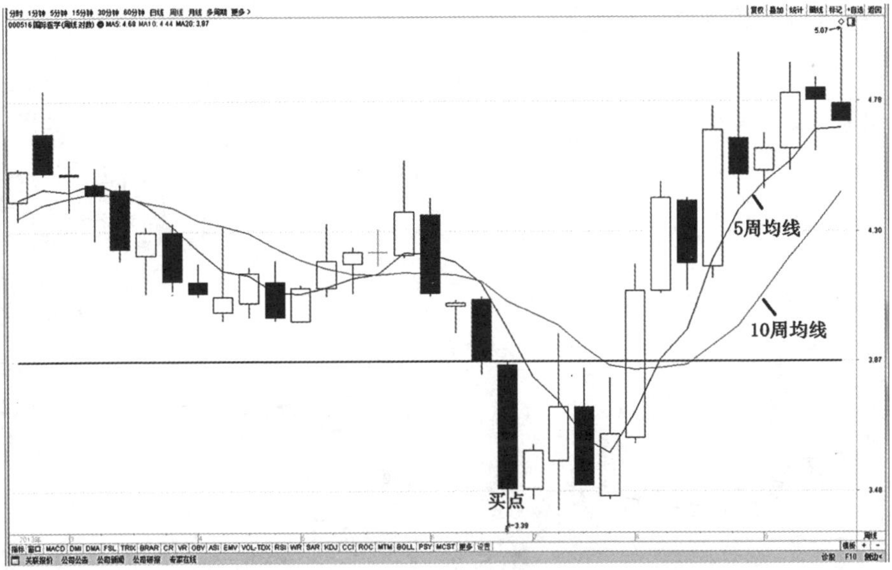

图 4-26　国际医学（000516）股价沿着均线的方向继续上涨

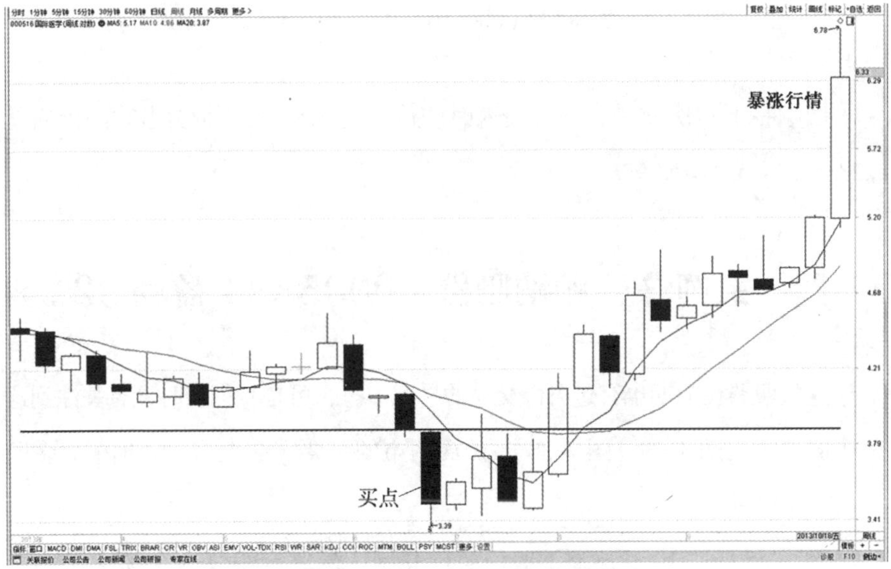

图 4-27　国际医学（000516）单周暴涨

6.28元（见图4–28）。

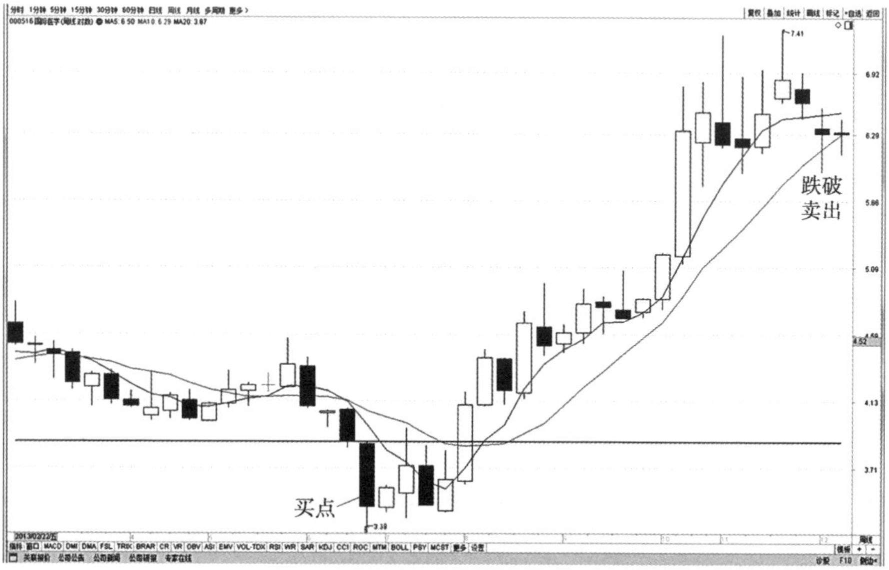

图4–28 国际医学（000516）10周均线被跌破，卖出

回顾一下本次交易，该股买入时的价格是3.50元，而卖出时的价格是6.28元，交易盈利79%。

四、案例3：顺钠股份（000533）盈利32%

这只股票在前期也有过可以交易的暴跌形态，可是我们当时没有关注到这只个股票（见图4–29、图4–30）。沪深两市的股票实在太多了，琐事太多顾不上一一留意。

2018年6月29日，顺钠股份股价开始了暴跌，跌幅达61%之多。之后股价要是再跌10%，并且季末接近收盘时的股价也在61%之下时，就是买入时机（见图4–31）。

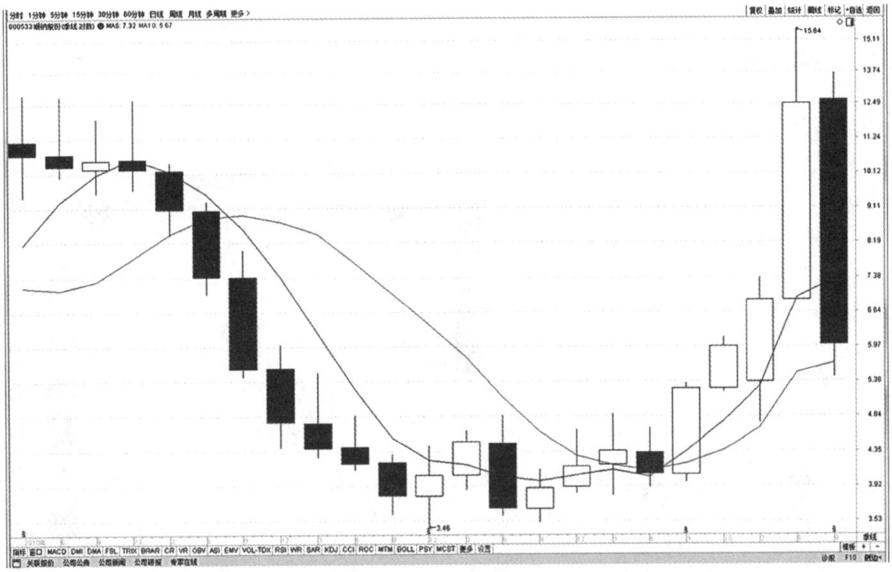

图 4–29　顺钠股份（000533）股价的前期走势

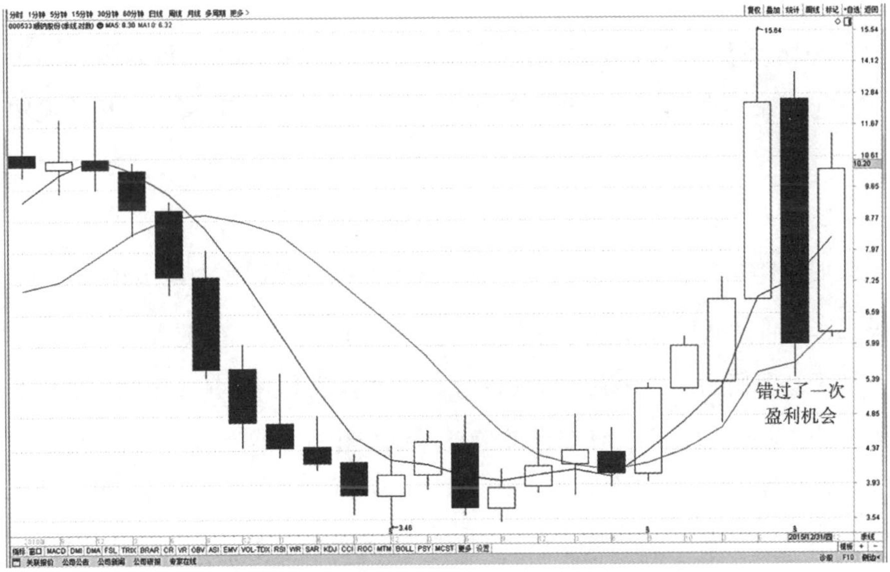

图 4–30　错过了顺钠股份（000533）一次暴跌形态的交易盈利机会

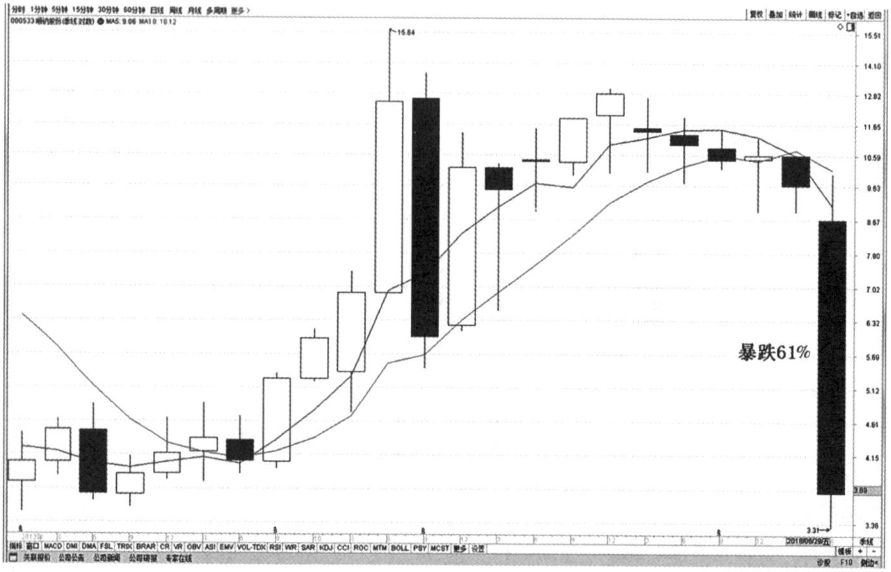

图 4-31 顺钠股份（000533）股价开始了暴跌，跌幅达 61%，预备买入

2018 年 9 月 28 日，顺钠股份股价在这一个季度中一度跌破了预警线，可是最后收盘价又站回了预警线之上，说明还没到买入时机（见图 4-32）。

2018 年 12 月 28 日，顺钠股份股价在这个季度中彻底跌破了预警线。季末股价距离预警线越来越远，说明这个季度已经彻底地跌破预警线了。反过来也说明我们等待已久的买入时机已经到了（见图 4-33）。

于是我们买入了该股，成交价为 2.55 元。我们将顺钠股份股价走势主图切换至周线周期图，便于跟踪股价后期变化，一旦跌破 10 周均线就卖出（见图 4-34）。

因为当时急于购买私人用品，所以就设置了卖出条件为“见好就收，有赚就卖”。股价只要大涨就在当周卖出。如果投资者不急于用钱的话可以等待股价上涨后再跌破 10 周均线时再卖出。

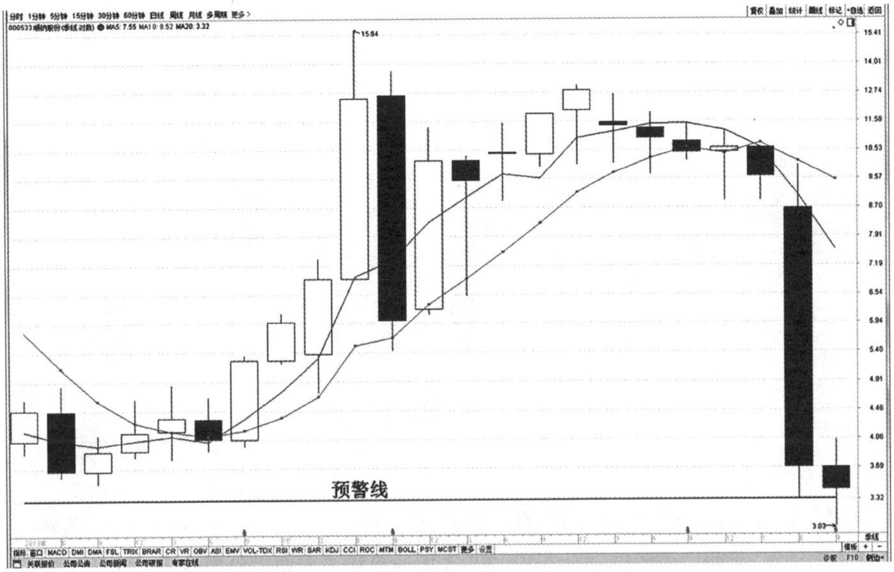

图 4-32　顺钠股份（000533）股价跌破预警线

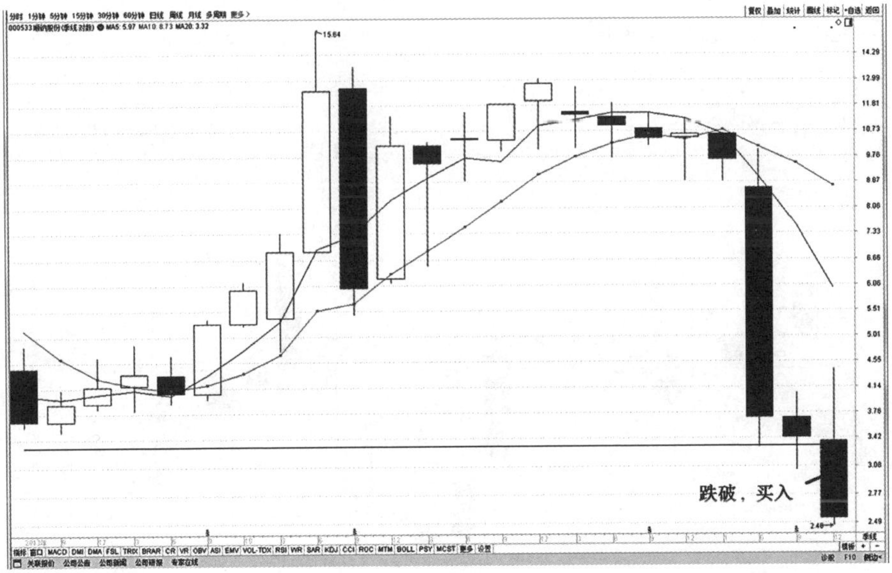

图 4-33　顺钠股份（000533）股价跌破预警线，买入

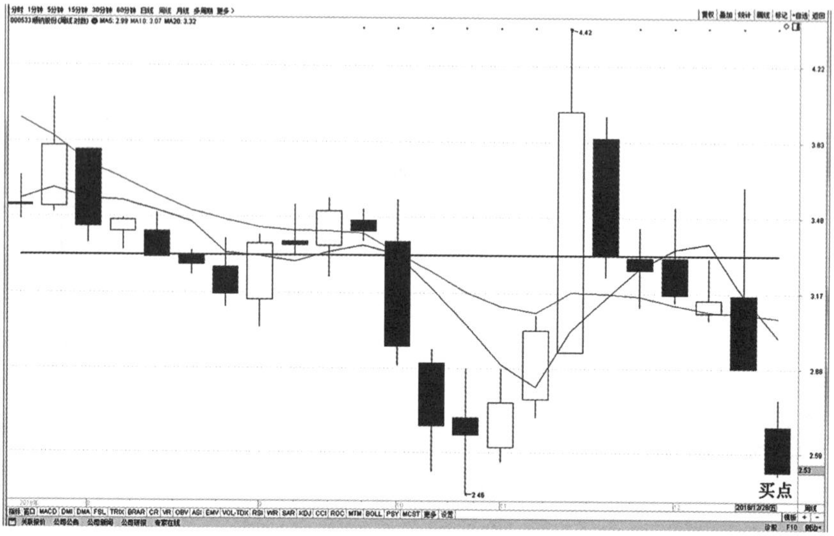

图 4–34　将顺钠股份（000533）股价走势主图切换到周线周期图

2019 年 1 月 4 日，我们急于购买私人用品，所以在周股价暴涨 33% 时提前卖出了该股（见图 4–35）。

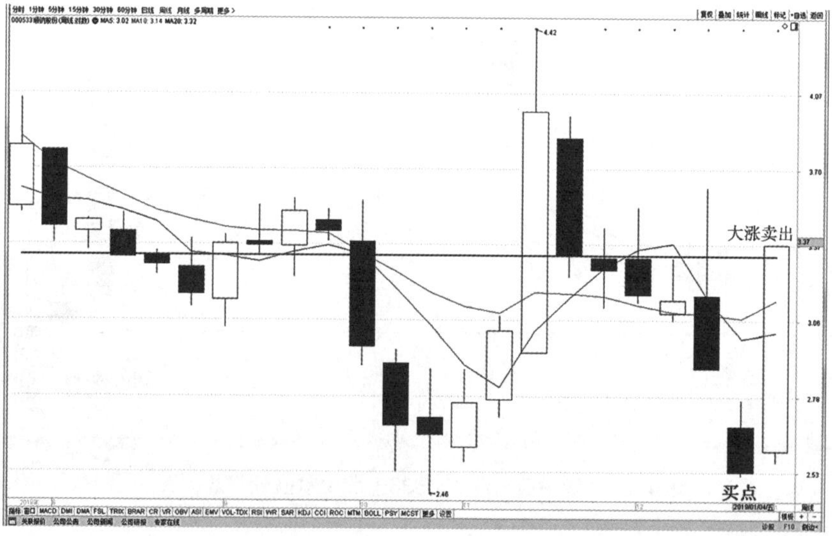

图 4–35　顺钠股份（000533）股价大涨后卖出

本次交易因为个人原因提前结束。买入价格为 2.55 元，卖出价格为 3.37 元，总盈利 32%。

如果是按正常卖出条件的话，后续还有一段升幅。

五、案例 4：佛山照明（000541）盈利 280%

2007 年第一季度，佛山照明股价突破了区间上沿的压制（见图 4-36）。

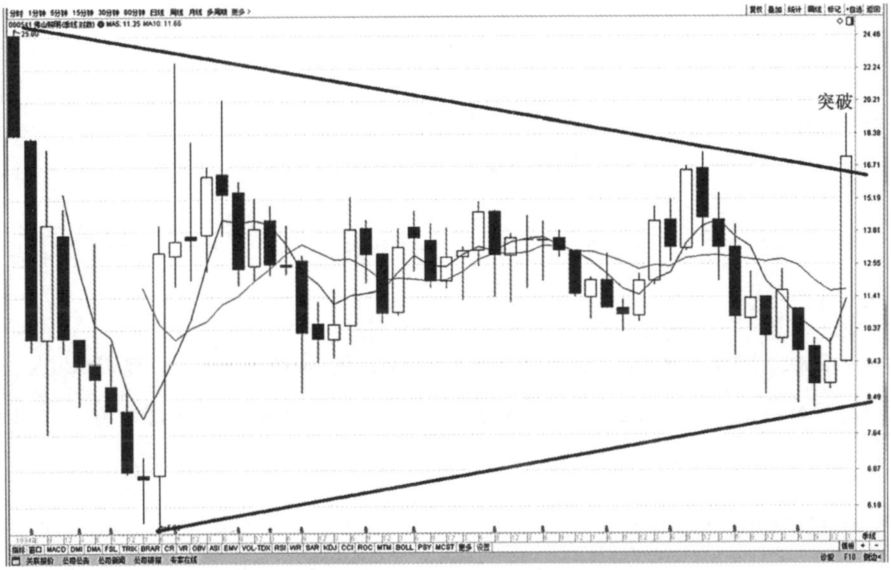

图 4-36 佛山照明（000541）股价的前期走势

未来有可能会有一波拉升，希望它拉得又快又高，这样就容易物极必反，也就容易出现我们的买入形态了。

2007 年第二季度，股价连续暴涨，遗憾的是 K 线看上去不稳当，因为上影线过长（见图 4-37）。这说明创出新高后开始了幅度不小的回落，后期继续上涨的概率在不断降低。

图 4-37 佛山照明（000541）突破后的 K 线上影线过长

2008 年第一季度，股价不但没有创出新高，而且不断加速回落下跌（见图 4-38）。

2008 年第二季度，股价跟随大盘指数的暴跌而暴跌，幅度超过了 50%，加上均线已经转头向下形成了均线的空头排列，即形成了暴跌形态（见图 4-39）。至于什么时候买入该股，还需要等待，等到股价继续下跌 10% 后才能买入该股。

为了更好地跟踪股价，方便判断买入的时机，我们设置一下，在界面上画一条预警线，就是暴跌当季收盘价格的 0.9 倍价位（见图 4-40）。之后股价要是跌破这条线并且收盘价也处于这条线之下，就是买入时机。

2008 年第三季度，股价一度跌破了我们之前设置的预警线（见图 4-41）。可是尽管如此，它的收盘价还是高于预警线的，所以还没有到最佳的买入时机，继续耐心等待时机的到来。

图 4-38　佛山照明（000541）股价加速回落

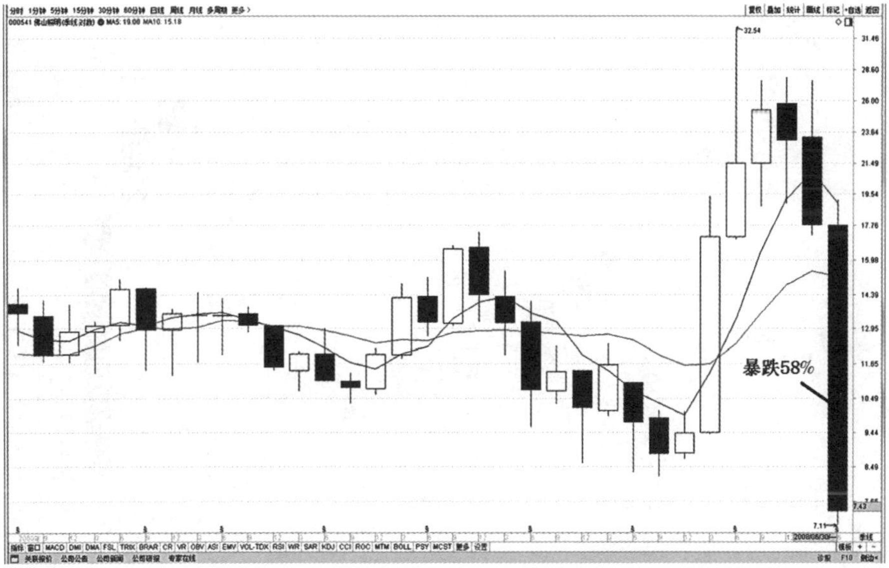

图 4-39　佛山照明（000541）股价暴跌 58%

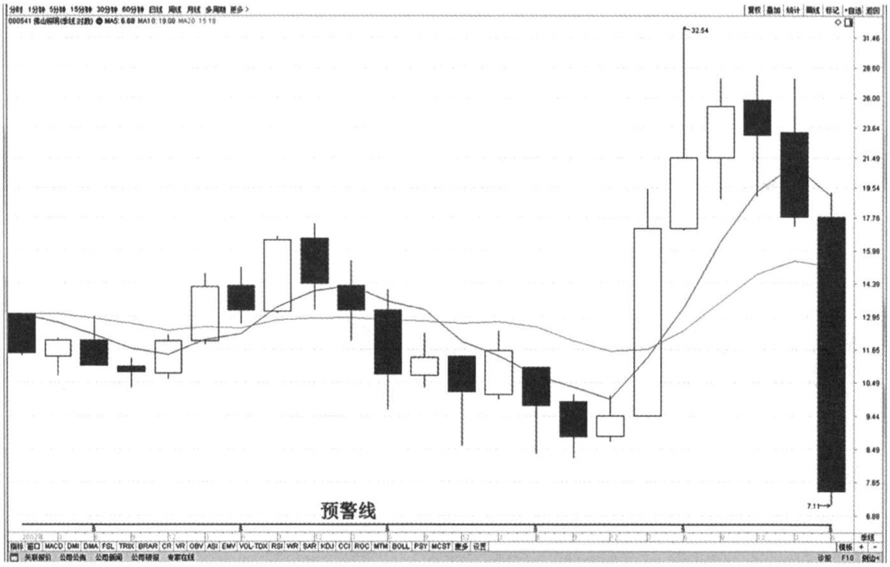

图 4–40　设置佛山照明（000541）预警线

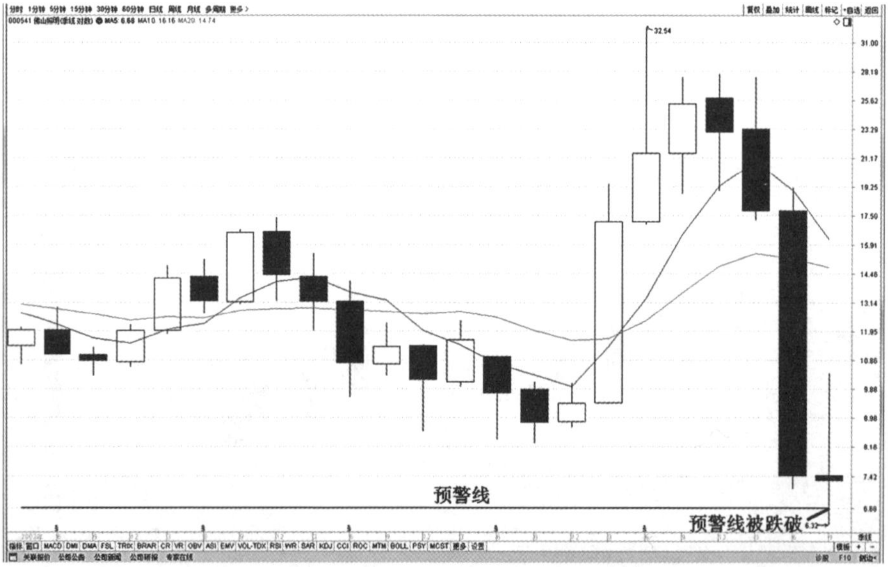

图 4–41　佛山照明（000541）预警线被跌破

时值 2008 年年底，随着大盘指数的见底回升，个股佛山照明股价也在最后一跌的过程中反转涨了上来。不过在 2008 年第四季度，股价跌破了预警线价位，而且 2008 年第四季的收盘价格也处于预警线之下（见图 4-42）。这说明看好该股的投资者可以在最后几个交易日或者 2009 年的头几个交易日择机买入了。

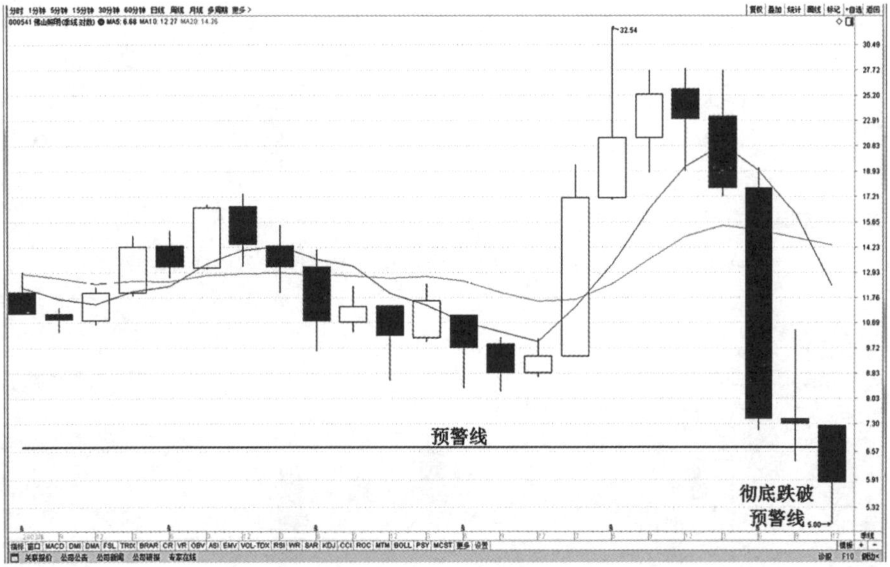

图 4-42　佛山照明（000541）预警线被跌破，买入

我们习惯性地选择了在 2008 年年底最后一个交易日买进，成交价格为 5.88 元。

为了更好地跟踪股价走势，我们将季线周期图调整到周线周期图下继续观察（见图 4-43）。

就在买入后一个多月的时间，股价迅速离开了我们的成本区，我们的账面盈利已达 78% 之多（见图 4-44）。

如果急于用钱或者有了更好的交易对象，那么这个时候可以卖出

图 4-43 将佛山照明（000541）股价走势主图转入周线周期图

图 4-44 佛山照明（000541）股价买入即涨

该股。

如果不急于用钱，也没有更好的交易对象，那么就需要等到股价跌破10周均线之后再行卖出。

2009年4月10日，股价连续拉升，涨势使得我们的账面盈利达到了214%之多（见图4-45）。

图4-45　佛山照明（000541）股价出现均线多头排列形态，股价连续拉升

只要坚持，并且坚持得对，总会有回报！

2009年8月7日，股价虽然一直在上涨，可是从上一周的K线来看，已经跌破了10周均线的支撑。本周股价又出现了幅度不小的下跌，虽然股价没有彻底跌破10周均线，可是均线多头排列有变缓慢的趋势，感觉继续上涨的力度已经减弱了。综合考虑之后我们选择了在当周周末卖出该股，本次交易盈利280%（见图4-46）。

图 4–46　佛山照明（000541）股价继续上涨的力度减弱，卖出

六、案例 5：南京高科（600064）盈利 17%

2007 年，南京高科（600064）的股价不断创出新高，可是在高位出现了长上影线以及陆续出现的近似十字星的 K 线形态（见图 4–47）。未来还会不会继续上涨很难说。

到了 2008 年，南京高科股价随着大盘的暴跌而下跌，但没有一个季度是暴跌幅度超过 50% 的（见图 4–48）。

2009 年第三季度至 2010 年第一季度，有两个季度的 K 线形成了十字星形态，这说明自 2009 年以来的上涨行情估计是到头了（见图 4–49）。

2010 年第二季度，南京高科股价跌了 59.9%，形成了暴跌形态（见图 4–50），接下来我们要设置一条预警线。

预警线设置为暴跌当季收盘价格的 0.9 倍（见图 4–51）。以后只要股

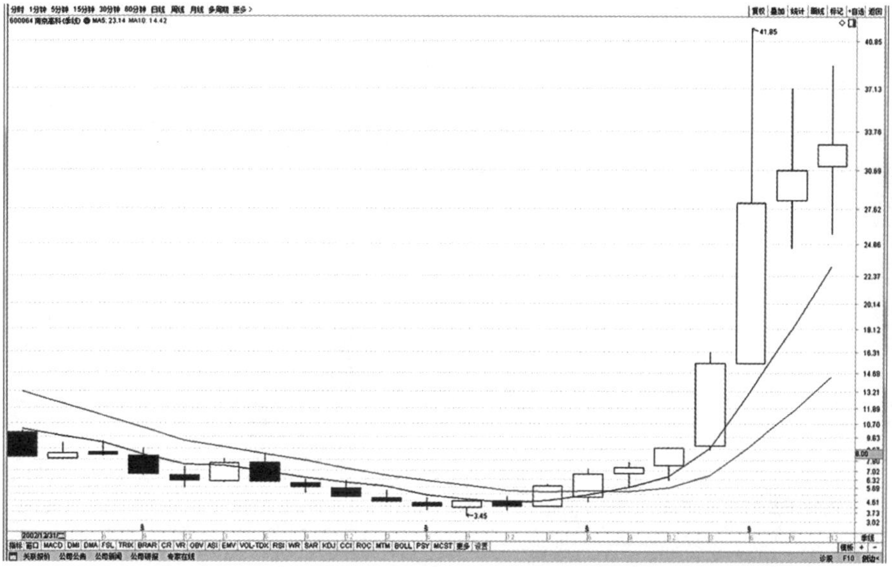

图 4-47 南京高科（600064）股价的前期走势

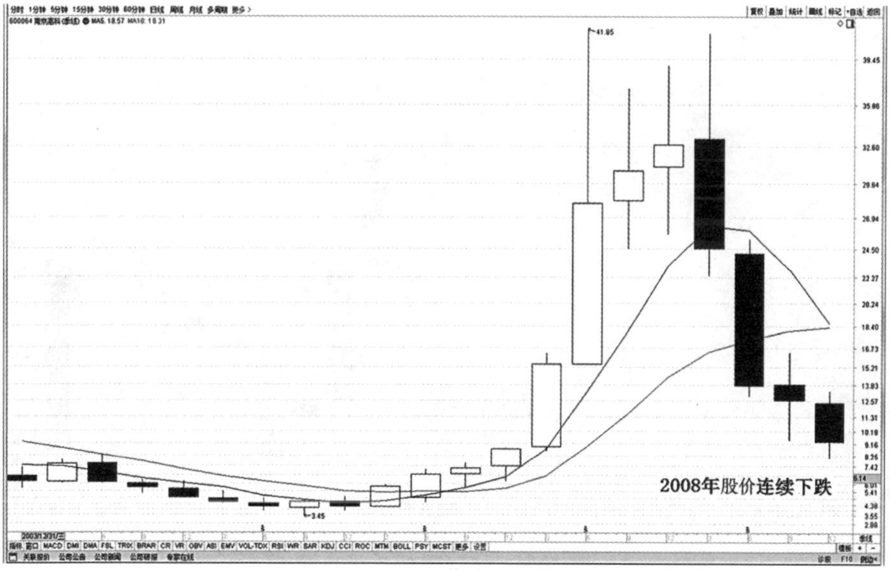

图 4-48 2008 年南京高科（600064）股价连续下跌

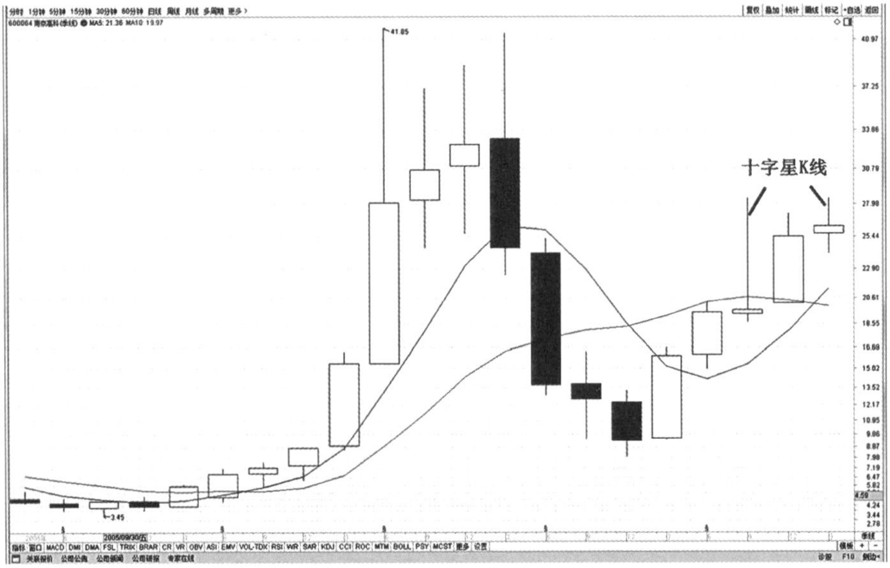

图 4-49 南京高科（600064）三个季度出现两个十字星 K 线

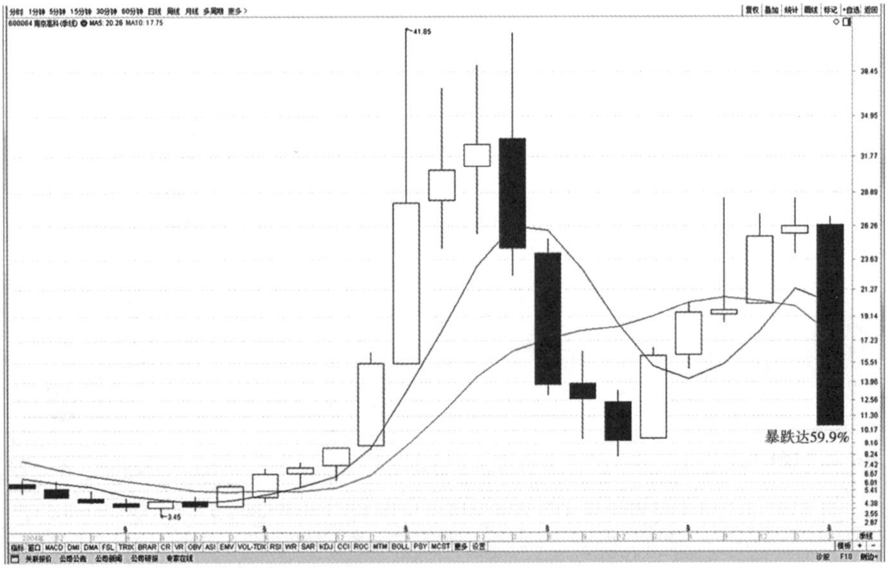

图 4-50 南京高科（600064）暴跌行情出现，跌幅超过 50%

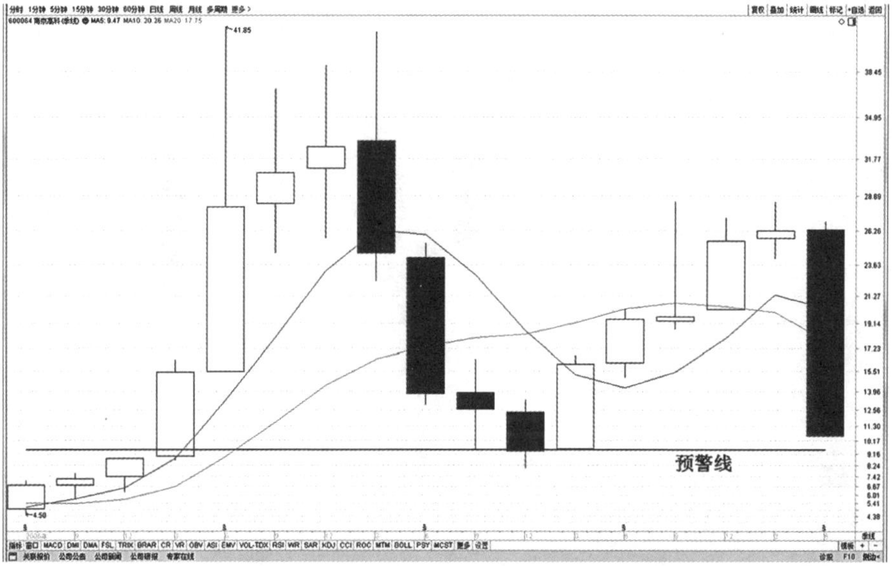

图 4–51　为南京高科（600064）设置预警线

价的季线收盘价处于该线以下，当季季末前的最后几个交易日就是买入时机。

在接下来的三个季度，预警线依然没有被跌破，而且股价不断反弹，（见图 4–52）。对于这样的情况我们需要冷静，不能盲目跟风追涨。

在连续三个季度上涨之后，股价开始了报复性的连续三个季度下跌。关键是最近一个季度的收盘价已经跌破了预警线，是时候买入该股了，成交价格为 9.03 元（见图 4–53）。

切换到周线周期图的目的是随时准备卖出（见图 4–54）。因为周线周期图比季线周期图要灵敏，但是日线周期图又过于灵敏，所以我们一般都是以周线周期图为主来判断是不是该卖出该股票。

2012 年 1 月 6 日股价盘中一度小跌了 3%，可是这 3% 不是我们的止损底线，所以我们继续持股待涨（见图 4–55）。

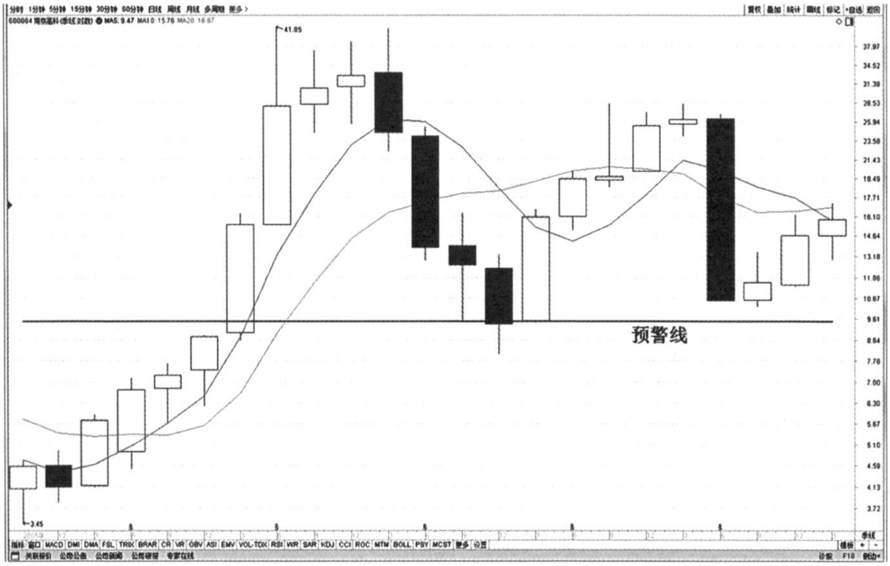

图 4-52 南京高科（600064）股价没有马上跌破预警线

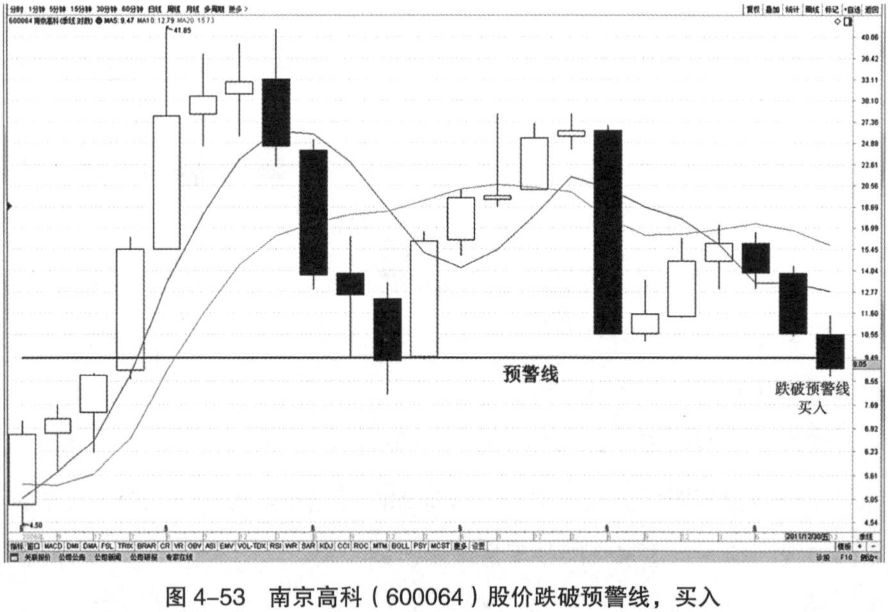

图 4-53 南京高科（600064）股价跌破预警线，买入

图 4-54　将南京高科（600064）股价走势主图切换到周线周期图

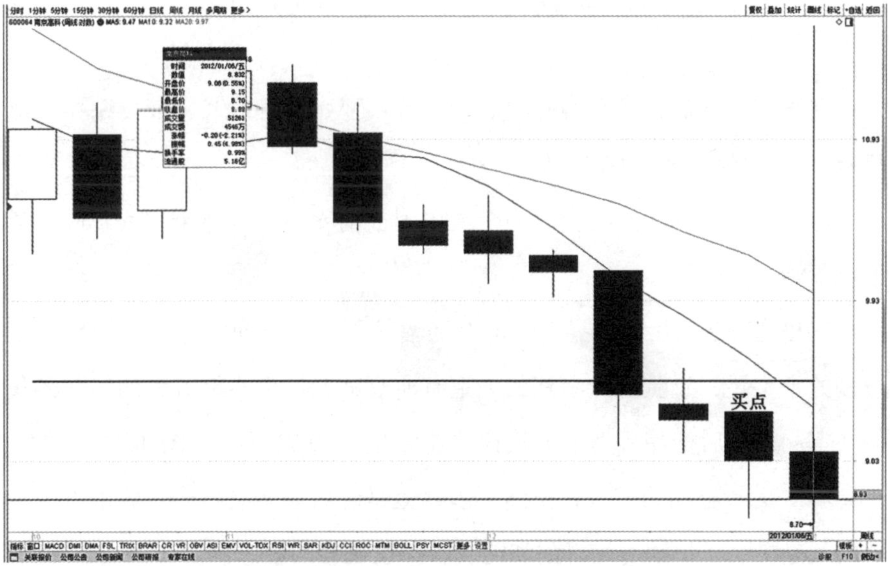

图 4-55　南京高科（600064）股价小幅下跌

股价连续两周拉升之后，我们的账面盈利已有10%（见图4–56）。

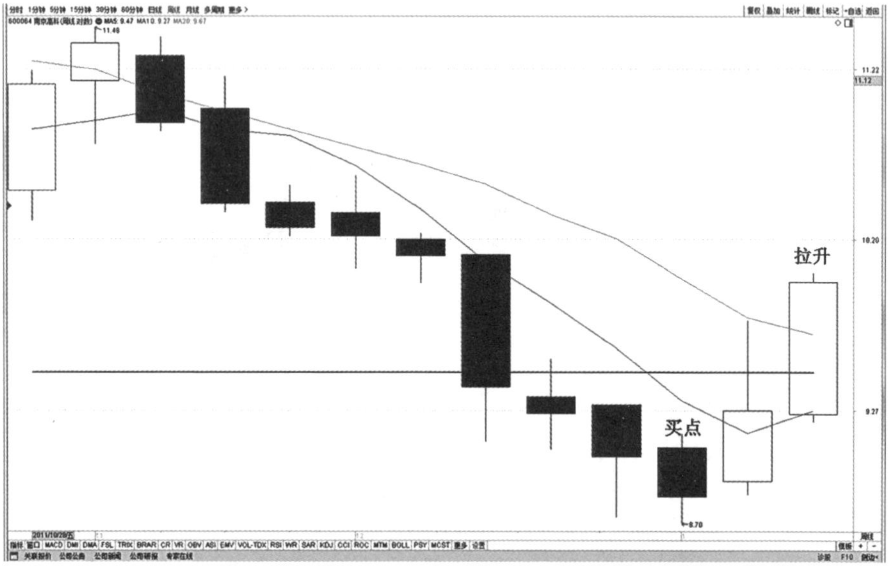

图4–56 南京高科（600064）股价连续两周拉升

在小有收获后，不要嫌弃盈利少，也不要嫌弃用时长，而要坚持，也只有坚持，坚持到卖出信号出现。

但是人是活的，有时会因为个人原因提前卖出，或急于用钱，或感觉形势不妙。

2012年3月16日，鉴于股价上涨幅度不小了，而且连续数周出现了过多的十字星，感觉继续上涨的力道有所衰减，加上本周大跌的局面，我们在本周末最后交易日卖出了该股，成交价为10.52元（见图4–57）。

本次交易盈利约17%，虽然不多，但是之后还会有机会。股市里最不缺的就是机会，最缺的是忍耐和能及时抓住机会的敏感性。

在我们卖出该股之后，预警线提供的后续盈利机会还很多（见图4–58）。

持续关注该股的在后续走势中也会赚得盆满钵满！

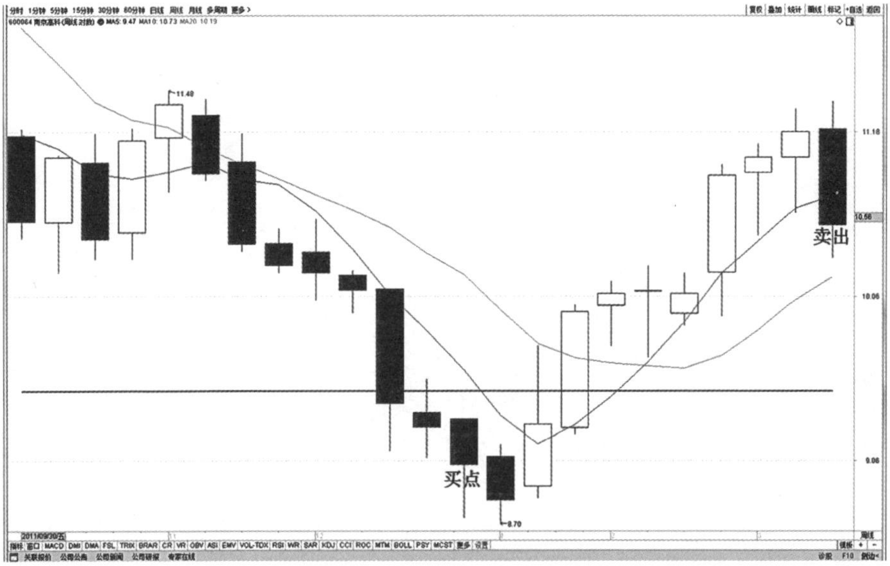

图 4-57　南京高科（600064）出现过多十字星，大阴 K 线太刺眼，提前卖出

图 4-58　后期南京高科（600064）预警线提供的盈利机会不少

第五章

暴跌形态四：暴跌后又连续下跌两个季度

一、暴跌后又连续下跌两个季度的暴跌形态（季线）

本形态不需要均线处于多头排列或是空头排列，只要把股价深度暴跌之后，又下跌了两个季度作为买入信号即可（见图 5-1）。

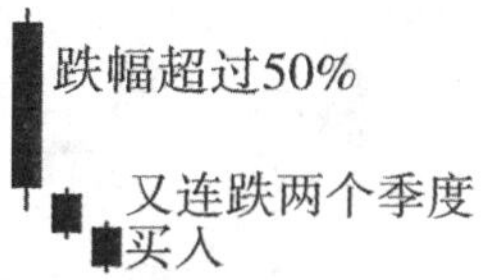

图 5-1　暴跌后又连续下跌两个季度的暴跌形态

时间是对死扛的投资者最后的折磨，如果经不起时间的考验，大多数持股的投资者都会选择割肉卖出手中的股票。

这样低的价格会让主力机构捡到便宜，而我们遇到这个形态也可以跟上庄家机构的步伐——买入。

至于卖出标准，没有定法，可以使用周线周期图上的均线指标进行操作。

下面开始解说这个形态下的交易案例。

二、案例 1：深康佳 A（000016）盈利 57%

个股深康佳 A（000016）之前的股价长期处于下降趋势之中，不过还没有一个季度跌幅超过 50%（见图 5-2）。

2006 年、2007 年，随着大盘指数的暴涨之势，个股深康佳 A 股价被迅速拉升（见图 5-3）。不过在高位时我们可以看到 K 线上有一个长上影线，这预示股价未来继续维持上涨走势会有很大的障碍。

继大盘指数暴跌开始，深康佳 A 的股价也随之暴跌。2008 年第二季

图 5-2 深康佳 A（000016）的前期走势

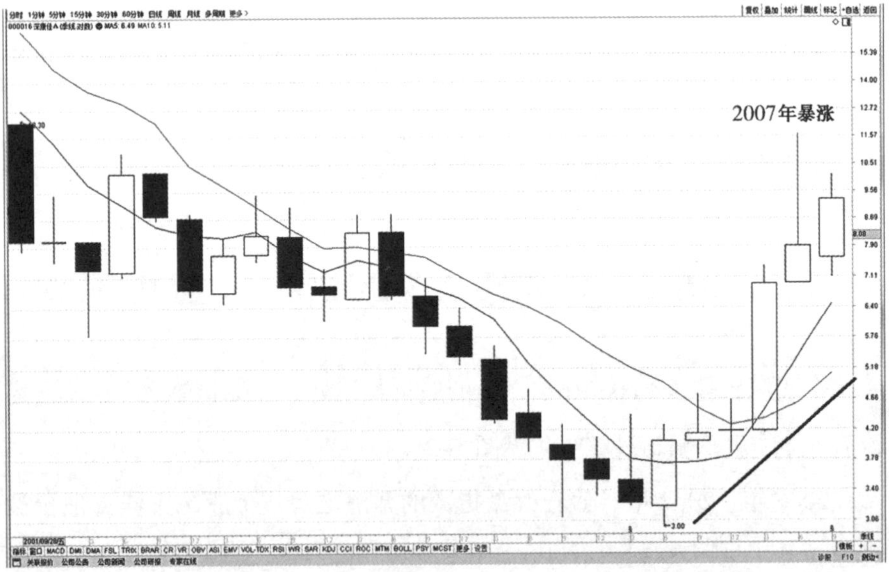

图 5-3 2007 年深康佳 A（000016）股价暴涨

度该股股价跌幅已达 53%，超过了 50%（见图 5–4）。

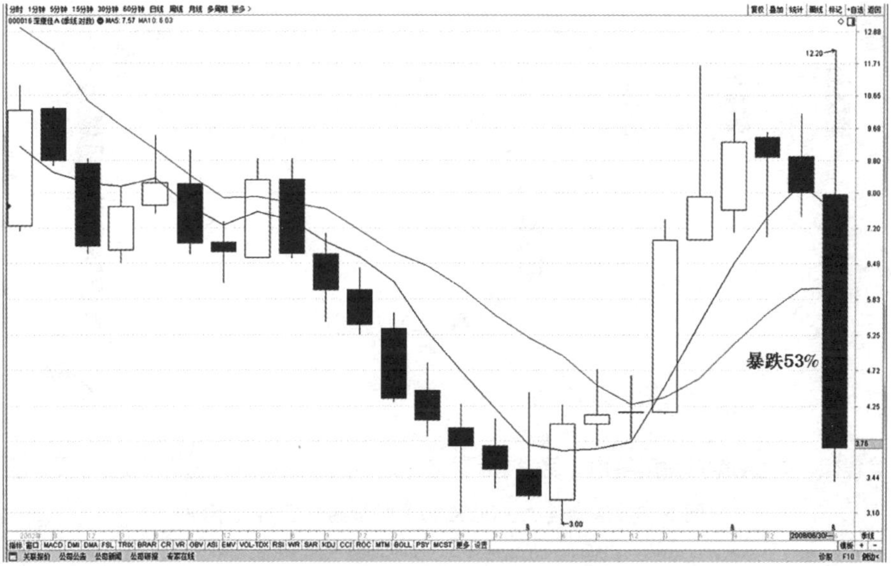

图 5–4　深康佳 A（000016）股价暴跌超过 50%

接下来，如果股价在两个季度中都相继下跌的话，就可以在第二个下跌季度的最后一两个交易日收盘前买入该股。

2008 年第三季度，股价继续大幅震荡下行（见图 5–5）。如果下一个季度还是下跌的话，我们就买入该股。如果股价不继续下跌的话，我们就寻找其他的投资目标。

2008 年第四季度最后一个交易日结束前，我们看到股价在暴跌 53% 之后又连续下跌两个季度，达到了本形态的买入标准（见图 5–6）。买入刻不容缓，成交价格是 3.16 元。

还是老套路，将股价走势主图切换到周线周期图，以便于跟踪股价的后续走势，寻找卖点（见图 5–7）。

买入后第二周股价上涨了 4%，第三周上涨了 3%，而连续持股一个月之后，账面盈利已达 25% 了，真正实现了买入即涨（见图 5–8）。

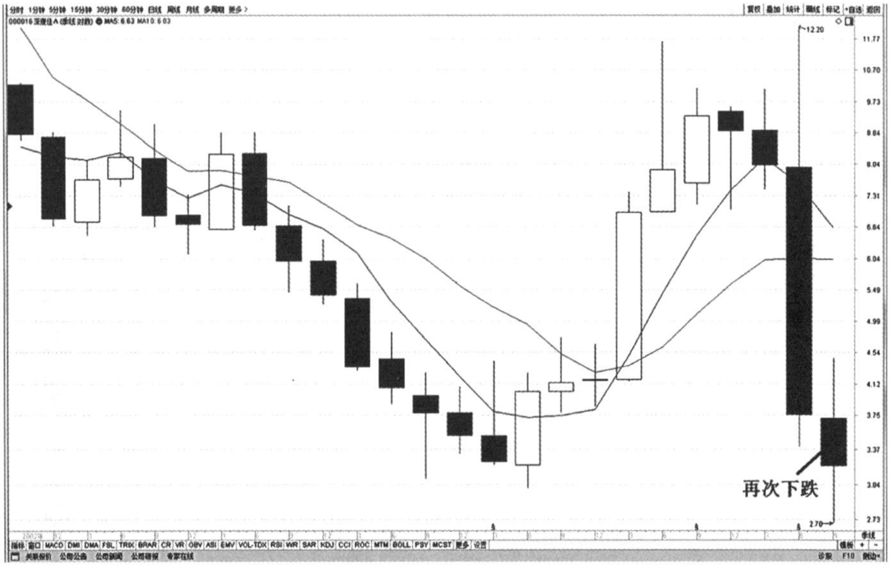

图 5–5　深康佳 A（000016）股价暴跌后再次下跌

图 5–6　深康佳 A（000016）股价暴跌后两次下跌，买入

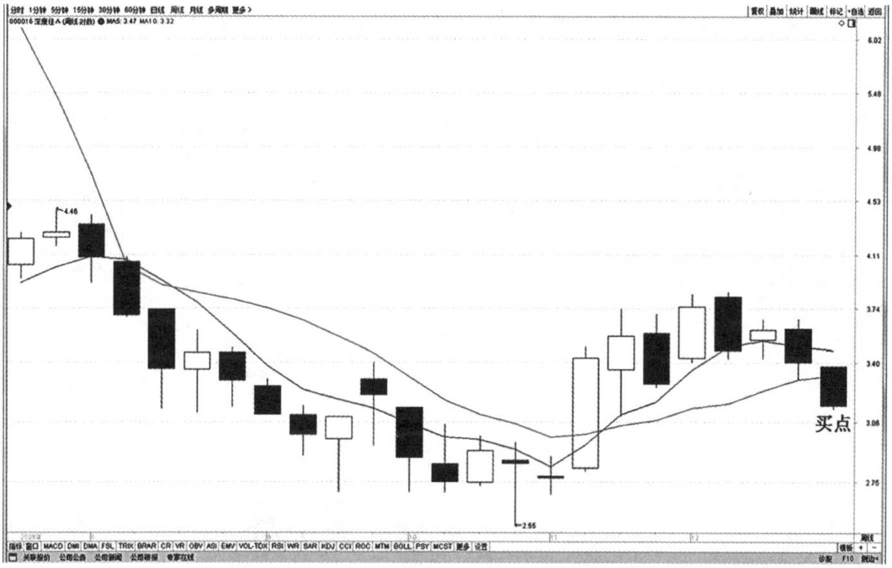

图 5-7　将深康佳 A（000016）股价走势主图切换至周线周期图

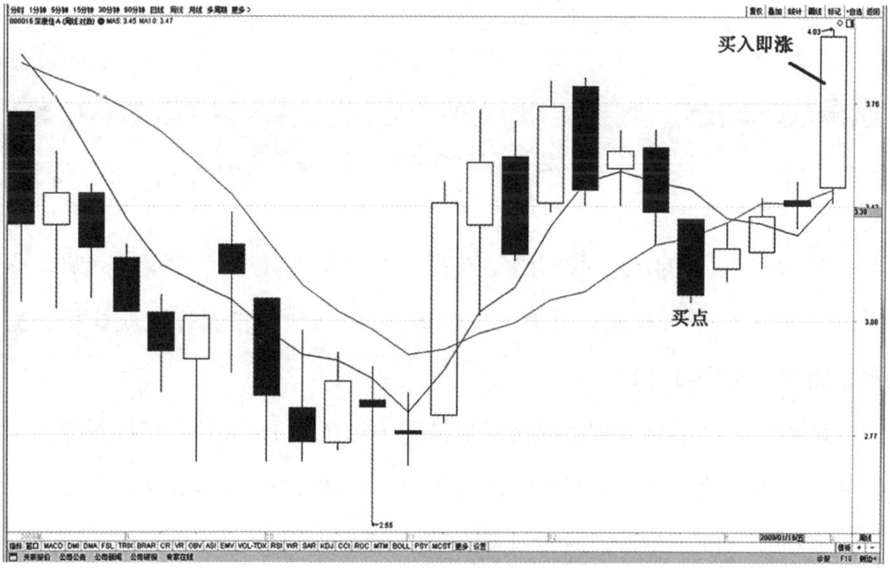

图 5-8　深康佳 A（000016）股价买入即涨

不要计较用时过长，也不要计较利润太少，只要坚持到卖出信号出现，利润一定不会让你失望。

在接下来的一周，股价继续上涨了 21%，这使得我们的账面盈利增加到了 46%（见图 5-9）。

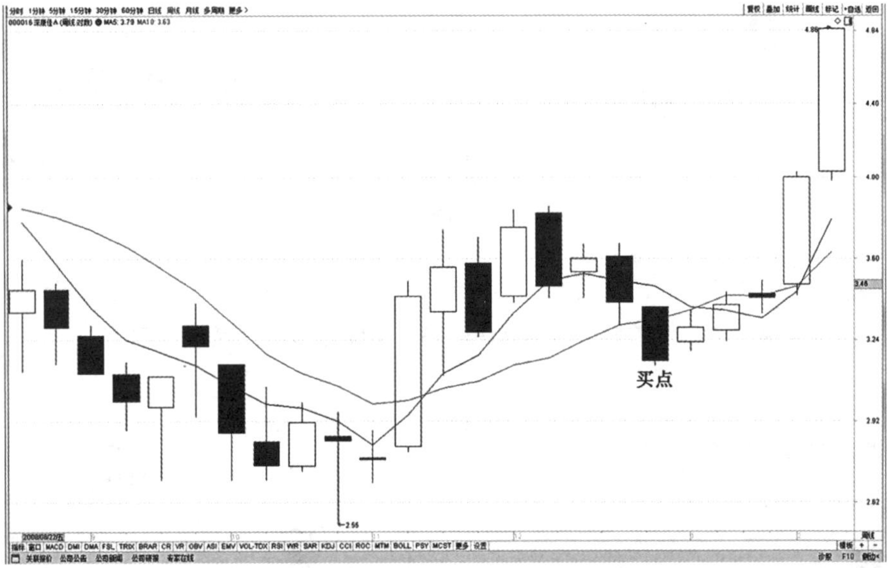

图 5-9 深康佳 A（000016）股价又暴涨了 21%

2009 年 4 月 24 日，我们感觉该股的 10 周均线有转头向下的趋势，预示着股价在不久的将来有可能出现跌破 10 周均线的情况，这就让我们提高了警惕（见图 5-10）。

股价在上涨后期出现了滞涨横盘整理（见图 5-11）。这个情况跟遇到了十字星 K 线形态类似，要是再不能有效向上突破，我们就考虑卖出该股。

2009 年 6 月 12 日，股价连续下跌并跌破了 10 周均线一直以来的支撑！我们毫不犹豫地在该日收盘前的最后几分钟卖出了该股，成交价格为 4.95 元（见图 5-12）。

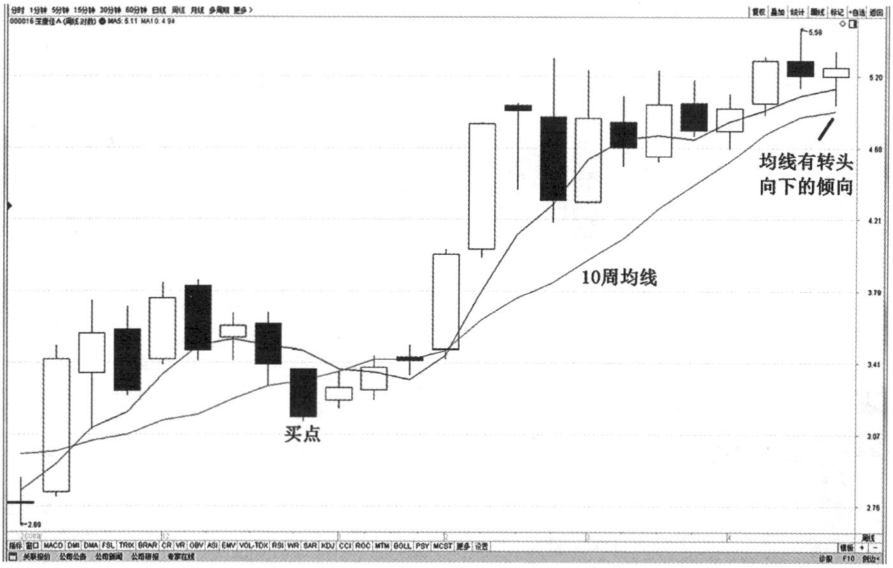

图 5-10　深康佳 A（000016）10 周均线有转头向下的趋势

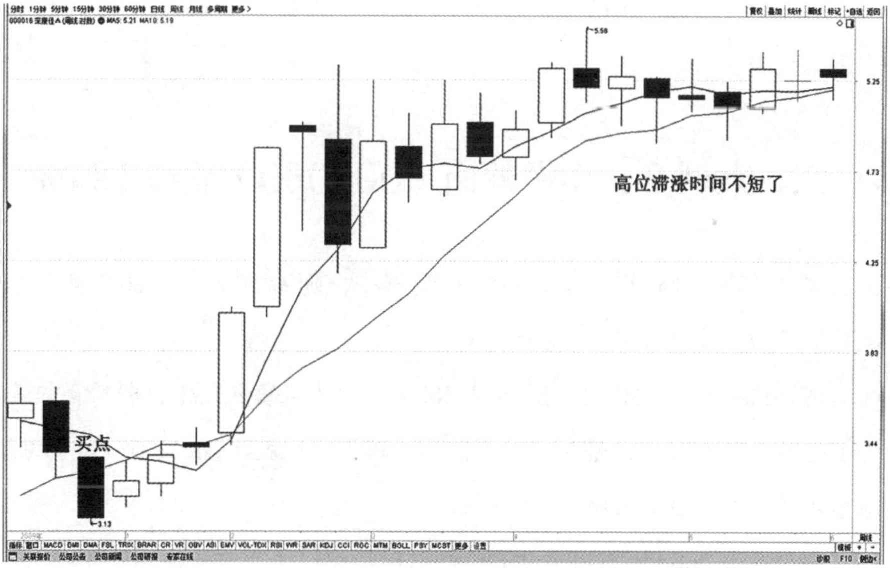

图 5-11　深康佳 A（000016）股价在高位长时间滞涨

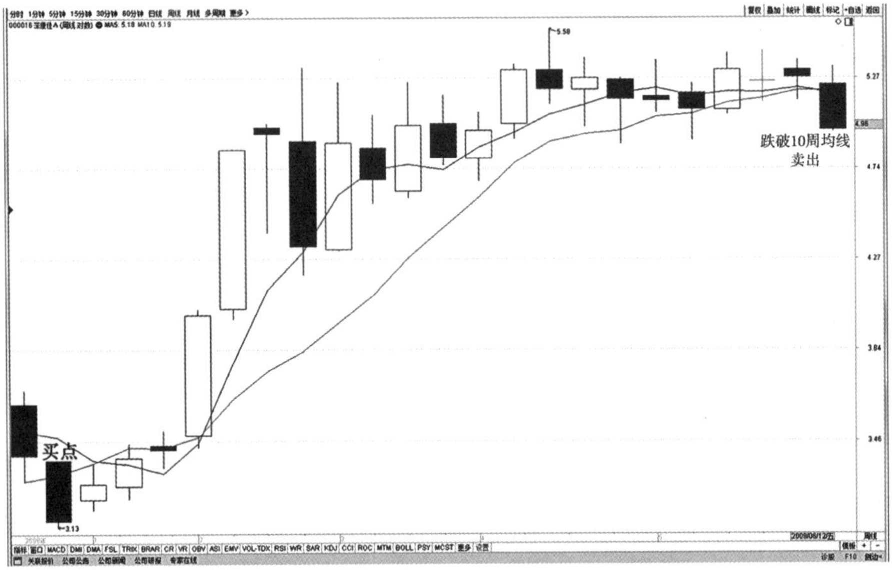

图 5-12 深康佳 A（000016）股价跌破 10 周均线，卖出

本次交易买入价格是 3.16 元，卖出价格是 4.95 元，交易盈利约 57%。

三、案例 2：中金岭南（000060）盈利 191%

中金岭南（000060）前期一直在盘整中，随着 2006 年、2007 年的暴涨股价开始了拉升行情（见图 5-13）。

俗话说得好，物极必反。自从 2006—2007 年暴涨以来，股价被推高到了前所未有的高度，是时候让大伙儿买单了。也就是说，2008 年的大跌就是要让广大投资者买单。

中金岭南 2008 年第二季度股价暴跌已经超过了 50%（见图 5-14）。如果后续两个季度两连跌，我们就可以买入该股了。

2008 年第三季度，股价继续下跌了 25%，这个幅度已经不小了（见图

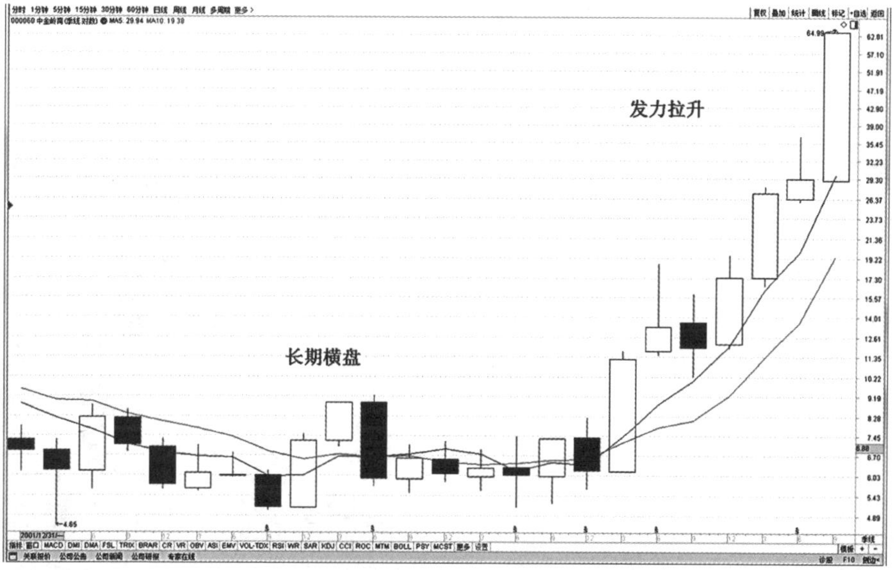

图 5-13　中金岭南（000060）股价的前期走势

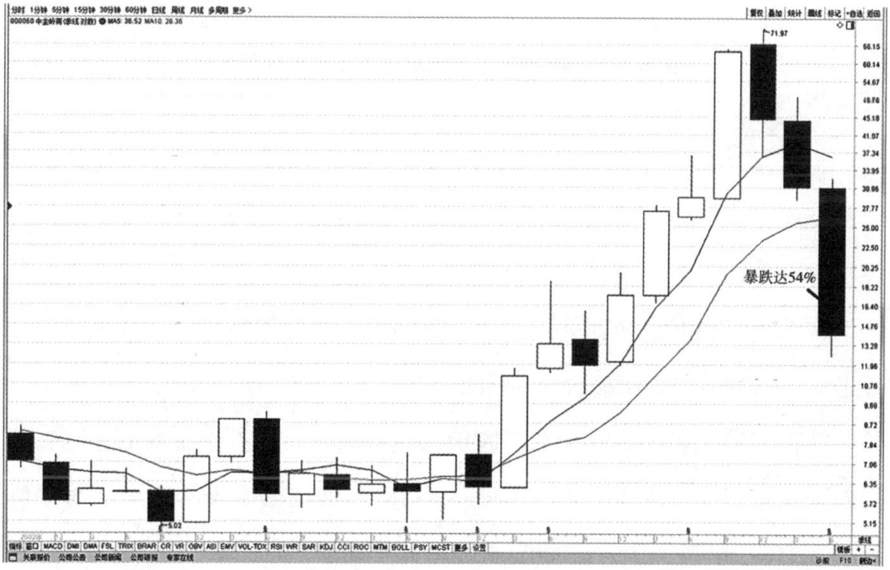

图 5-14　中金岭南（000060）股价出现暴跌，跌幅超过 50%

5–15）。如果下一个季度股价还跌，那么我们就可以在季末最后一两个交易日结束前买入该股了。

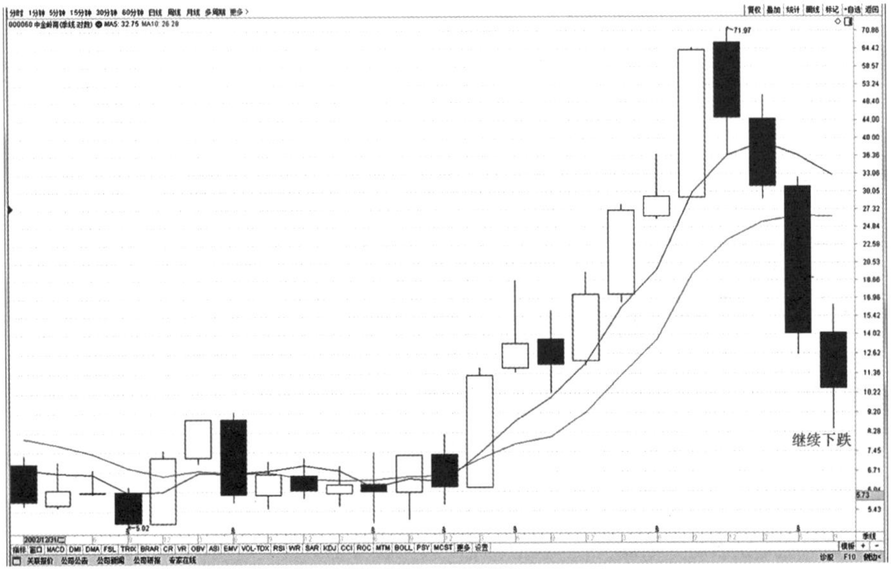

图 5–15 中金岭南（000060）股价继续下跌

2008 年年底，中金岭南的股价已经在暴跌 54% 当季之后又连续下跌了两个季度。我们按计划在 2008 年年底前最后一个交易日买入了该股，成交价格为 7.79 元（见图 5–16）。

将季线周期图切换到周线周期图界面下，这样以后可以较好地跟踪股价走势，以便尽快卖出该股（见图 5–17）。

就在买入该股之后一个月，股价已经和买入价拉开了很大的距离，我们的账面盈利已经达到了 48%（见图 5–18）。这相当于平均每个交易日赚到了 2.3%，相当于银行定期两年的年利率了。

2009 年 3 月 27 日中金岭南股价继续上涨（见图 5–19）。

另外从均线上看，看不出卖出信号，所以还是继续安心持股。

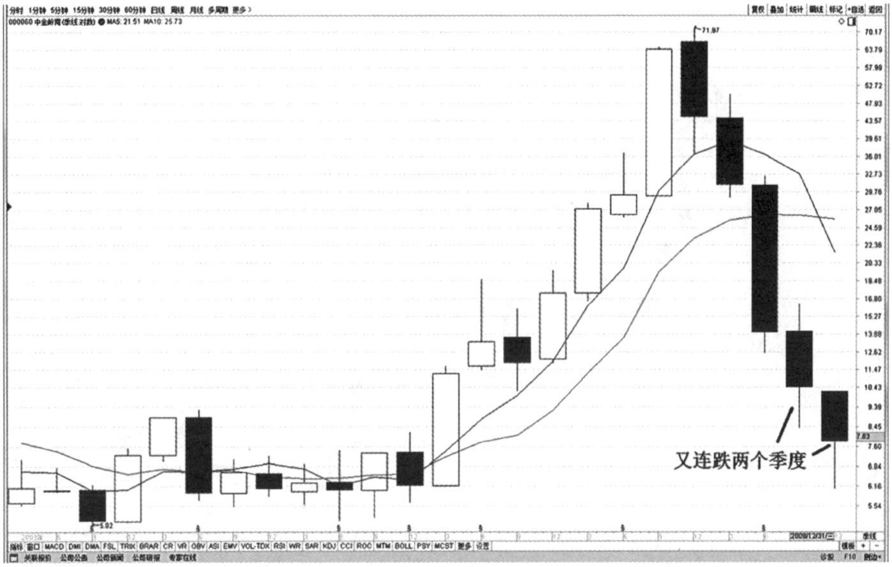

图 5–16　中金岭南（000060）股价连续下跌两个季度，买入

图 5–17　将中金岭南（000060）股价走势主图切换到周线周期图继续跟踪

图 5-18　中金岭南（000060）股价买入即涨

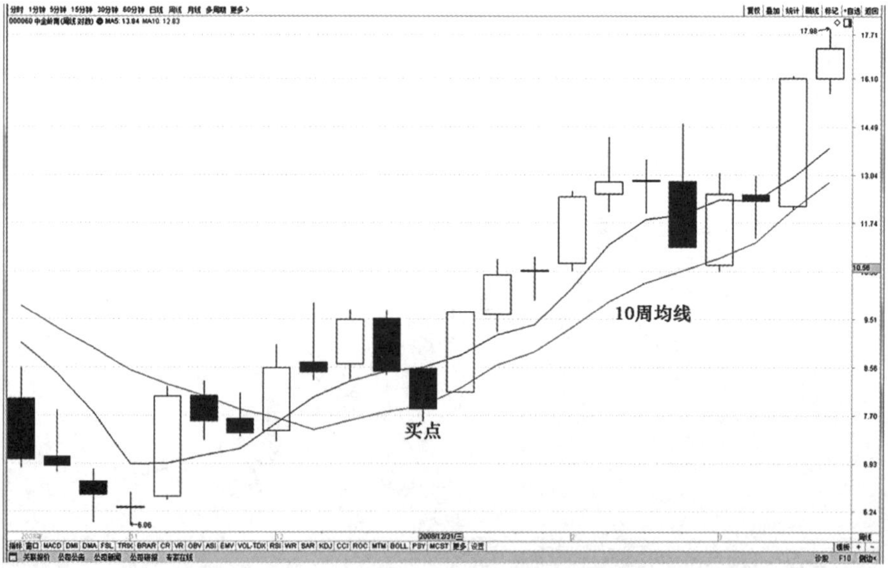

图 5-19　中金岭南（000060）股价继续上涨

直到 2009 年 8 月 21 日，中金岭南的股价才最终跌破了 10 周均线的支撑，我们就在这一周最后一个交易日卖出了该股，成交价为 22.65 元（见图 5-20）。

图 5-20　中金岭南（000060）股价跌破 10 周均线，卖出

本次交易买入价为 7.79 元，卖出价为 22.65 元，交易盈利 191%，相当不菲的利润了。

四、案例 3：浙江东日（600113）盈利 118%

个股浙江东日（600113）的股价前期一直处在长期下跌趋势中，2006 年第二季度开始，股价反转向上，之后走出了快速拉升的暴涨行情（见图 5-21）。

接下来的两个季度，股价在高位基本保持在一个固定区间盘整，不过尚未出现跌幅超过 50% 的情况（见图 5-22）。

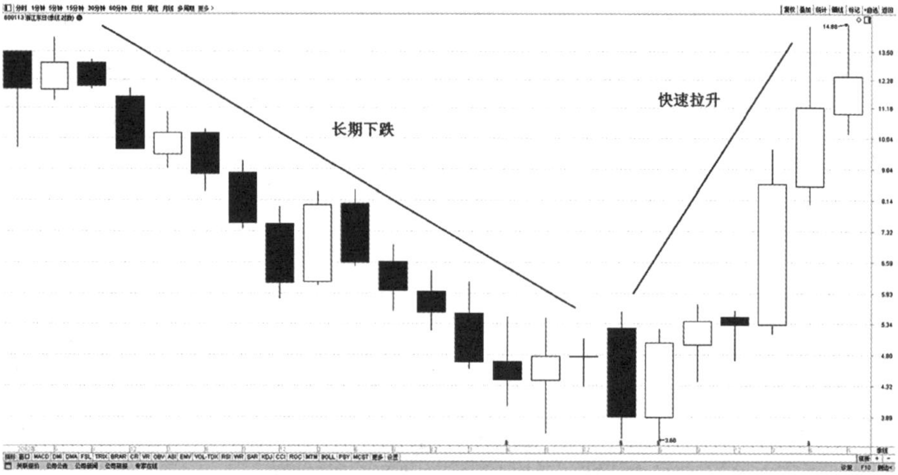

图 5-21　浙江东日（600113）股价的前期走势

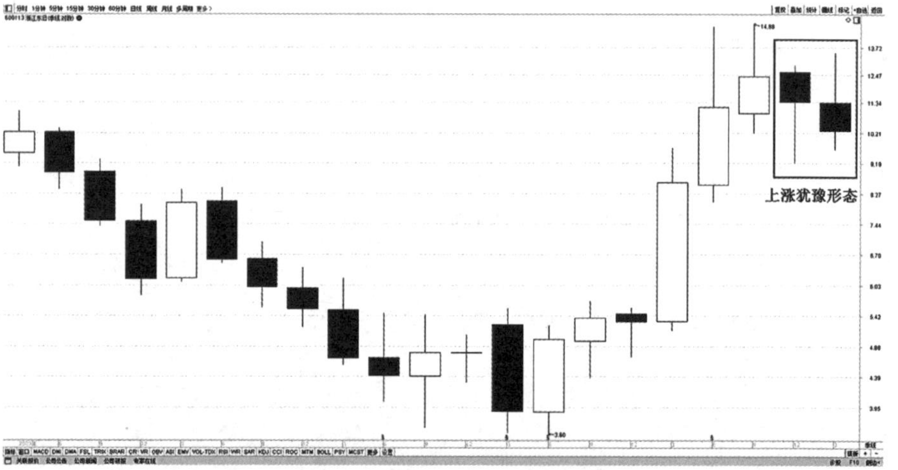

图 5-22　浙江东日（600113）股价出现上涨犹豫形态

2008 年第二季度，股价暴跌超过 50%，已经符合了暴跌形态中的第一个要求，只要后续两个季度继续下跌，就可以在季度末的最后一个交易日买入该股（见图 5-23）。

2008 年年底，中金岭南的股价已经在暴跌 54% 当季之后又连续下跌

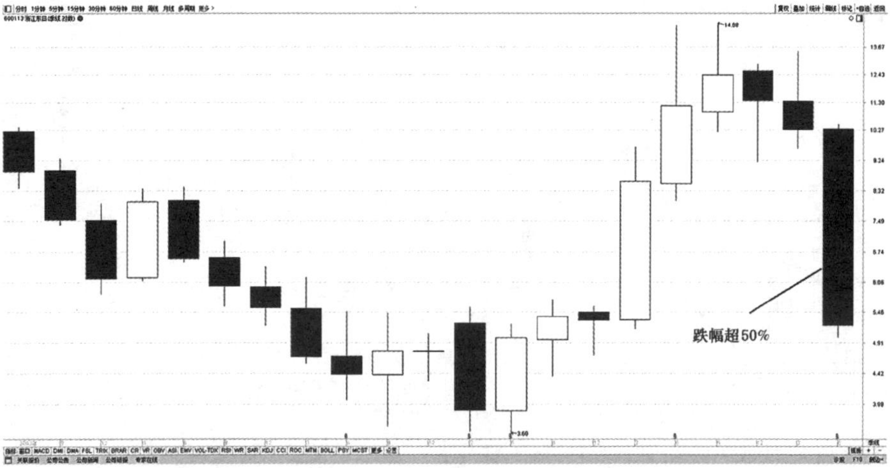

图 5-23 浙江东日（600113）股价暴跌形态出现

了两个季度，我们按计划在 2008 年年底前最后一个交易日买入了该股，成交价为 4.28 元（见图 5-24）。

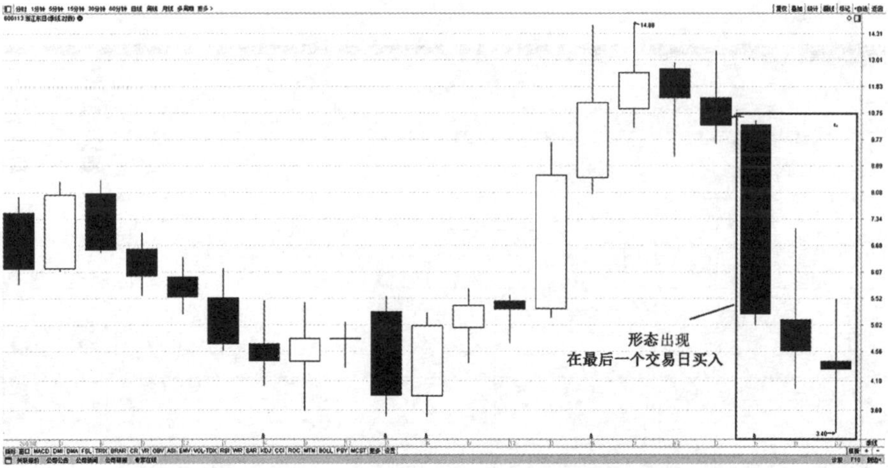

图 5-24 浙江东日（600113）合格的下跌买入形态出现了

在季末的最后一个交易日，我们将之前一直用的季线图切换到日线图界面下，然后在当日收盘前最后几分钟买入（见图 5-25）。

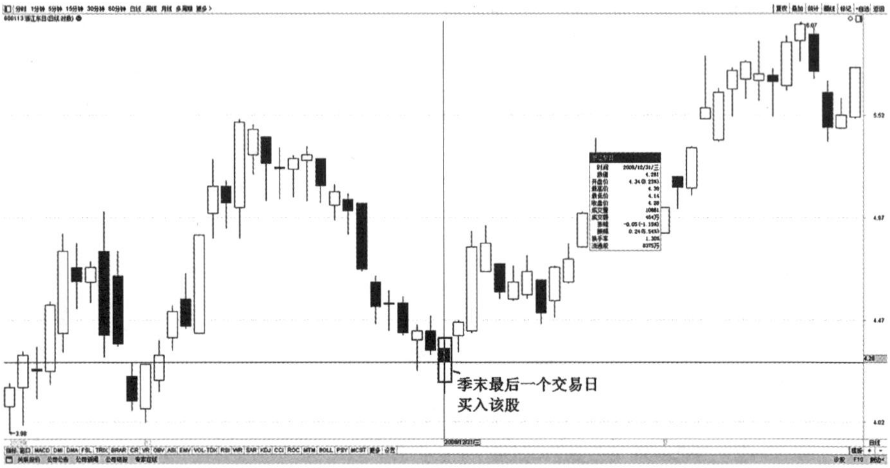

图 5-25　将浙江东日（600113）切换到日线图，收盘前买入

季末最后一个交易日的最后 20 分钟时，股价开始放量下跌。随后股价微量上涨，在二次回调并向上突破上一次高点时就是较好的买入时机，或者在接近收盘前的最后一分钟买入（见图 5-26）。

图 5-26　浙江东日（600113）季末最后一个交易日分时图走势

买入之后，股价持续上涨，从 4.28 元涨到了 8.76 元（见图 5-27）。

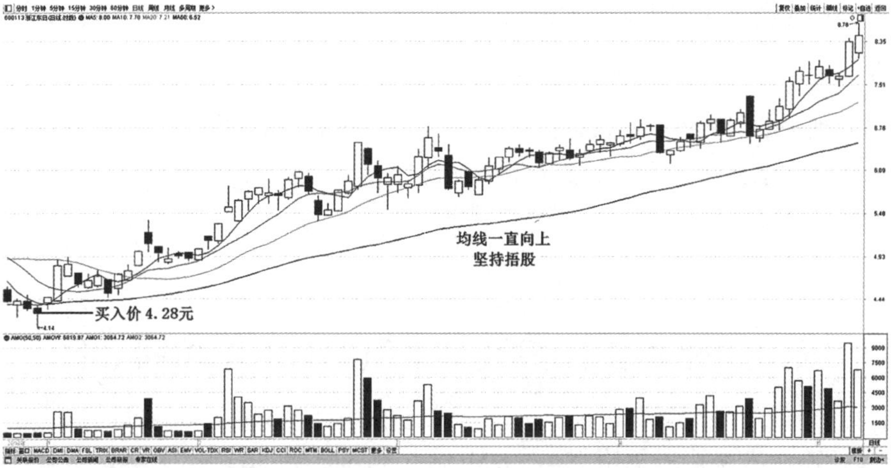

图 5–27　买入浙江东日（600113）后股价持续上涨

就卖出条件来说，也以均线为主，可以在股价跌破均线时卖出，也可以在价量明显顶背离的时候卖出。

后期股价不断向上攀升，可是量能却没有跟上，分别出现了两次顶背离的卖出信号（见图 5–28）。

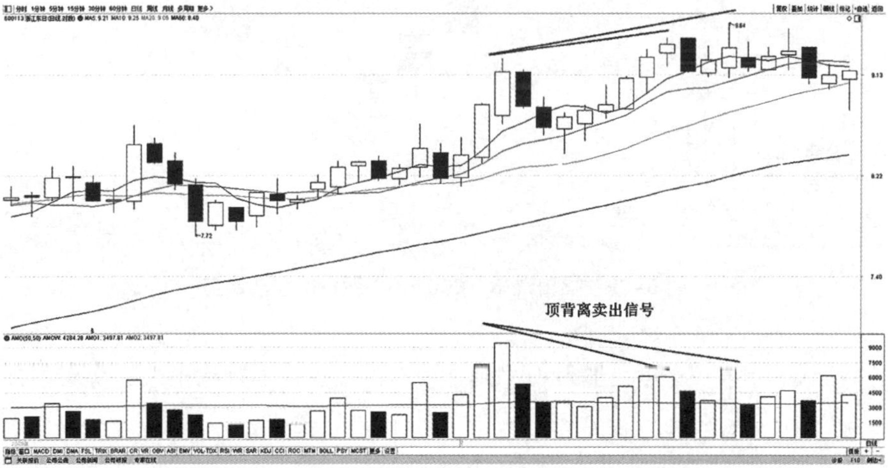

图 5–28　浙江东日（600113）出现价量顶背离卖出信号

按理应该在顶背离出现的当天就卖掉该股，但如果因为各种原因未能及时卖出，就应该以股价跌破均线支撑为底线。如果再犹豫，就有可能把已经到手的利润拱手让人，甚至反赚为亏，那就得不偿失了！

总的来看，本次交易的买入价格为 4.28 元，卖出价格为 9.35 元，盈利 118%。

五、案例 4：福田汽车（600166）盈利 31%

图 5-29 是个股福田汽车（600166）2006 年至 2011 年的季线走势图。我们可以看到该股股价的波动是比较大而频繁的。

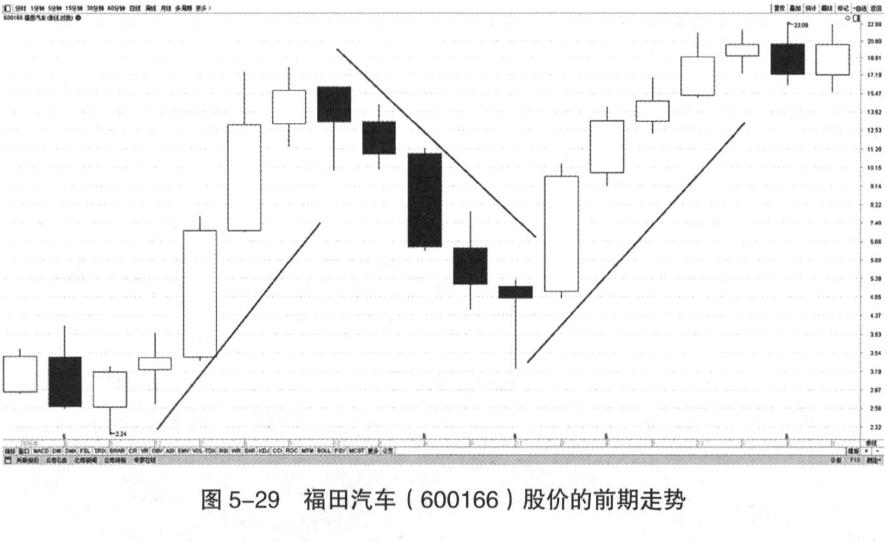

图 5-29 福田汽车（600166）股价的前期走势

2011 年第一季度，股价似乎到了相对的高点，不排除不久的将来会有一波大幅度的下跌，到时我们就可以从中抓到一个较为有利的价位买入。在这之前，仍需要足够的耐心等待时机的到来。

2011 年第一季度末，从走势图上我们可以看到一个看跌孕线形态，这说明股价很可能将要在后面数个季度内出现大幅度的下跌行情（见图 5-30）。

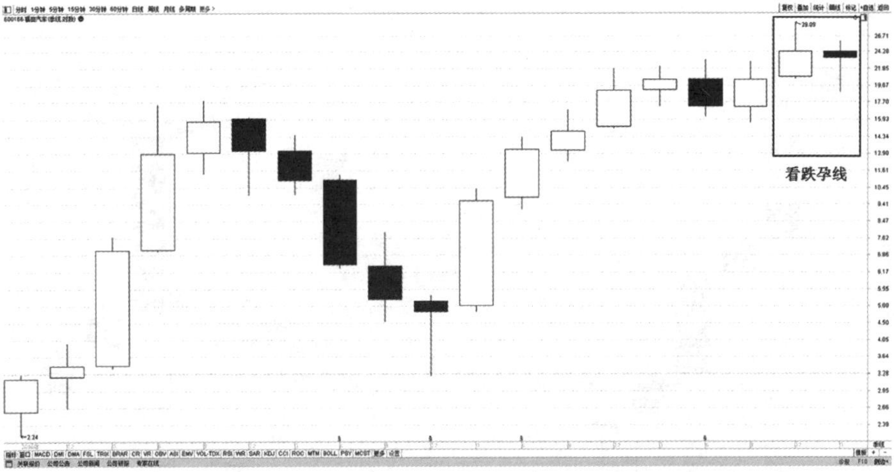

图 5-30　福田汽车（600166）出现看跌孕线，有可能将要反转下跌了

2011 年第二季度，福田汽车股价迅速暴跌 63% 之多（见图 5-31）。如果后续股价走势继续下跌两个季度，就在第二个季度的最后一个交易日收盘前买入该股。

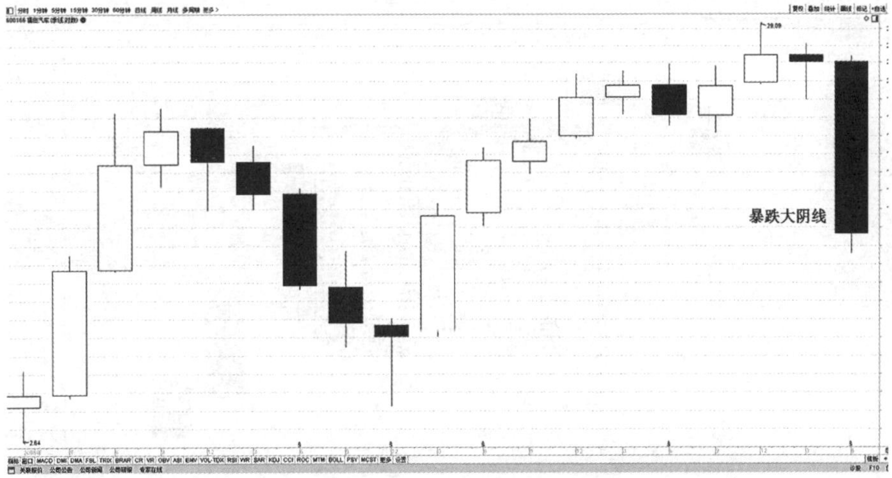

图 5-31　福田汽车（600166）股价暴跌 63%

2011年第三季度股价下跌了14%，第四季度末最后一个交易日时，股价较第三季度收盘价又下跌了22%（见图5-32）。

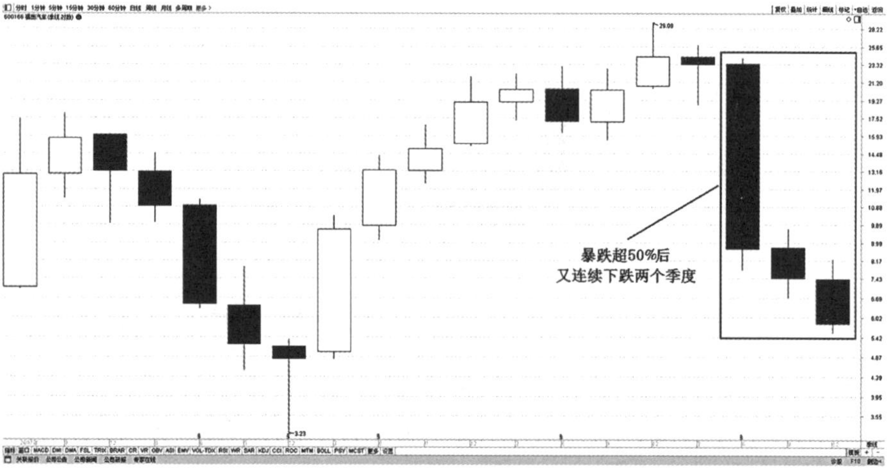

图5-32 福田汽车（600166）股价连续下跌两个季度

在2011年年底最后一个交易日收盘之前，我们观察该股股价当日的分时图走势（见图5-33）。就走势图来看，全天震荡走高，但是量能没有

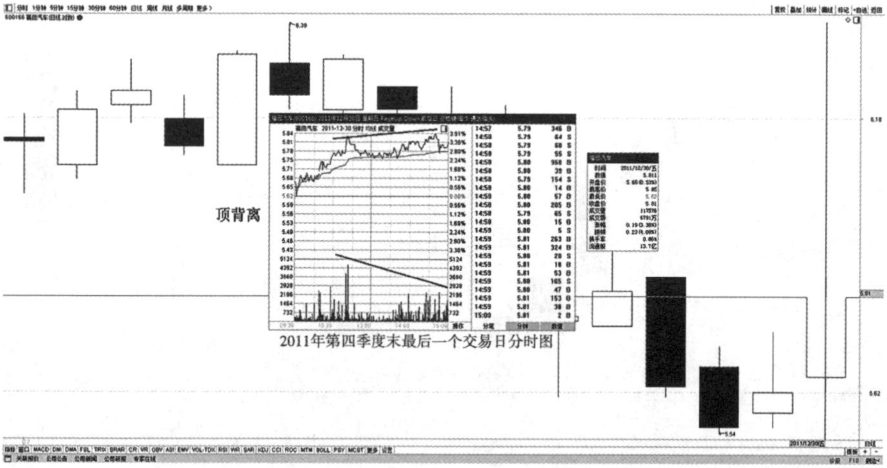

图5-33 福田汽车（600166）分时走势图

同步增加，从而形成了顶背离形态，说明当日买入可能不是最好的选择。既然已经等了这么久，再观察一两天也无妨。

2012 年的第一个交易日，股价依然在盘中不断震荡下跌，量价组合也没有合适的介入时机，继续观察后续走势（见图 5-34）。

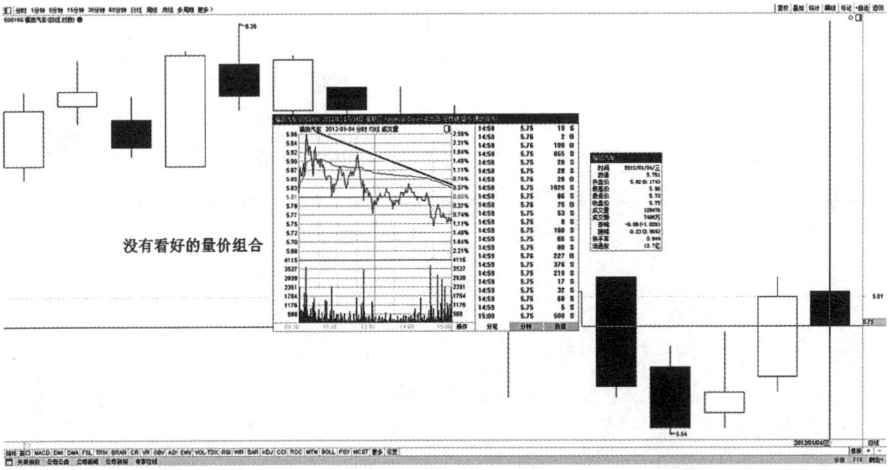

图 5-34　福田汽车（600166）仍然没有合适的介入时机

2012 年第二个交易日，股价在下午开盘之后逐渐放量下跌。最后几分钟，股价还在下跌，可是量能已经开始萎缩，说明恐慌的抛售潮已经过去，这时就是买入该股的最后的时机了。买入价格为 5.60 元（见图 5-35）。

持股到 2012 年 3 月 20 日，股价开始高开低走，出现放量大阴 K 线，盘中跌破了长期以来均线对股价的支撑，而到了尾盘最后几分钟，已经不可能回到均线价位上来了，所以我们就在这个时候卖出了该股，卖出价格为 7.34 元，本次交易盈利 31%（见图 5-36）。

本次交易虽然用时较长，盈利也不够多，但是这也是没有办法的，行情是不可预测的，我们只能找到时机，但无法知道未来的利润有多大。

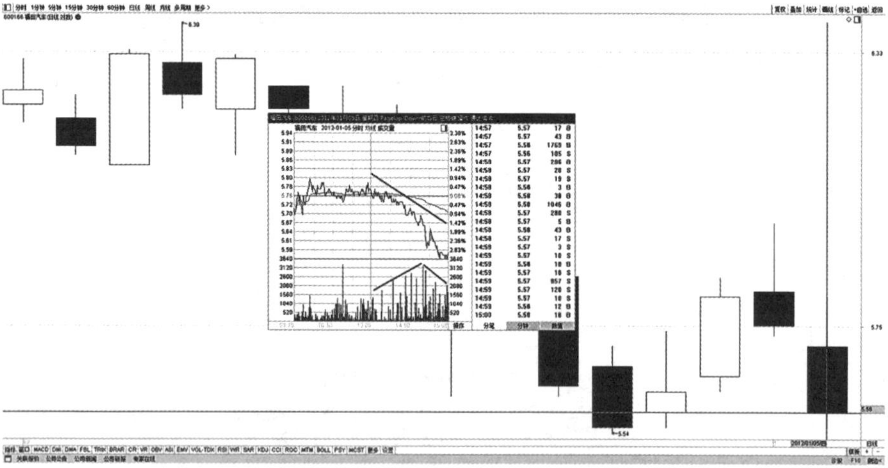

图 5-35 福田汽车（600166）买入时机到了

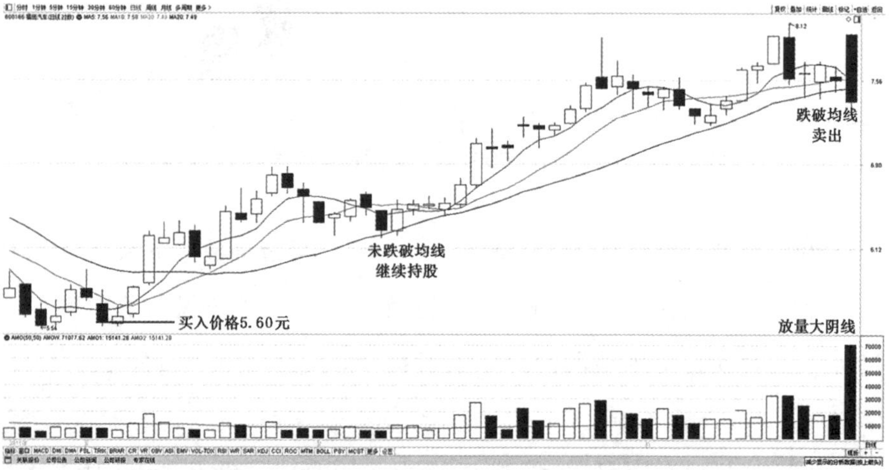

图 5-36 福田汽车（600166）股价跌破均线，卖出

六、案例 5：中视传媒（600088）盈利 268%

图 5-37 是中视传媒（600088）2009 年至 2013 年的季线走势图。我们

可以看到该股股价的走势基本是向下的。

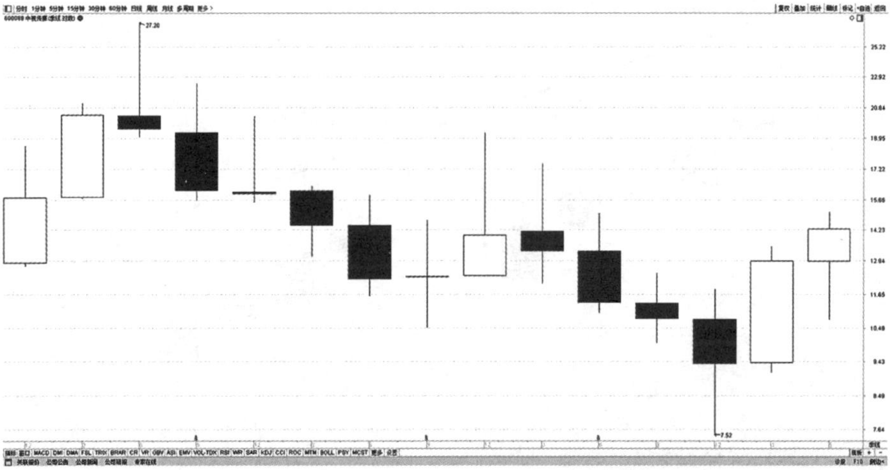

图 5-37　中视传媒（600088）股价的前期走势

我们可以在股票软件上做一条下降趋势线（见图 5-38）。

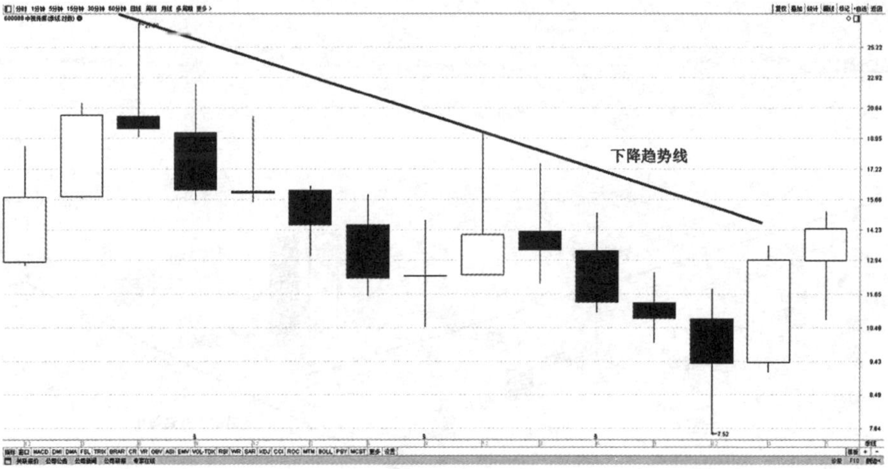

图 5-38　画出中视传媒（600088）的下降趋势线

2013 年第二季度结束后，在走势图上我们可以看到股价向上突破了长期以来的下降趋势线，行情有可能出现了反转（见图 5–39）。

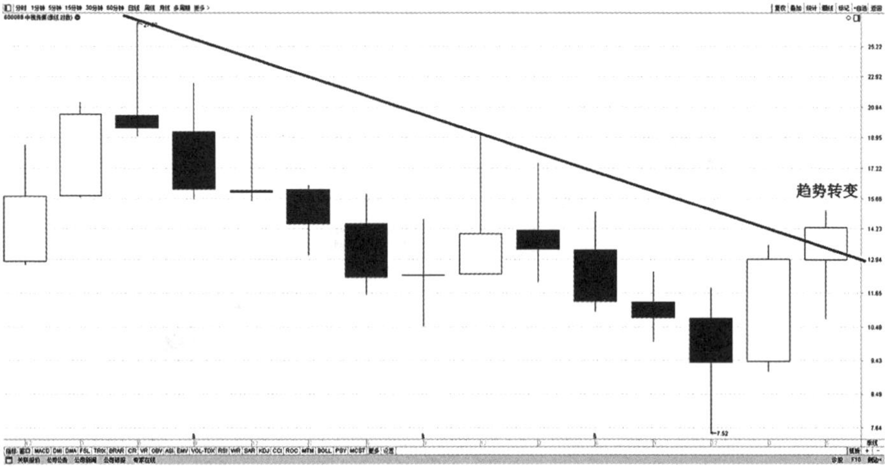

图 5–39　中视传媒（600088）下降趋势线被突破，趋势可能转为向上

随着向上突破长期下降趋势线之后，股价进入了新一轮的长期上升趋势中，一直涨到了 2015 年第二季度（见图 5–40）。

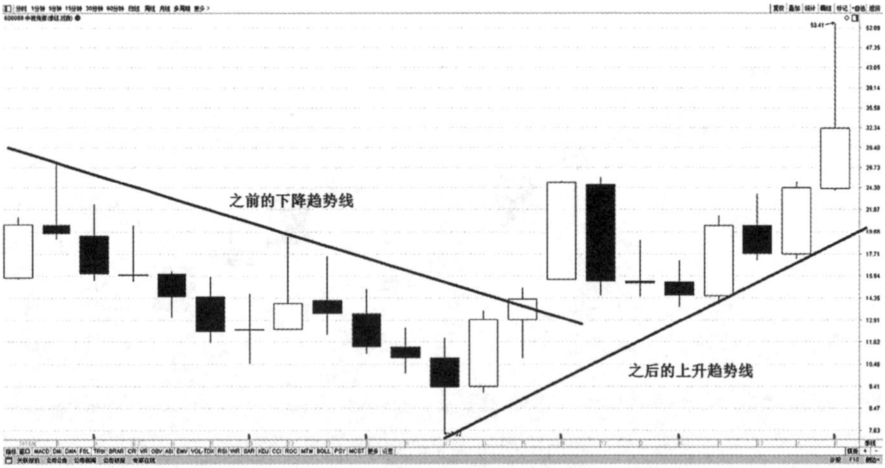

图 5–40　中视传媒（600088）进入长期震荡上升趋势中

2016 年后中视传媒股价转入下降趋势中（见图 5-41）。对于其长期走势相对较慢的情况，我们可以放宽买入条件。

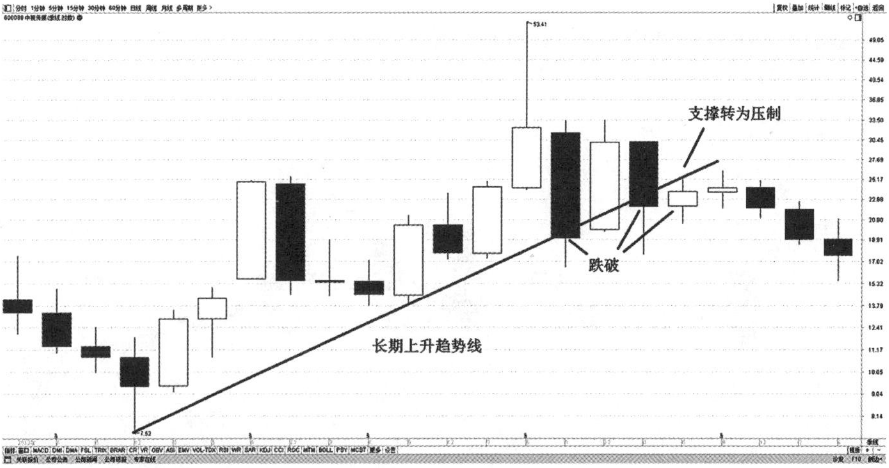

图 5-41　中视传媒（600088）长期上升趋势线被跌破

行情走到 2017 年年底，股价依然顺着新的下降趋势线向下行走（见图 5-42）。因为该股行情比较慢，所以即使之后的单季暴跌不足 50%，也

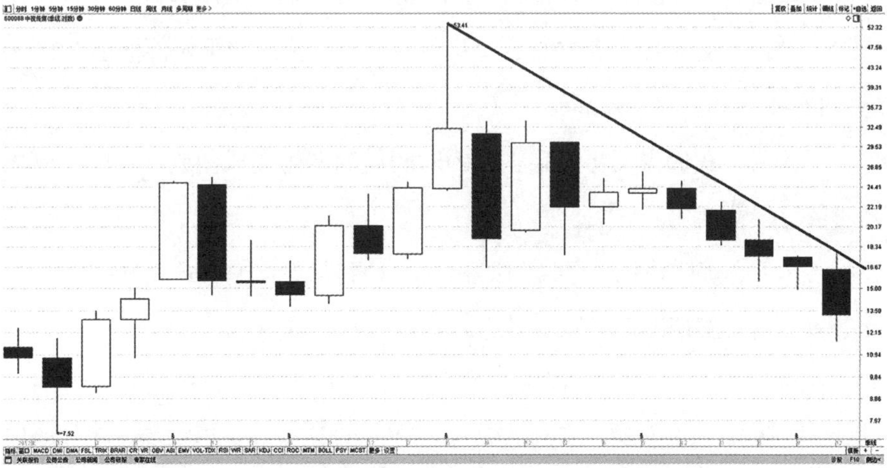

图 5-42　中视传媒（600088）进入新一轮下降趋势中

是可以通融的。

2018 年第二季度末，股价当季就暴跌了 38%，再加上之前该股股价走势缓慢，以及之前累计下跌幅度也足够大，所以这里我们放宽了对暴跌形态的要求，我们认为当前出现的暴跌季线属于暴跌形态（见图 5-43）。

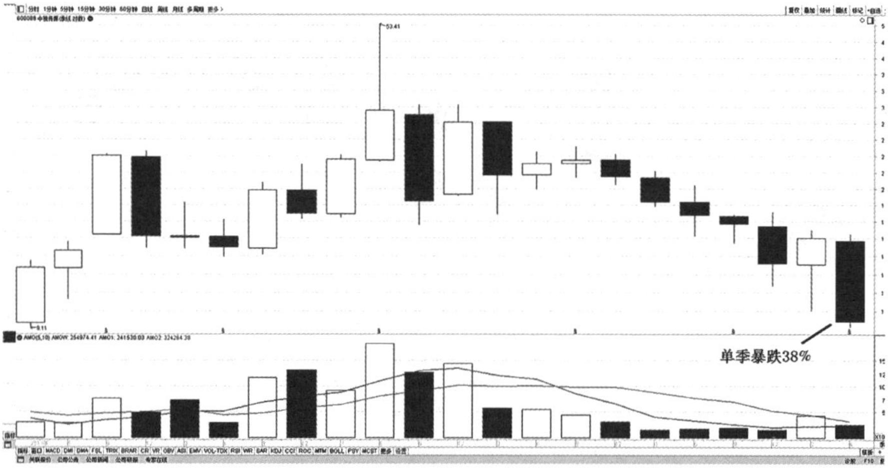

图 5-43　中视传媒（600088）单季暴跌 38%

在该股的季线图上可以看到，该股暴跌 38% 后连续下跌两个季度，这时就可以在该交易日收盘前的最后几分钟买入，我们的买入价格是 6.25 元（见图 5-44）。

买入后，我们需要将股票软件的时间周期调为周线图或日线图，以便随时留意行情变化。

转入日线周期图下，可以在每个交易日持续关注该股股价的走势变化，有任何突发情况都可以及时应对（如图 5-45）。

在持有该股三个交易日后，我们在账面上可以看到已经开始盈利了（见图 5-46）。这是好事，但不能过于高兴，应该冷静，再冷静。我们要把目光放得更长远。

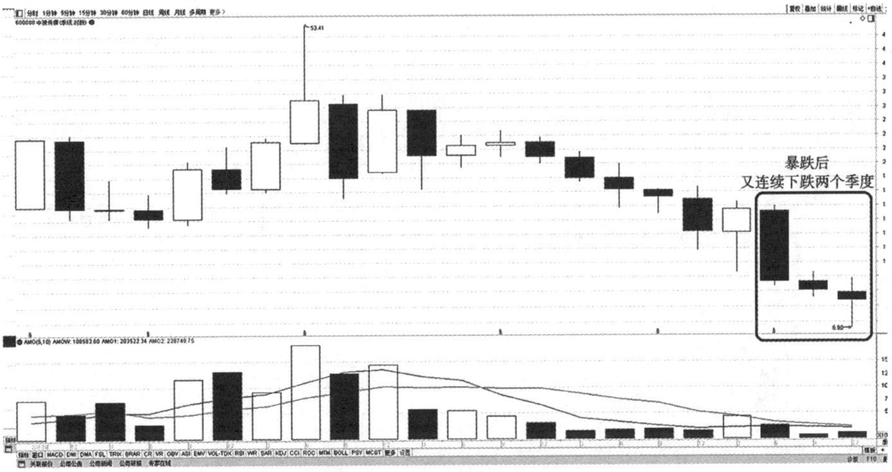

图 5-44　中视传媒（600088）的买入时机到了

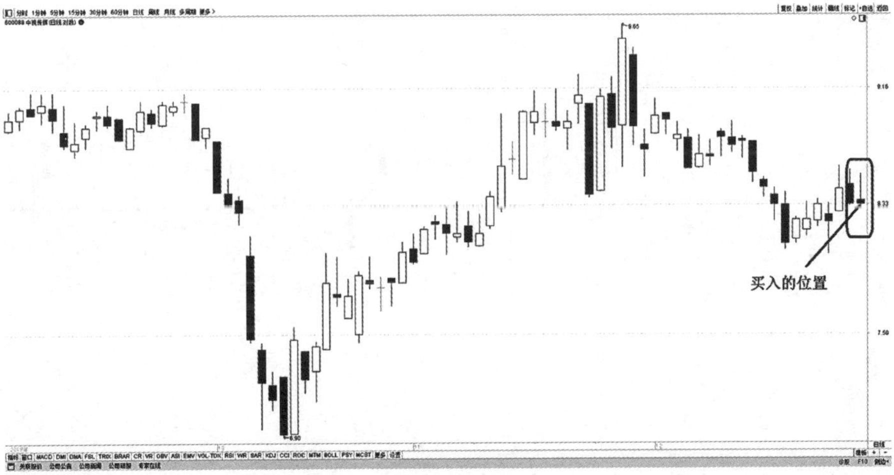

图 5-45　日线周期图下跟踪中视传媒（600088）的后续走势

随后几个交易日后，股价又跌回了我们的买入成本价之下，我们的账面上出现了小亏损（见图 5-47）。但不能过于紧张，应该冷静，再冷静。我们要的绝不是亏损，继续持股待涨。

图 5-46 中视传媒（600088）账面上出现了小盈利

图 5-47 中视传媒（600088）账面上出现了小亏损

这时我们打开筹码指标，用鼠标左键点击右下方的“筹”字，就可以看到该股近期的筹码分布情况了（见图 5-48、图 5-49）。

图 5-49 显示出了该股近期的筹码分布情况。同时我们也画上对应的买入该股时的成本价位线。

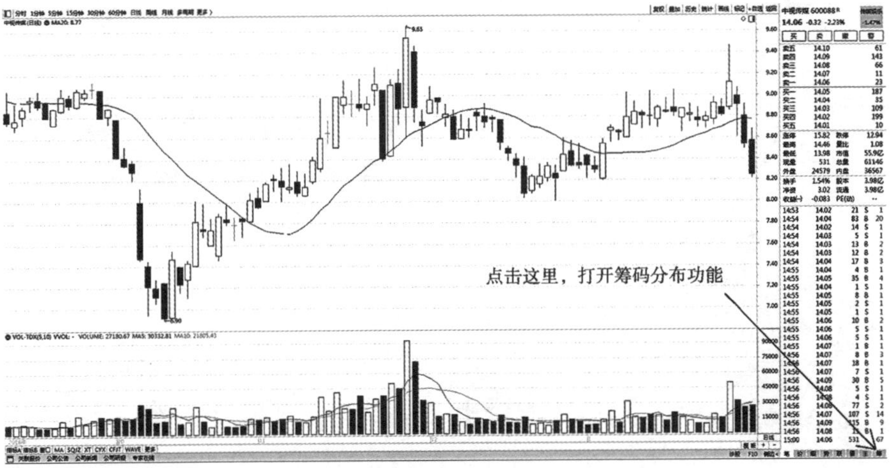

图 5-48　点击右下方的“筹”字，打开筹码分布功能

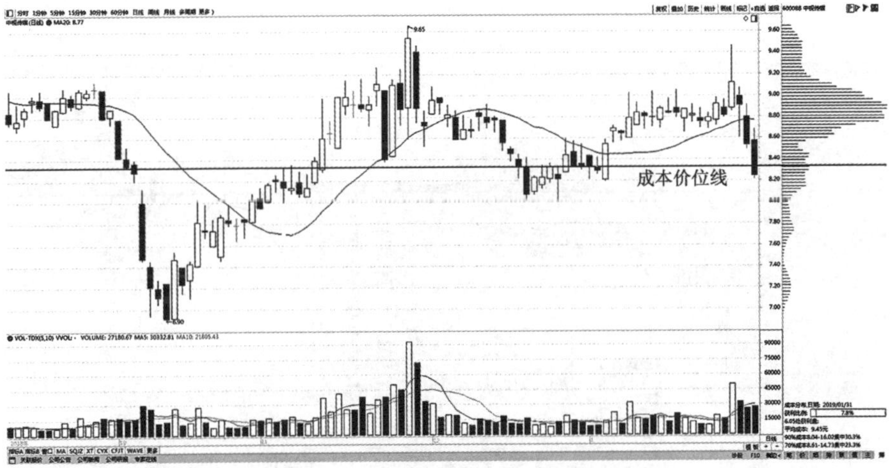

图 5-49　打开筹码指标观察分析

在股价回调到我们的买入成本价之后，我们现在的位置相对安全一些，因为我们的成本价低于筹码密集区（见图 5-50）。只要再耐心等待，股价还有可能继续上涨，创出新高。

2019 年 2 月 1 日，股价当天高开高走，已经接近上方的筹码密集区，

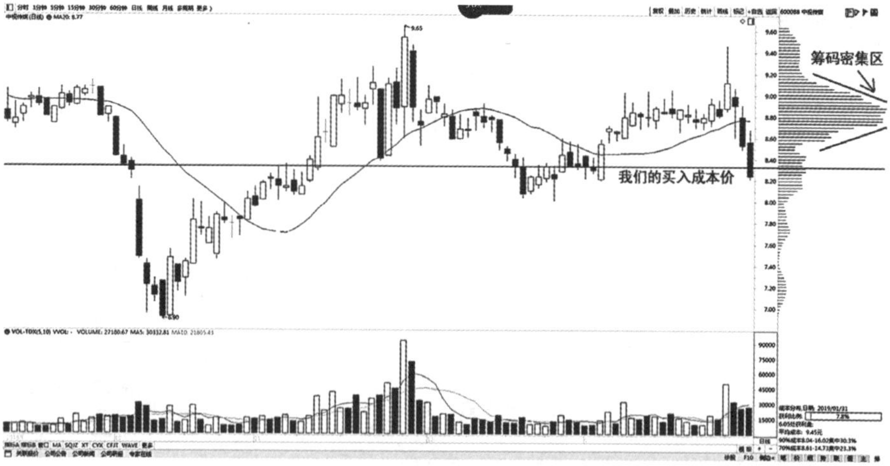

图 5-50 中视传媒（600088）成本价与筹码密集区

可能不久股价就会突破过去（见图 5-51）。

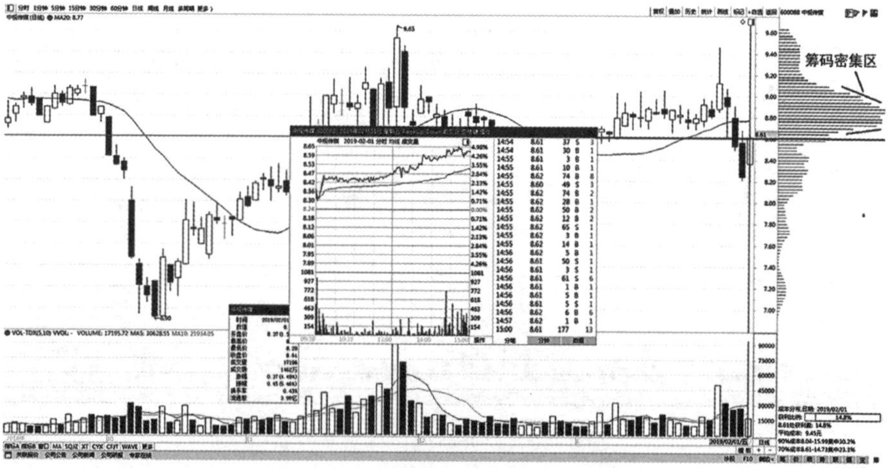

图 5-51 中视传媒（600088）股价回调上涨

2019 年 2 月 11 日，股价继续上涨，已经接近筹码密集区中心（见图 5-52）。

2019 年 2 月 12 日、13 日两个交易日中股价成功站到筹码密集区之上，代表股价成功突破了上方的强大压制（见图 5-53）。今后估计会有一段不小的涨幅。

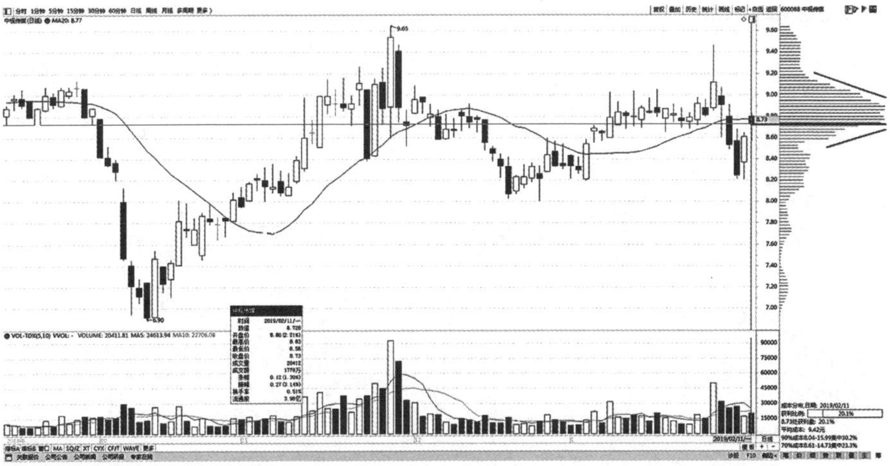

图 5-52　中视传媒（600088）股价上行

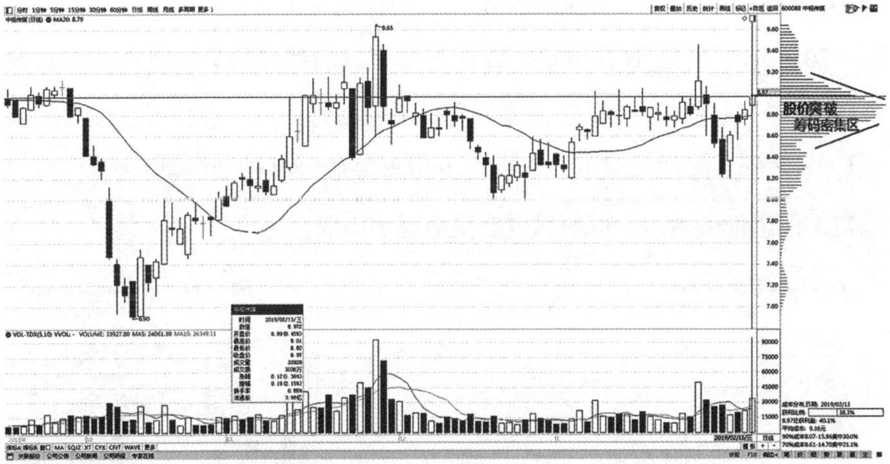

图 5-53　中视传媒（600088）股价突破筹码密集区

接下来需要改变一下观察的指标，因为上涨趋势已经出现，所以调出跟踪趋势的均线指标。

为了更好地在日线周期图下跟踪该股，我们调出 20 日均线指标来跟踪该股的后续走势，以便尽可能快地对行情做出反应（见图 5-54）。

图 5-54　调出中视传媒（600088）的 20 日均线指标跟踪后续走势

就在突破后一星期，股价连续拉升，我们只需要观察股价有没有跌破 20 日均线就好。如果出现意外情况，我们要及时卖出。

2019 年 3 月 22 日，中视传媒在连续多日的涨停板后，盘中一度再封涨停板，但是没封住，导致大量见高卖出的抛售行为，促使股价放量回落（见图 5-55）。这种情况下，我们就不用再等股价跌破 20 日均线了，可以以当天任意价格抛出，以便尽可能快地脱手该股。

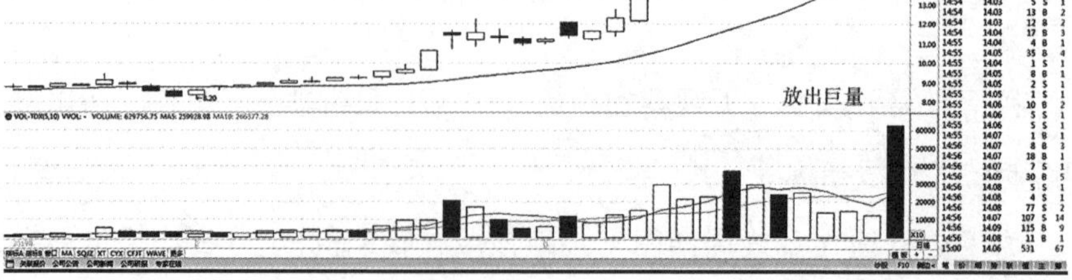

图 5-55　中视传媒（600088）连续数日封涨停后，涨停板打开，并有巨量放出，卖出

就卖出价位来看，我们在涨停板失守放量下跌那天卖出的价位比后期股价真正跌破 20 日均线时的价位要高一些（见图 5–56）。

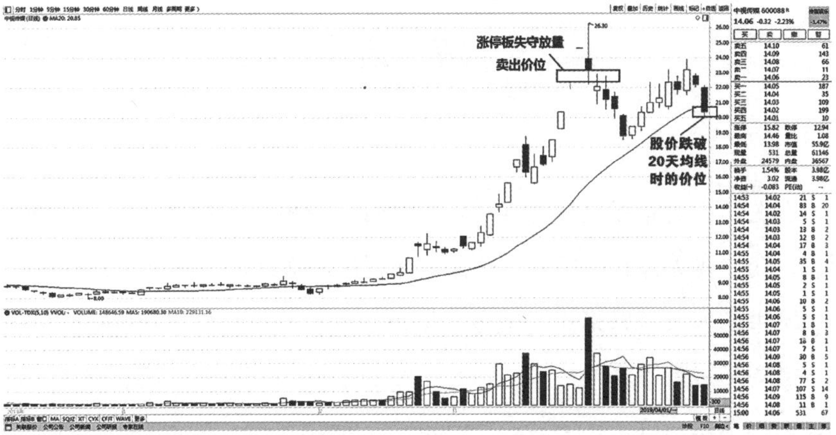

图 5–56　卖出中视传媒（600088）后该股的后续走势

我们持股约 2 个月时间，买入价格为 6.25 元，涨停板失守放量下跌当天的卖出价为 22.97 元，本次交易盈利 268%（见图 5–57）。

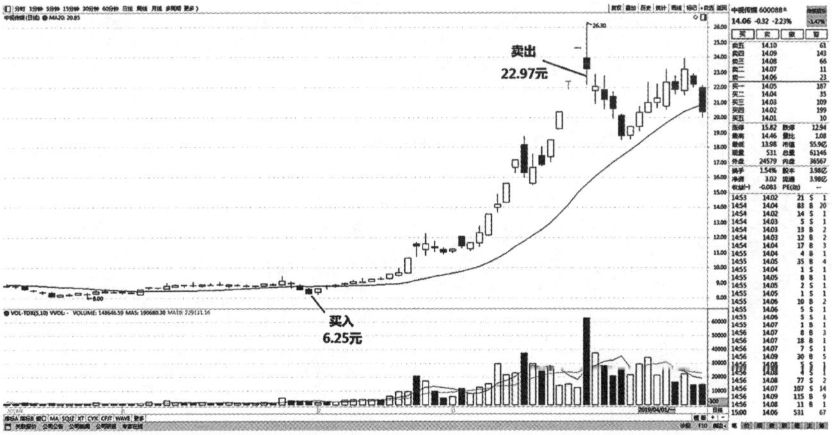

图 5–57　中视传媒（600088）的交易情况

等待时机，看准时机，抓住时机，就能做好交易。

结　语

在股市中有很多这样那样我们已知或未知的交易形态，对于新的交易形态，我们要去探索、挖掘，这样才能利用好交易形态并获取更多利润。

本书的四大暴跌形态是笔者总结出来的，具有简单易用、成功率高的特点。交易者可以参考应用，也可以将它们变为自己的，改良或者汲取其中的精华去探寻更多的、未被发现的、高胜算的、新的交易形态。

总而言之，小赚总比亏钱要好。稳定盈利，才是投资者应该追求的目标。